MICHAEL SIEBRECHT

Rasterfahndung

Strafrechtliche Abhandlungen · Neue Folge

Herausgegeben von Dr. Eberhard Schmidhäuser

em. ord. Professor der Rechte an der Universität Hamburg

und Dr. Friedrich-Christian Schroeder

ord. Professor der Rechte an der Universität Regensburg

in Zusammenarbeit mit den Strafrechtslehrern der deutschen Universitäten

Band 101

Rasterfahndung

Eine EDV-gestützte Massenfahndungsmethode im Spannungsfeld zwischen einer effektiven Strafverfolgung und dem Recht auf informationelle Selbstbestimmung

Von

Michael Siebrecht

Duncker & Humblot · Berlin

Zur Aufnahme in die Reihe empfohlen von
Professor Dr. Bernd-Dieter Meier, Hannover, und
Professor Dr. Diethart Zielinski, Hannover

Die Deutsche Bibliothek – CIP-Einheitsaufnahme

Siebrecht, Michael:
Rasterfahndung : eine EDV-gestützte Massenfahndungsmethode im Spannungsfeld zwischen einer effektiven Strafverfolgung und dem Recht auf informationelle Selbstbestimmung / von Michael Siebrecht. – Berlin : Duncker und Humblot, 1997
(Strafrechtliche Abhandlungen ; N.F., Bd. 101)
Zugl.: Hannover, Univ., Diss., 1995
ISBN 3-428-08732-1
NE: GT

Fotoprint: Color-Druck Dorfi GmbH, Berlin
Printed in Germany

ISSN 0720-7271
ISBN 3-428-08732-1

Gedruckt auf alterungsbeständigem (säurefreiem) Papier
entsprechend ISO 9706 ♾

Ingrid und Sven gewidmet

Vorwort

Diese Arbeit wurde im Herbst 1995 vom Fachbereich Rechtswissenschaften der Universität Hannover als Dissertation angenommen.

Für die Unterstützung während ihrer Anfertigung danke ich besonders Professor Dr. Bernd-Dieter Meier und auch Professor Dr. Diethart Zielinski, der die Zweitkorrektur übernommen und den Kontakt zum Verlag Duncker & Humblot hergestellt hat.

Danken möchte ich auch Professor Dr. Eberhard Schmidhäuser und Professor Dr. Friedrich-Christian Schroeder für die Aufnahme der Arbeit in die Reihe "Strafrechtliche Abhandlungen".

Schließlich bin ich Andreas Hildebrand und meiner Frau Ingrid für die Hilfe bei der Fertigstellung des Manuskripts dankbar.

Hannover, im Dezember 1995

Michael Siebrecht

Inhaltsverzeichnis

Erstes Kapitel

Zweites Kapitel

Drittes Kapitel

Verfassungsrechtliche Vorgaben für die Einschränkung des Rechts auf informationelle Selbstbestimmung 59

Viertes Kapitel

Strafprozessuale Grundsätze und Grenzen der Sachverhaltsermittlung 71

Erstes Kapitel

Einführung und Darstellung des Gesetzgebungsverfahrens zu den §§ 98a - 98c StPO

A. Einführung in die Thematik

I. Gegenstand und Grund der Untersuchung

Bereits seit dem Ende der sechziger Jahre bedienen sich die Strafverfolgungsbehörden der elektronischen Datenverarbeitung[1]. Dies geschah zunächst ohne eine formalgesetzliche Grundlage, da man davon ausging, daß Datenverarbeitungsvorgänge ohne Grundrechtsrelevanz seien[2]. Seit dem am 15. Dezember 1983 verkündeten Urteil des Bundesverfassungsgerichts zum Volkszählungsgesetz[3] ist anerkannt, daß die elektronische Datenverarbeitung personenbezogener Daten einen Eingriff in das aus Art. 2 Abs. 1 i.V.m. Art. 1 Abs. 1 GG hergeleitete Recht auf informationelle Selbstbestimmung darstellen kann. Es ist daher die Schaffung präziser bereichsspezifischer gesetzlicher Grundlagen für die Datenverarbeitung verlangt worden.

Der maschinelle Abgleich der in verschiedenen Dateien gespeicherten aufklärungsrelevanten Daten, die sogenannte Rasterfahndung, wurde durch das Gesetz zur Bekämpfung des illegalen Rauschgifthandels und anderer Erscheinungsformen der Organisierten Kriminalität (OrgKG) vom 15.07.1992, das am

---

1 *Herold*, RuP 1980, 79 ff.; *Ruwe*, Die Polizei 1968, 373 ff.

2 *Ermisch*, BKA Bd. 25, S. 63 u. 67.

3 BVerfGE 65, 1 ff.

22.09.1992 in Kraft trat, in die StPO eingegliedert (§§ 98a - 98c). Nach § 98c StPO können Strafverfolgungsbehörden sämtliche zu Strafverfolgungszwecken, Strafvollstreckungszwecken oder auch zur Gefahrenabwehr gespeicherten Daten miteinander ohne Einschränkung abgleichen, wenn die Maßnahme die Aufklärung einer Straftat fördern kann. § 98a StPO ermöglicht darüber hinaus gegenüber Dritten - sowohl Behörden als auch Privaten - die Anordnung der Übermittlung von Daten und die Abgleichung dieser Daten untereinander und mit Daten, die zur Strafverfolgung erhoben worden sind. Den Gefahren dieser Erweiterung der Kompetenz des § 98c StPO soll durch verschiedene Einschränkungen Rechnung getragen werden. So dürfen strafverfolgungsfremde Daten nur für die Aufklärung der in § 98a StPO aufgelisteten Katalogtaten angefordert und abgeglichen werden. Des weiteren darf die Maßnahme nur vom Richter - oder bei Gefahr im Verzug von der Staatsanwaltschaft, deren Anordnung innerhalb von drei Tagen richterlicher Bestätigung bedarf - angeordnet werden.

Die Normierung der Rasterfahndung wirft zahlreiche juristische Probleme auf, die aus der vorangegangenen verkürzten Darstellung nicht ohne weiteres ersichtlich sind. Anfang bis Mitte der achtziger Jahre war die Rasterfahndung ein häufiges Thema in der Tagespresse und in juristischen Publikationen[4]. Daran gemessen sind die §§ 98a -98c StPO bis heute kaum Gegenstand rechtswissenschaftlicher Auseinandersetzung geworden. Die in den achtziger Jahren verfaßten Beiträge beschränken sich im wesentlichen auf die Frage der grundsätzlichen Regelungsbedürftigkeit der Rasterfahndung und der Suche nach möglichen Ermächtigungsgrundlagen. Mit Inkrafttreten des OrgKG ist jedoch der Streit im Schrifttum über das Erfordernis einer gesetzlichen Grundlage hinfällig geworden. Die ausgetauschten Argumente sind im Rahmen dieser Untersuchung insofern noch von Belang, als die jetzige Regelung auf ihre Verfassungsmäßigkeit zu überprüfen ist und die Frage nach dem Schutzbereich und den Grenzen des informationellen Selbstbestimmungsrechts sowie der Eingriffsqualität sich weiter stellt.

Es gibt genügend Veranlassung, sich darüber hinaus näher mit den §§ 98a - 98c StPO zu befassen. Die elektronische Datenverarbeitung zu Zwecken der

---

[4] Die umfangreichsten Darstellungen stammen von *Simon/Taeger*, Rasterfahndung, 1981; dies.: Grenzen kriminalpolizeiliche Rasterfahndung, JZ 1982, 140 ff.; *Wanner*, Die negative Rasterfahndung, 1985; ders.: CR 1986, 216 ff., 274 ff., 403 ff.

Fahndung gewinnt immer mehr an Bedeutung[5]. Die Rasterfahndung ist neben der polizeilichen Beobachtung (§ 163e StPO) und der Schleppnetzfahndung (§ 163d StPO) die dritte in die Strafprozeßordnung aufgenommene EDV-gestützte Fahndungsmethode. Es ist zu klären, ob die verfahrensrechtlichen Vorkehrungen für die Durchführung und Organisation den vom Bundesverfassungsgericht im Volkszählungsurteil aufgestellten Grundsätzen zur Einschränkung des Rechts auf informationelle Selbstbestimmung genügen. Desweiteren ist die Zulässigkeit dieser Fahndungsmethode außer an diesem Urteil auch an den überkommenen Prinzipien eines rechtsstaatlichen Strafprozeßrechts zu messen. Rechtsprobleme wirft die Rasterfahndung insbesondere deshalb auf, weil regelmäßig auf eine unbestimmte Vielzahl von Personen Zugriff genommen wird, die weder Beschuldigte, Zeugen noch Augenscheinsobjekte sind. Es ist daher zu prüfen, ob dieser Personenkreis verfassungsrechtlich überhaupt Adressat strafprozessualer Maßnahmen sein darf. Zu fragen ist auch, ob das vorgesehene Verfahren Auswirkungen auf das Verhältnis von Staatsanwaltschaft und Polizei hat und ob es in rechtsstaatlich hinreichender Weise kontrollierbar ist.

II. Der gesellschaftliche Hintergrund

Anlaß für die Einführung der Rasterfahndung und anderer neuer Ermittlungsmethoden, wie der Ausschreibung zur polizeilichen Beobachtung (§ 163e StPO), dem Einsatz technischer Mittel ohne Wissen des Betroffenen zur akustischen und optischen Überwachung (§ 100c StPO) und dem Einsatz verdeckter Ermittler (§ 110a StPO), war die besorgniserregende Entwicklung der Rauschgiftkriminalität und die organisierte Begehungsweise dieser und anderer Straftaten. Dabei reicht das Betätigungsfeld von der Eigentumskriminalität (zum Beispiel Autoschiebereien von im Westen gestohlenen Luxuswagen in den Osten), Gewaltkriminalität (zum Beispiel Schutzgelderpressungen),

---

[5] *Herold*, RuP 1980, 79 ff.; *Rebmann/Schoreit*, NStZ 1984, 1 ff.; *Schoreit*, CR 1989, 161 ff.

Falschgeld- und Waffenkriminalität über Straftaten im Zusammenhang mit Prostitution und verbotenem Glücksspiel bis zur Rauschgiftkriminalität[6].

So war 1991 die Anzahl der Rauschgifttoten auf 2125 gestiegen (1990: 1491; 1989: 991; 1988: 670), die Zahl der Erstkonsumenten harter Drogen wurde 1991 mit 13.083 angegeben, die Gesamtzahl der Konsumenten auf 80.000 bis 100.000 geschätzt. Die polizeilich erfaßten Rauschgiftdelikte betrugen 1991: 117.204 (einschließlich neuer Bundesländer) (1990: 103.629; 1989: 94.000; 1988: 84.998; 1978 42.878). Der durch Rauschgifthandel erzielte jährliche Umsatz in den alten Bundesländern wurde auf zwei bis vier Milliarden DM geschätzt[7].

Täter der genannten Kriminalitätsbereiche sind meist konspirativ vorgehende Gruppen. Hintermänner treten nicht nach außen in Erscheinung. Mitwisser werden durch Drohungen eingeschüchtert, Treffpunkte zur Erschwerung polizeilicher Überwachung kurzfristig abgesagt oder verlegt. Werden Beteiligte gefaßt, so übernimmt die Organisation Verteidigerkosten, Kautionen und den Unterhalt für Familienangehörige[8].

Da die konventionellen offenen Ermittlungsmethoden angesichts des konspirativen Vorgehens der Täter kaum erfolgreich waren, sind die genannten besonderen Ermittlungsmaßnahmen geschaffen worden. Damit soll es den Ermittlern gelingen, in die Kernbereiche organisierter Kriminalität vorzudringen, diese zu zerstören und die Hintermänner zu überführen[9].

III. Umgrenzung des Begriffes Rasterfahndung

Nach der gesetzlichen Umschreibung in § 98a Abs. 1 S. 1 StPO ist die Rasterfahndung ein maschinell-automatisierter Datenabgleich zwischen be-

---

[6] SK-StPO-*Wolter*, vor § 151 Rn 81 ; *Rebmann*, NJW 1985, 2; vgl. auch RiStBV Anl. E Nr. 2.

[7] Vgl. zu diesen und weiteren Zahlenangaben BT-Dr. 12/989, S. 20 f.; 1993 war der Trend dagegen wieder rückläufig.

[8] SK-StPO-*Wolter*, vor § 152 Rn 82.

[9] BT-Dr. 12/989, S. 21.

stimmten, auf den Täter vermutlich zutreffenden Prüfungsmerkmalen mit aus anderen Gründen an anderen Stellen gespeicherten Daten. Durch diesen Abgleich sollen Nichtverdächtige ausgeschlossen oder es sollen Personen festgestellt werden, die weitere für die Ermittlungen bedeutsame Prüfungsmerkmale erfüllen.

Bei der Rasterfahndung werden demnach die Möglichkeiten der automatisierten Datenverarbeitung für Zwecke der Strafverfolgung genutzt. Es sollen so Hinweise und Spuren gefunden werden, die nach kriminalistischer Erfahrung zur Aufklärung einer Straftat beitragen können. Diese werden dann auf herkömmliche Weise abgeklärt[10].

Das Gesetz differenziert zwischen dem Abgleich von polizei-internen Dateien, das heißt, solchen, die der Polizei bereits zur Verfügung stehen (§ 98c StPO)[11], und polizei-externen Dateien, auf die die Polizei also noch keinen Zugriff hat (§§ 98a und 98b StPO).

Während der Abgleich von polizei-externen Dateien (§§ 98a und 98b StPO) an einen Straftatenkatalog sowie an verfahrensrechtliche Vorkehrungen für die Durchführung und Organisation geknüpft ist, dürfen polizei-interne Dateien (§ 98c StPO) sowohl zur Aufklärung einer beliebigen Straftat als auch zur Ermittlung des Aufenthaltsortes einer Person erfolgen, ohne daß dies von besonderen verfahrensrechtlichen Vorkehrungen abhängt.

Bei dem Abgleich polizei-externer Dateien unterscheidet § 98a Abs. 1 S. 1 StPO zwischen dem Ausschluß Nichtverdächtiger und der Feststellung von Personen, die weitere für die Ermittlungen bedeutsame Prüfungsmerkmale erfüllen.

---

[10] BT-Dr. 12/989, S. 36.

[11] § 98c StPO meint vorwiegend Daten, die im Informationssystem der Polizei (INPOL) abgespeichert sind. Hierbei handelt es sich sowohl um Strafverfolgungs-, als auch um Gefahrenabwehrdaten. Ein vergleichbares System steht der Justiz nicht zur Verfügung. Einzelheiten hierzu: 6. Kap. D.I.1.u.2. sowie 5. Kap. C.III.

1. Negative Rasterfahndung

Für den Ausschluß von Nichtverdächtigen werden Negativ- oder Ausschließungskriterien von Personengruppen gebildet, zu denen der unbekannte Täter nicht gehören kann. Mit den Dateien der Behörde oder privaten Institution, deren Personendaten auf den unbekannten Täter nicht zutreffen, wird ein Datenbestand, in dem sich der mutmaßliche Täter befinden soll, durch Löschen derjenigen, die nicht als Täter in Betracht kommen, auf einen Rest "Verdächtiger" vermindert.

Da bei dieser Methode ein bestehender Datenbestand durch Löschen von Negativkriterien einzelner Personengruppen auf einen überschaubaren Umfang limitiert werden soll, wird diese Vorgehensweise allgemein als negative Rasterfahndung bezeichnet[12]. Die sogenannte negative Rasterfahndung wurde in den siebziger Jahren im Rahmen der Terrorismusbekämpfung entwickelt. Herold[13] beschreibt ein praktisches Beispiel: Terroristen können konspirative Wohnungen nicht unter ihrem wirklichen Namen mieten, sondern müssen sich einer Falschidentität bedienen, unter der sie Miete, Telefon und Strom bezahlen. Wegen des hohen Risikos einer Überweisung von Konto zu Konto ziehen sie es vor, diese Kosten bar zu entrichten. Sofern sich in einer Großstadt konspirative Wohnungen von Terroristen befinden, müssen sich deren Falschnamen unter den Namen zum Beispiel jener Strombezieher befinden, die ihre Stromrechnung bar bezahlen. Die Elektrizitätswerke können die Namen der barzahlenden Stromkunden auf einem Datenträger zusammenstellen, dessen Personendatensätze dann auch die gesuchten Falschidentitäten enthalten.

Nachdem dieser Datenträger den Strafverfolgungsbehörden übergeben worden ist, werden in einem zweiten Schritt die Daten aller Behörden herangezogen, die geprüfte Namen, also Echtidentitäten, verwalten (Meldebehörden, Rentenversicherer, Grundbuchämter u. ä.). Diese Datenträger mit Echtidentitäten löschen in aufeinanderfolgenden Löschungsläufen sämtliche Echtidentitäten aus dem Ausgangsdatenträger heraus, so daß als Rest nur noch Falschidentitäten übrig bleiben, die dann mit konventionellen Mitteln überprüft werden.

---

12 *Herold*, RuP 1985, 90; *Wanner*, S. 18; *Rogall*, GA 1985, 4.

13 *Herold*, RuP 1985, 91.

Bei der negativen Rasterfahndung wird also versucht, über vermutete Anhaltspunkte, die auf den Täter zutreffen sollen, aus einem Datenbestand die Personen, die diese Anhaltspunkte nicht aufweisen, herauszufiltern. Letztlich bleibt eine kleine Gruppe derer übrig, die als Verdächtige in Betracht kommen.

2. Positive Rasterfahndung

Bei der anderen Alternative des § 98a Abs. 1 S. 1 StPO, der Feststellung von Personen, die weitere für die Ermittlungen bedeutsame Prüfungsmerkmale erfüllen, werden öffentliche und private Datenbestände auf für den Täter vermutlich zutreffende Merkmale oder Eigenschaften abgesucht. Diejenigen Personen, die die Suchkriterien erfüllen, werden sodann auf einem gesonderten Datenträger gespeichert. Da bei dieser Methode direkt nach Positivkriterien, also nach Umständen, die auf den Täter zutreffen, gesucht wird, wird diese Vorgehensweise positive Rasterfahndung genannt[14].

Weiß man beispielsweise, daß ein Straftäter einen blauen Mercedes C 180 Baujahr 1993 fuhr und einen bestimmten Mantel eines Versandhauses trug, so könnten von den Kraftfahrzeugzulassungsstellen sämtliche Halter eines solchen Fahrzeuges herausgefiltert werden. Auch könnte das Versandhaus anhand der Artikelnummer des Mantels und der Kundenkartei die Käufer des Mantels feststellen. Diejenigen Personen, die sowohl von den Kraftfahrzeugzulassungsstellen als auch vom Versandhaus herausgefiltert worden sind (Schnittmenge), könnten dann auf herkömmliche Art überprüft werden[15].

Bei der positiven Rasterfahndung werden also in eine Datei eingegebene Erkenntnisse über den Gesuchten mit beliebig vielen anderen Dateien, in denen der Täter ebenfalls gespeichert sein könnte, abgeglichen.

Als Resultat werden die auf zwei oder mehreren Datenträgern befindlichen übereinstimmenden Daten zu einer dritten, das Täterbild vervollständigenden Datei verbunden.

---

[14] *Ermisch*, BKA Bd.25, 70; *Wanner*, CR 1986, 219 f.

[15] Beispiel nach KK-*Nack*, § 98a Rn. 19.

3. Unterschiede zwischen den verschiedenen Formen der Rasterfahndung

Der praktische Unterschied zwischen der negativen und der positiven Rasterfahndung besteht darin, daß bei der negativen Rasterfahndung ein einzelner von den Strafverfolgungsbehörden zu untersuchender Datenbestand durch Löschen von Personaldaten, die auf den Täter nicht zutreffen, auf einen Restbestand reduziert wird. Dabei wird den Strafverfolgungsbehörden nur die Ausgangsdatei inhaltlich zugänglich gemacht, denn die übrigen Dateien werden lediglich dazu genutzt, Daten auf der Ausgangsdatei zu löschen. Einblick in die übrigen Dateien erhalten die Strafverfolgungsbehörden nicht.

Bei der positiven Rasterfahndung wird dagegen in eine Vielzahl von Dateien Einblick genommen. Der Computer durchsucht jede herangezogene Datei nach den vorher festgelegten Suchkriterien. Dabei wird jede dort gespeicherte Person auf die Suchkriterien überprüft. Fehlen die Kriterien, so wird diese bereits überprüfte Person übergangen, liegen sie vor, wird die betreffende Person entweder in einer Liste ausgedruckt oder auf einen weiteren Datenträger überspielt[16].

Charakteristikum einer positiven Rasterfahndung ist somit die Erstellung eines Ergebnisbandes nach Suchläufen in verschiedenen Dateien, während Charakteristikum einer negativen Rasterfahndung die Limitierung eines einzigen Ausgangsbestandes durch Löschungsläufe ist.

Hinsichtlich der positiven Rasterfahndung läßt sich noch die Suche nach einem bekannten Täter von der Suche nach einem unbekannten Täter differenzieren. Die Suche nach bekannten Tätern vermag den Täter unmittelbar namentlich zu bezeichnen und benötigt deshalb keine allgemeinen Beschreibungsmerkmale, die auch auf völlig Unbeteiligte zutreffen können. Hierunter fällt beispielsweise der Abgleich des Fahndungsbestandes der mit Haftbefehl gesuchten Straftäter mit der Datei der gemeldeten Einwohner, um festzustellen, ob sich unter diesen flüchtige Tatverdächtige befinden. Diese Vorgehensweise weist, da Rechte Dritter nicht tangiert werden, keinen qualitativen Unterschied zur überkommenen Überprüfung der Fahndungsunterlagen per Hand auf[17].

---

[16] *Herold*, RuP 1985, 89.

[17] *Wanner*, S. 16.

Da nach dem Wortlaut des § 98a Abs. 1 S. 1 StPO der Täter mit Beschreibungsmerkmalen gesucht werden soll, die auf ihn vermutlich zutreffen, geht der Gesetzgeber davon aus, daß es sich um einen unbekannten Täter handelt, denn die Fahndung nach namentlich bekannten Tätern benötigt keine allgemeinen Beschreibungsmerkmale. Die positive Rasterfahndung nach bekannten Tätern unterfällt daher nicht dem Wortlaut der Regelung in den §§ 98a und 98b StPO.

Hinsichtlich der negativen Rasterfahndung ist eine Differenzierung danach möglich, ob die Ausgangsdatei bereits zu Zwecken der Strafverfolgung angelegt war oder ob es sich aus Sicht der Strafverfolgungsbehörden um eine Fremddatei handelt. Diese Unterscheidung ist insoweit relevant, als Fremddateien von ihrem ursprünglichen Kontext, wie etwa des Rentenempfanges, des Bezuges von BAföG u.s.w., in den Kontext der Strafverfolgung überführt werden, während eine solche Zweckveränderung bei ursprünglichen Strafverfolgungsdaten nicht vorliegt.

Es lassen sich somit vier Formen der Rasterfahndung unterscheiden:

1. die positive Rasterfahndung nach bekannten Tätern,
2. die positive Rasterfahndung nach unbekannten Tätern,
3. die negative Rasterfahndung mit einer Ausgangsdatei, die zu Strafverfolgungszwecken angelegt war,
4. die negative Rasterfahndung mit einer Fremddatei als Ausgangsdatei.

IV. Andere EDV-gestützte Fahndungsmethoden

Zur Abgrenzung der Rasterfahndung von anderen EDV-gestützten Fahndungsmethoden sollen diese im folgenden kurz erläutert werden.

1. Die Schleppnetzfahndung

Bei dem in § 163d StPO geregelten Verfahren werden, sofern sich der Verdacht einer Straftat aus dem Katalog des § 163d Abs. 1 StPO ergibt, an Kontrollpunkten, die entweder einzurichten oder bereits vorhanden sind, die dort angetroffenen Personen überprüft. Die Kontrollen dienen zur Ermittlung Tatverdächtiger oder zur Gewinnung von Hinweisen. Vor Beginn der Fahndung werden ähnlich der Rasterfahndung bestimmte Suchkriterien festgelegt, die anhand von Merkmalen oder Eigenschaften erstellt sind, welche man dem mutmaßlichen Täter zuschreibt. Soweit die Passanten diesen Kriterien entsprechen, werden die Daten über die Identität der Angetroffenen sowie sonstige sie betreffende aufklärungsrelevante Umstände in einer Datei gespeichert. Die notierten Daten werten Polizei oder Staatsanwaltschaft dann regelmäßig mittels automatischer Datenverarbeitung aus[18].

2. Die polizeiliche Beobachtung

Diese gemeinsam mit der Rasterfahndung in die StPO eingegliederte Fahndungsmethode ist in § 163e geregelt. Sie zielt auf die Erstellung eines Bewegungsbildes eines mobilen Verdächtigen durch unauffällige Erlangung und Zusammenführung von Erkenntnissen. Aufgrund einer Ausschreibung der betreffenden Person wird deren Antreffen anläßlich anderer polizeilicher Kontrollen (Grenzkontrollen, Kontrollstellen nach § 111 StPO) einschließlich der dabei festgestellten Umstände, die für die Aufklärung erheblich sein können, erfaßt und zur Auswertung an die ausschreibende Strafverfolgungsbehörde gemeldet[19]. Die auf diese Weise über eine Person gewonnenen Erkenntnisse können dazu verwendet werden, über die betreffende Person bestehende Vermutungen zu widerlegen oder zu erhärten. Sie sind als Anknüpfungspunkte für weitere Ermittlungen brauchbar oder können Aufschlüsse über weitere Täter vermitteln (Bandenkriminalität). Der Erfolg ist jedoch letztlich vom Zufall abhängig, denn es kommt darauf an, wie oft der zur Beobachtung Ausgeschriebene eine Kontrolle passiert[20].

---

[18] Vgl. zur Schleppnetzfahndung: *Baumann*, StV 1986, 494; *Kühl*, NJW 1987, 738 ff.; *Riegel*, CR 1986, 138; *Rogall*, NStZ 1986, 385.

[19] Vgl. zur polizeilichen Beobachtung: KK-*Schoreit*, § 163e; *Kleinknecht/Meyer-Goßner*, § 163e.

[20] Vgl. auch *Schoreit*, DRiZ 1987, 84; *Weßlau*, S. 94 f.

B. Der Gang des Gesetzgebungsverfahrens zu den §§ 98a - 98c StPO

Im Gefolge des Volkszählungsurteils des Bundesverfassungsgerichts vom 15.12.1983 gab es verschiedene Anläufe zu einer Strafprozeßnovelle. Nach dem Problempapier des Bundesministers der Justiz von 1985[21] folgten ein "Arbeitsentwurf eines Gesetzes zur Regelung der rechtlichen Grundlagen für Fahndungsmaßnahmen, Fahndungshilfsmittel und für die Akteneinsicht im Strafverfahren"[22] vom 31.07.1986. Dieser Arbeitsentwurf wurde am 16.07.1987 ergänzt durch "Allgemeine Bestimmungen über die Speicherung, Verwendung und Übermittlung personenbezogener Daten durch die Strafverfolgungsbehörden"[23].

Am 03.11.1988 legte der Bundesminister der Justiz einen zwischen den Ressorts noch nicht abgestimmten Referentenentwurf für ein Gesetz zur Änderung und Ergänzung des Strafverfahrensrechts (StVÄGE)[24] vor. Der Entwurf regelte im wesentlichen die Rechtsgrundlagen für drei Problemfelder:

1. in das Persönlichkeitsrecht des Betroffenen erheblich eingreifende, insbesondere moderne Ermittlungsmethoden,
2. die Erteilung von Auskünften und Akteneinsicht sowie die Zulässigkeit der Verwendung von Informationen aus Strafverfahren für präventiv-polizeiliche Zwecke,
3. die Verarbeitung von personenbezogenen Informationen in Dateien und ihre Nutzung zu repressiven Zwecken.

Zu den unter 1. genannten modernen Ermittlungsmethoden gehörte auch die Rasterfahndung. Sie sollte in den neuen §§ 98a - 98c StPO eine spezielle gesetzliche Grundlage erhalten.

Als sich abzuzeichnen begann, daß das StVÄG innerhalb absehbarer Zeit politisch nicht zu verwirklichen war, brachte die bayerische Staatsregierung am

---

21 Bürgerrechte und Polizei (im folgenden zitiert "Cilip") Cilip 23/1986, 119 ff.

22 Cilip 29/1988, 68 ff.; *Bull* (Hrsg.), Sicherheit durch Gesetze?, S. 235 ff.

23 Cilip 29/1988, 71 ff., 90 ff.

24 StV 1989, 173.

30.01.1990 den "Entwurf eines Gesetzes zur Bekämpfung des illegalen Rauschgifthandels"[25] mit Vorschlägen unter anderem zur gesetzlichen Regelung der Rasterfahndung ein. Aufgrund dieses Gesetzesantrages beschloß der Bundesrat am 11.05.1990 den "Entwurf eines Gesetzes zur Bekämpfung des illegalen Rauschgifthandels und anderer Erscheinungsformen der Organisierten Kriminalität"[26] (OrgKG).

Die angestrebte Beratung und Verabschiedung des Gesetzes durch den Bundestag noch in der laufenden Legislaturperiode scheiterte jedoch, weil der OrgKG-Entwurf auf Kritik durch die Bundesregierung, im Bundestag, in der Fachöffentlichkeit und den Medien gestoßen war[27]. Diese Kritik entzündete sich allerdings weniger an der Regelung der Rasterfahndung als vielmehr an der des verdeckten Ermittlers und des Lauschangriffs.

Aufgrund des Gesetzesantrages der Länder Bayern und Baden-Württemberg[28] wurde in der 12. Legislaturperiode erneut die Einbringung eines überarbeiteten OrgKG-Entwurfs beim Bundestag durch den Bundesrat beschlossen. Abweichend vom Entwurf der 11. Legislaturperiode sollte die Rasterfahndung nunmehr für einen abschließend aufgezählten Straftatenkatalog zugelassen werden, während die alte Regelung den Begriff der "Straftat von erheblicher Bedeutung"[29] und einen offenen Katalog verwendete, der die in Betracht kommenden Straftaten nicht abschließend aufzählte. Den vom Bundesrat am 26.04.1991[30] beschlossenen Gesetzesentwurf leitete die Bundesregierung mit ihrer Stellungnahme[31] am 25.07.1991 dem Deutschen Bundestag zu.

---

[25] BR-Dr. 74/90.

[26] BT-Dr. 11/7663.

[27] BT-Dr. 11/7663, S. 49 ff.; Stenogr. Berichte des Deutschen Bundestages 11.Wahlper., 231.Sitzung, S. 18372 ff.; *Hermanski*, DRiZ 1990, 192; *Weber*, DRiZ 1990, 306; *Prantl*, DRiZ 1991, 69; Frankfurter Allgemeine v. 10.05.1990 und 26.06.1990; Süddeutsche Zeitung v. 19./20.05.1990 und 28.06.1990.

[28] BR-Dr. 919/90.

[29] *Weber*, DRiZ 1990, 306.

[30] BR-Dr. 219/91.

[31] BT-Dr 12/989 S. 52 ff.

Nach der ersten Lesung am 20.09.1991[32] wurde er an den Rechtsausschuß federführend und an den Innenausschuß, den Ausschuß für Post und Telekommunikation, den Ausschuß für Gesundheit und den Haushaltsausschuß zur Mitberatung überwiesen. Der Rechtsausschuß informierte sich zum OrgKG am 22.01.1992 durch eine öffentliche Anhörung[33]. Sowohl in den mündlichen als auch in den schriftlichen Stellungnahmen stand die Regelung der Rasterfahndung nicht im Vordergrund. Dort dominierten jeweils die offenbar als brisanter empfundenen Regelungen des verdeckten Ermittlers und des Lauschangriffs. Nur vereinzelt wurden grundsätzliche Bedenken gegen die Normierung der Rasterfahndung geltend gemacht. Gössner[34] sprach sich dagegen aus, weil er die Gefahr der Erfassung Unverdächtiger und der Ausforschung der sozialen Umfelder befürchtet. Strate vom Deutschen Anwaltsverein[35] sieht im gesamten OrgKG ein Vordringen staatlicher Präventivstrategien, die aus seiner Sicht nicht in die StPO gehören. Diese grundsätzlichen Bedenken wurden von den übrigen Sachverständigen jedoch nicht geteilt. Sofern überhaupt auf die Rasterfahndung eingegangen wurde, ging es vorwiegend um den Katalog enumerativ aufgezählter Straftaten[36].

---

[32] Stenogr. Berichte des dt. BT 12. Wahlper. 42. Sitzung S. 3500-3534.

[32] Als Sachverständige haben teilgenommen: *Hans Ludwig Zachert* (Präsident des BKA), *Hagen Saberschinsky* (BKA), *Volker Gehm* (BKA), *Martin Köhnke* (OStA), *Peter Köhler* (OStA), *Wolfgang Rahmer* (OStA), *Dr. Harald Körner* (OStA), *Wilhelm Wöbking* (OStA), *Josef Geißdörfer* (Kriminaloberrat), *Norbert Ditt* (Kriminalhauptkommissar), *Karl-Heinz Matthias* (Lt.Reg.Dir.), *Prof. Dr. Dr. Albin Eser*, *Prof. Dr. Winfried Hassemer*, *Prof. Dr. Arthur Kreuzer*, *Prof. Dr. Volker Krey*, *Prof. Dr. Herbert Tröndle*, *PD Dr. Walter Gropp*, *Günter Bandisch* (RA), *Dr. Franz Salditt* (RA), *Victor Weber* (OStA), *Hartmut Wächtler* (RA), *Dr. Bernd Asbrock* (Vors. RiLG). Alle neunzehn Sachverständige beziehungsweise die von ihnen vertretenen Organisationen reichten schriftliche Stellungnahmen ein, vgl. AP 12/I, Protokoll der öffentlichen Anhörung im BT-Rechtsausschuß, 12. Wahlper. 31. Sitzung (mündliche Stellungnahmen), AP 12/II (schriftliche Stellungnahmen).

[34] AP 12/II S. 335 f.

[35] AP 12/II 170 ff.

[36] Richterbund (*Weber*), AP 12/ II 138 f. (für katalogartigen Anwendungsbereich, für Einbeziehung von Wirtschaftsdelikten, die §§ 234, 239 StGB, Mord und andere schwerwiegende Delikte einschließlich Versuch); *Gropp*, AP 12/I 204 (auch Umweltdelikte); *Zachert*, AP 12/I 108, II 286 f. (auch Staatsschutz und Wirtschaftsdelikte, §§ 129, 129a StGB); OStA *Köhnke*, AP 12/II 7 (auch Falschgelddelikte); *Krey*, AP 12/II 48 (Katalog zu eng); *Matthias* (ZKI), AP 12/II 242 ff. (auch Wirtschafts- und

Die Stellungnahmen der Sachverständigen haben dazu geführt, daß der Rechtsausschuß nach weiteren sechs Beratungen einen Mittelweg zwischen dem Bundesratsentwurf der 11. und der 12. Wahlperiode als Beschlußempfehlung vorlegte. Möhrenschlager[37] nennt die gefundenen Lösung eine "Generalklausel mit katalogartigen Grenzen", die weitere Deliktsbereiche als vom Bundesrat vorgeschlagen einbezieht. Die Rasterfahndung soll dafür dadurch beschränkt werden, daß nunmehr wieder, wie beim Bundesratsentwurf der 11. Wahlperiode, die einbezogenen Straftaten von "erheblicher Bedeutung" sein müssen. Gleichzeitig wurde die Verdachtsschwelle gesenkt. Es reicht jetzt ein Anfangsverdacht im Sinne von § 152 Abs. 2 StPO aus. Schließlich wurde zur Wahrung von Interessen einer Vielzahl typischerweise Unbeteiligter eine Unterrichtung des zuständigen Datenschutzbeauftragten in die Regelung aufgenommen, § 98b Abs. 4 S. 2 StPO.

Der Deutsche Bundestag übernahm am 04.06.1992 in zweiter und dritter Lesung[38] die Beschlußempfehlung des Rechtsausschusses. Der Bundesrat stimmte am 26.06.1992 zu[39]. Die Kritik des Landes Niedersachsen, einen abschließenden Straftatenkatalog aufzuzählen, blieb erfolglos[40].

Die Vorschriften traten am 22.09.1992 in Kraft.

Steuerdelikte, gewerbs- beziehungsweise bandenmäßige Steuerhinterziehungen, Subventionsbetrügereien, Bannbrüche, ebenso BReg in BT-Drucks. 12/989, S. 57); für engere Ausgestaltung hingegen *Gössner*, AP 12/II 337 f. (insbes. bzgl. §§ 129, 129a StGB); *Bandisch* (DAV), AP 12/II 155 (Bedenken hinsichtlich Einbeziehung der Geldwäsche aus Furcht vor unbeschränkter Erfassung des Geldverkehrs); *Hassemer*, AP 12/II 364 = KJ 1992, 69 (Ausklammerung von §§ 178, 253 StGB; Überprüfung des § 129a StGB); *Asbrock* (ÖTV), AP 12/II 374 (geht über OK hinaus); vgl. auch *Gropp*, AP 12/I 203 (Zweifel hinsichtl. der Notwendigkeit der Erfassung zum Beispiel der (teilweisen) Zerstörung von Polizei- und Bundeswehrfahrzeugen); vgl. auch *Wolter* in StV 1989, 370 (zu weit)); zit. nach *Möhrenschlager*, wistra 1992, 327

[37] wistra 1992, 327.

[38] BT-Stenogr. Prot. 12/95 S. 7816-7841.

[39] BR-Dr. 388/92.

[40] Vgl. Antrag auf Anrufung des Vermittlungsausschusses, BR-Dr. 388/92 vom 25.06.1992, S. 2 f.

Anhang zum 1. Kapitel: Synopse

Bundesratsentwurf der 11. Legislaturperiode	***Bundesratsentwurf der 12. Legislaturperiode***	***Geltende Fassung***
§ 98a	**§ 98a**	**§ 98a**
(1) Begründen bestimmte Tatsachen den Verdacht, daß	(1) Begründen bestimmte Tatsachen den Verdacht, daß jemand	(1) Liegen zureichende tatsächliche Anhaltspunkte dafür vor, daß eine Straftat von erheblicher Bedeutung
1. ein Verbrechen,	-	-
2. eine andere Straftat von erheblicher Bedeutung, insbesondere a) auf dem Gebiet des unerlaubten Waffen- oder Betäubungsmittelverkehrs, der Geld- oder Wertzeichenfälschung,	1. eine der in § 100a Satz 1 Nr. 3 und 4 bezeichneten Straftaten,	1. auf dem Gebiet des unerlaubten Betäubungsmittel- oder Waffenverkehrs, der Geld- oder Wertzeichenfälschung,
b) auf dem Gebiet des Staatsschutzes (§§ 74a, 120 des Gerichtsverfassungsgesetzes),	2. gewerbsmäßig oder als Mitglied einer Bande einen Raub oder eine räuberische Erpressung (§§ 249 bis 251, 255 des Strafgesetzbuches), eine Erpressung (§ 253 des Strafgesetzbuches), einen Menschenhandel nach § 181 Nr. 2 des Strafgesetzbuches, eine Zuhälterei (§ 181a des Strafgesetzbuches) oder eine unerlaubte Veranstaltung eines Glücksspiels (§ 284 des Strafgesetzbuches),	2. auf dem Gebiet des Staatsschutzes (§§ 74a, 120 des Gerichtsverfassungsgesetzes),
	3. einen Bandendiebstahl (§ 244 Abs. 1 Nr. 3 des Strafgesetzbuches), einen schweren Bandendiebstahl (§ 244a des Strafgesetzbuches), eine gewerbsmäßige Hehlerei, Bandenhehlerei (§ 260 des Strafgesetzbuches), eine gewerbsmäßige Bandenhehlerei (§ 260a des Strafgesetzbuches) oder eine Geldwäsche (§ 261 des Strafgesetzbuches),	3. auf dem Gebiet der gemeingefährlichen Straftaten,

	4. eine Straftat nach § 129a Abs. 1 und 2 des Strafgesetzbuches oder eine der in dieser Vorschrift bezeichneten Straftaten oder	4. gegen Leib oder Leben, die sexuelle Selbstbestimmung oder die persönliche Freiheit,
c) gewerbs- oder gewohnheitsmäßig oder	5. einen sexuellen Mißbrauch von Kindern (§ 176 des Strafgesetzbuches), eine Vergewaltigung (§ 177 des Strafgesetzbuches) oder eine sexuelle Nötigung (§ 178 des Strafgesetzbuches)	5. gewerbs- oder gewohnheitsmäßig oder
d) von einem Bandenmitglied oder in anderer Weise organisiert	-	6. von einem Bandenmitglied oder in anderer Weise organisiert
begangen worden ist, so dürfen, unbeschadet §§ 94, 110, 161 personenbezogene Daten von Personen, die bestimmte, auf den Täter vermutlich zutreffende Prüfungsmerkmale erfüllen, mit anderen Daten maschinell abgegeglichen werden, um Nichtverdächtige auszuschließen oder Personen festzustellen, die weitere für die Ermittlungen bedeutsame Prüfungsmerkmale erfüllen. Die Maßnahme darf nur angeordnet werden, wenn die Erforschung des Sachverhalts oder die Ermittlung des Aufenthaltsortes des Täters auf andere Weise erheblich weniger erfolgversprechend oder wesentlich erschwert wäre.	begangen hat, so dürfen, unbeschadet §§ 94, 110, 161, personenbezogene Daten von Personen, die bestimmte, auf den Täter vermutlich zutreffende Prüfungsmerkmale erfüllen, mit anderen Daten maschinell abgeglichen werden,um Nichtverdächtige auszuschließen oder Personen festzustellen, die weitere für die Ermittlungen bedeutsame Prüfungsmerkmale erfüllen. Die Maßnahme darf nur angeordnet werden, wenn die Erforschung des Sachverhalts oder die Ermittlung des Aufenthaltsortes des Täters auf andere Weise erheblich weniger erfolgversprechend oder wesentlich erschwert wäre,	begangen worden ist, so dürfen, unbeschadet §§ 94, 110, 161, personenbezogene Daten von Personen, die bestimmte, auf den Täter vermutlich zutreffende Prüfungsmerkmale erfüllen, mit anderen Daten maschinell abgeglichen werden, um Nichtverdächtige auszuschließen oder Personen festzustellen, die weitere für die Ermittlungen bedeutsame Prüfungsmerkmale erfüllen. Die Maßnahme darf nur angeordnet werden, wenn die Erforschung des Sachverhalts oder die Ermittlung des Aufenthaltsortes des Täters auf andere Weise erheblich weniger erfolgversprechend oder wesentlich erschwert wäre.
(2) Zu dem in Absatz 1 bezeichneten Zweck hat die speichernde Stelle die für den Abgleich erforderlichen Daten aus den Datenbeständen auszusondern und den Strafverfolgungsbehörden zu übermitteln.	(2) unverändert	(2) unverändert
(3) Von der Anordnung nicht erfaßte Daten dürfen übermittelt werden, wenn die Aussonderung der angeforderten Daten nur mit einem unverhältnismäßigen Aufwand möglich wäre. Diese Daten dürfen nicht genutzt werden.	(3) Soweit die zu übermittelnden Daten von anderen Daten nur mit unverhältnismäßigem Aufwand getrennt werden können, sind auf Anordnung auch die anderen Daten zu übermitteln. Ihre Nutzung ist nicht zulässig.	(3) unverändert
(4) Auf Anforderung der Staatsanwaltschaft hat die speichernde Stelle die Stelle, die den Abgleich	(4) unverändert	(4) unverändert

durchführt, zu unterstützen.		
(5) § 95 Abs. 2 gilt entsprechend.	(5) unverändert	(5) unverändert
§ 98b	**§ 98b**	**§ 98b**
(1) Der Abgleich und die Übermittlung der Daten dürfen nur durch den Richter, bei Gefahr im Verzug auch durch die Staatsanwaltschaft und ihre Hilfsbeamten (§ 152 des Gerichtsverfassungsgesetzes) angeordnet werden. Hat die Staatsanwaltschaft oder einer ihrer Hilfsbeamten die Anordnung getroffen, so beantragt die Staatsanwaltschaft unverzüglich die richterliche Bestätigung. Die Anordnung tritt außer Kraft, wenn sie nicht binnen drei Tagen von dem Richter bestätigt wird. Die Anordnung ergeht schriftlich. Sie muß den zur Übermittlung Verpflichteten bezeichnen und ist auf die Daten und Prüfungsmerkmale zu beschränken, die für den Einzelfall benötigt werden. Die §§ 96, 97, 98 Abs. 1 Satz 2 gelten entsprechend.	(1) Der Abgleich und die Übermittlung der Daten dürfen nur durch den Richter, bei Gefahr im Verzug auch durch die Staatsanwaltschaft angeordnet werden. Hat die Staatsanwaltschaft die Anordnung getroffen, so beantragt sie unverzüglich die richterliche Bestätigung. Die Anordnung tritt außer Kraft, wenn sie nicht binnen drei Tagen von dem Richter bestätigt wird. Die Anordnung ergeht schriftlich. Sie muß den zur Übermittlung Verpflichteten bezeichnen und ist auf die Daten und Prüfungsmerkmale zu beschränken, die für den Einzelfall benötigt werden. Die Übermittlung von Daten, deren Verwendung besondere bundesgesetzliche oder entsprechende landesgesetzliche Verwendungsregelungen entgegenstehen, darf nicht angeordnet werden. Die §§ 96, 97, 98 Abs. 1 Satz 2 gelten entsprechend.	(1) unverändert
(2) Ordnungs- und Zwangsmittel (§ 95 Abs. 2) dürfen nur durch den Richter, bei Gefahr im Verzug auch durch die Staatsanwaltschaft angeordnet werden; die Festsetzung von Haft bleibt dem Richter vorbehalten.	(2) unverändert	(2) unverändert
(3) Sind die Daten auf Datenträgern übermittelt worden, so sind diese nach Beendigung des Abgleichs unverzüglich zurückzugeben. Personenbezogene Daten, die auf andere Datenträger übertragen wurden, sind unverzüglich zu löschen, sobald sie für das Strafverfahren nicht mehr benötigt werden. Die durch den Abgleich erlangten personenbezogenen Daten dürfen in anderen Strafverfahren zu Beweiszwecken nur verwendet werden, soweit sich bei Gelegenheit der Auswertung Erkenntnisse	(3) unverändert	(3) unverändert

ergeben, die zur Aufklärung einer in § 98a Abs. 1 bezeichneten Straftat benötigt werden.		
(4) § 163d Abs. 5 gilt entsprechend.		(4) § 163d Abs. 5 gilt entsprechend. Nach Beendigung einer Maßnahme gemäß § 98a ist die Stelle zu unterrichten, die für die Kontrolle der Einhaltung der Vorschriften über den Datenschutz bei öffentlichen Stellen zuständig ist.
§ 98c	**§ 98c**	**§ 98c**
Zur Aufklärung einer Straftat oder zur Ermittlung des Aufenthaltsortes einer Person, nach der für Zwecke eines Strafverfahrens gefahndet wird, dürfen personenbezogene Daten aus einem Strafverfahren mit anderen zur Strafverfolgung oder Strafvollstreckung oder zur Gefahrenabwehr gespeicherten Daten maschinell abgeglichen werden. Entgegenstehende besondere bundesgesetzliche oder entsprechende landesgesetzliche Verwendungsregelungen bleiben unberührt.	unverändert	unverändert

Zweites Kapitel

Grundrechtsrelevanz der Informationsverarbeitungsvorgänge im Zuge der Rasterfahndung

Zunächst ist der Schutzbereich des Rechtes auf informationelle Selbstbestimmung festzulegen, um daraus Anhaltspunkte für den notwendigen Regelungsinhalt einer das Grundrecht einschränkenden gesetzlichen Regelung zu gewinnen. Bevor die Regelung der Rasterfahndung im einzelnen erörtert wird, soll in diesem Kapitel die Eingriffsqualität von Informationsverarbeitungsvorgängen im Rahmen einer Rasterfahndung untersucht werden, denn nur wenn diese grundrechtsrelevant sind, ist überhaupt eine Normierung notwendig. Im 3. Kapitel wird dann erörtert, inwieweit ein Eingriff in das informationelle Selbstbestimmungsrecht verfassungsrechtlich toleriert werden kann. Anschließend (4. Kapitel) wird geprüft, ob Rasterfahndungen mit strafprozessualen Grundsätzen im Einklang stehen.

Als Maßstab sind dafür insbesondere die vom Bundesverfassungsgericht im Volkszählungsurteil[1] festgelegten Anforderungen heranzuziehen, die an den staatlichen Umgang mit personenbezogenen Daten des Bürgers - jedenfalls im Wege der automatischen Datenverarbeitung[2] - zu stellen sind.

Es kann dabei keine umfassende Auseinandersetzung mit dem Volkszählungsurteil erfolgen. Ebensowenig ist im Rahmen dieser Arbeit eine präzise

---

[1] BVerfGE 65, 1 ff.

[2] Die Frage, ob die Grundsätze des Volkszählungsurteils auf jeglichen staatlichen Umgang mit Daten des Bürgers, oder ausschließlich auf die elektronische Datenverarbeitung anzuwenden sind, kann im Hinblick auf den Regelungsgegenstand der §§ 98a - 98c StPO unbeantwortet bleiben. Vgl hierzu: *Baumann*, DVBl 1984, 612 f.; *Bäumler*, JR 1984, 361 f.; *Krause*, JuS 1984, 271 f.

Bestimmung des Rechts auf informationelle Selbstbestimmung möglich[3]. Vielmehr soll entsprechend der Zielsetzung dieser Arbeit untersucht werden, ob die getroffene Regelung der Rasterfahndung insbesondere gemessen an den im Volkszählungsurteil aufgestellten Grundsätzen verfassungsgemäß ist (5. und 6. Kapitel).

A. Das Recht auf informationelle Selbstbestimmung

Ausgangsbasis des Rechts auf informationelle Selbstbestimmung ist die Erkenntnis, daß sich die menschliche Persönlichkeit im Wechselspiel von rollenbezogener Handlung und gesellschaftlicher Reaktion bildet sowie die Erkenntnis, daß dieses "Wechselspiel" schutzwürdig und schutzbedürftig ist. Entscheidende Bedeutung hat in diesem Zusammenhang die Selbstdarstellung des einzelnen. Podlech[4] führt hierzu folgendes aus:

> "Selbstdarstellung heißt dabei der empirisch beschreibbare soziale Interaktionsvorgang, in dem Menschen selbstbewußte Individualität gewinnen. Die Möglichkeit gelingender Selbstdarstellung kann in der Gesellschaft nur erhalten bleiben, wenn mindestens zwei Voraussetzungen gegeben sind. Die erste Voraussetzung besteht darin, daß dem einzelnen Bürger wenigstens teilweise die eigene Entscheidung darüber belassen werden muß, welche Informationen über die eigene Person in die soziale Umwelt gelangen. Die zweite Voraussetzung besteht darin, daß dem Bürger ein Freiheitsspielraum darüber gelassen werden muß, wie er die eigene Vergangenheit in der Gegenwart darstellt."

Das Recht auf informationelle Selbstbestimmung gewährleistet nach der Rechtsprechung des Bundesverfassungsgerichts und nunmehr überwiegender Meinung die Befugnis des einzelnen, grundsätzlich selbst zu entscheiden, ob

---

[3] Dies wollte auch das BVerfG im Volkszählungsurteil nicht leisten. BVerfGE 65, 44 f.: "Die Verfassungsbeschwerden geben keinen Anlaß zur erschöpfenden Erörterung des Rechts auf informationelle Selbstbestimmung. Zu entscheiden ist nur über die Tragweite dieses Rechts für Eingriffe, durch welche der Staat die Angabe personenbezogener Daten vom Bürger verlangt."

[4] In *Krauch*, Erfassungsschutz, 1975, S. 72 ff.; ders. DVR 1972/73, 149 ff.; ders. DVR 1976, 23 ff.

und in welchem Umfang er Informationen über sich selbst anderen mitteilt[5]. Voraussetzung dafür sei unter den Bedingungen der modernen Datenverarbeitung der Schutz des einzelnen gegen unbegrenzte Erhebung, Speicherung, Verwendung und Weitergabe seiner persönlichen Daten. Rechtlicher Anknüpfungspunkt dafür ist nach dem Volkszählungsurteil Art. 2 Abs. 1 iVm Art. 1 Abs. 1 GG.

Das Bundesverfassungsgericht hat damit seine bisherige Rechtsprechung zum allgemeinen Persönlichkeitsrecht weiterentwickelt. Nachdem das Selbstbestimmungsrecht im innersten Lebensbereich der menschlichen Persönlichkeit im Mikrozensus-Beschluß[6], das Selbstbestimmungsrecht, ob und inwieweit andere ein Lebensbild im ganzen oder bestimmte Vorgänge aus einem Leben öffentlich darstellen dürfen, im Lebach-Urteil[7], der Schutz gegen das Unterschieben nicht getaner Äußerungen im Eppler-Beschluß[8] und der Schutz vor Herabwürdigung zum bloßen Objekt öffentlicher Erörterung im Gegendarstellungs-Beschluß[9] anerkannt worden waren, hat das Bundesverfassungsgericht im Volkszählungsurteil diese Grundsätze auf die Problematik der elektronischen Datenverarbeitung angewendet und fortgeführt.

I. Bindungswirkung des Volkszählungsurteils

Entscheidungen des Bundesverfassungsgericht entfalten gemäß § 31 Abs. 1 BVerfGG eine Bindungswirkung gegenüber allen Verfassungsorganen des Bundes und der Länder sowie gegenüber allen Gerichten und Behörden. Eine solche Wirkung soll aber nur dann angenommen werden, "wenn das Gericht offensichtlich selbst bestimmten Gedankengängen Maßgeblichkeit zuerkennen will und sie daher in eingehenden Überlegungen näher begründet"[10].

---

[5] BVerfGE 65, 1 ff.; bestätigt durch BVerfGE 78, 77 ff.; *v. Münch*, Art. 2 Rn. 38 m.N.

[6] BVerfGE 27, 1 ff.

[7] BVerfGE 35, 202 ff.

[8] BVerfGE 54, 148 ff.

[9] BVerfGE 63, 131 ff.

[10] *Maunz*, BVerfGG, § 31 Rn. 16.

Hinsichtlich des Volkszählungsurteils wird teilweise argumentiert, daß die allgemeinen Ausführungen des Bundesverfassungsgerichts zum informationellen Selbstbestimmungsrecht nicht an der Bindungswirkung teilhaben, weil Streitgegenstand nur der durch das Volkszählungsgesetz 1983 begründete Zwang zur Auskunft war[11]. Andere wiederum gehen von einer grundsätzlichen Bedeutung der im Volkszählungsgesetz enthaltenen allgemeinen Ausführungen aus[12]. Danach seien diese Grundsätze über die Leitsätze eins und zwei in Rechtskraft erwachsen und bindend.

Unabhängig von der Reichweite der Bindungswirkung gemäß § 31 BVerfGG hat das Bundesverfassungsgericht aber offensichtlich eine weite Geltung der gefundenen Rechtssätze gewollt und den eigenen Ausführungen grundsätzliche Bedeutung beigemessen[13], die der verfassungstreue Gesetzgeber jedenfalls zu beachten hat.

II. Gefahren der elektronischen Datenverarbeitung

Die Möglichkeiten und Gefahren der automatischen Datenverarbeitung haben die Notwendigkeit eines Schutzes persönlicher Daten durch das Recht auf informationelle Selbstbestimmung deutlich hervortreten lassen. So wird im Zusammenhang mit der Einführung der elektronischen Datenverarbeitung bei der Polizei im Schrifttum vermutet, daß es zwischen dieser und den Bürgern zu Ängsten und zur Entfremdung sowie zu Vertrauensverlusten komme[14]. Darüber hinaus schmälere die Überwachung und Registrierung des einzelnen dessen persönliche Entfaltungsmöglichkeiten und erhöhe seine Abhängigkeit. Der einzelne werde sich mehr oder weniger bewußt darauf einstellen und sich den an ihn gestellten Erwartungen anpassen[15]. Häufig genüge schon das Bewußtsein der Existenz bestimmter Informationssysteme, um mehr oder weniger weitreichende

---

11 *Kniesel/Tegtmeyer/Vahle*, Rn. 470.

12 *Riegel*, RiA 1984, 122.

13 *Rogall*, GA 1985, 12; *Benda*, DuD 1984, 86 ff.

14 *Feltes*, S. 154.

15 *W. Schmidt*, JZ 1974, 245.

Verhaltensänderungen des einzelnen zu verursachen[16]. Nach anderen Stimmen in der Literatur verstärkt sich beim Bürger zunehmend das Gefühl, daß er die Zusammenhänge nicht mehr vollständig erfassen könne und daher den Experten ausgeliefert sei[17]. Die Furcht vor dem Ausgeliefertsein gegenüber den oft unsichtbaren Herrschern über die Daten bestätige und verstärke die den Menschen innewohnende Angst vor undurchschaubarer und unkontrollierbarer Elektronik[18]. Danach stellen staatliche Datenerhebungs- und -verarbeitungsmaßnahmen grundsätzlich eine Störung von Kommunikations- und Verhaltenszusammenhängen dar, die zu Ängsten bei den Betroffenen führen können[19].

Die durch Einführung der elektronischen Datenverarbeitung auftretende Problematik wurde von Herold folgendermaßen charakterisiert[20]:

> "Möglichkeiten von Angriffen auf die Menschenwürde finden sich bereits in den Strukturen der Elektronik angelegt. Die moderne Informationstechnologie lädt geradezu ein, die örtlich und sachlich gezogenen Grenzen ihrer Anwendung aufzuheben, die Enge und Isoliertheit von Ressorts aufzulösen, innerstaatliche und nationale Grenzen zu überwinden und Wissen in immer größer werdenden Speichern zu sammeln. Die Grenzenlosigkeit der Informationsverarbeitung würde es gestatten, das Individuum auf seinem gesamten Lebensweg zu begleiten, von ihm laufend Momentaufnahmen, Ganzbilder und Profile seiner Persönlichkeit zu liefern, es in allen Lebensbereichen, Lebensformen, Lebensäußerungen zu registrieren, zu beobachten, zu überwachen und die so gewonnenen Daten ohne die Gnade des Vergessens ständig präsent zu halten. Die Gefahren des 'großen Bruders' sind nicht mehr bloß Literatur. Sie sind nach dem heutigen Stand der Technik real."

Durch diese unüberschaubaren Möglichkeiten der elektronischen Verarbeitung personenbezogener Daten ist das Individuum nicht mehr in der Lage, die möglichen Folgen seines Handelns abschließend zu beurteilen. Schon das grundsätzliche Wissen um, beziehungsweise die Unsicherheit des Bürgers über die staatlichen Möglichkeiten der Datenverarbeitung können Lebensstil und

---

16 *Vogelsang*, S. 125.

17 Nach *Vogelsang*, S. 29 ff., 35 ff.

18 *Benda*, Festschrift für Geiger, S. 27; ders., DuD 1984, S. 87.

19 Zu den psychologischen Effekten und der Angst vor der Computerisierung als Teilsequenz eines informationellen Selbstbestimmungsrechts: *Schreiber/Wassermann*, S. 1 f.

20 *Herold*, RuP 1980, 80 f.

Kommunikationsverhalten des einzelnen und dann auch das Gemeinwohl entscheidend beeinträchtigen[21].

In der Volkszählungsentscheidung hat das Bundesverfassungsgericht mit Blick auf die EDV ausgeführt, mit dieser hätten sich in einer bisher unbekannten Weise die Möglichkeiten einer Einsicht- und Einflußnahme erweitert, welche auf das Verhalten des einzelnen schon durch den psychischen Druck öffentlicher Anteilnahme einwirken könnten. Wer nicht mit hinreichender Sicherheit überschauen könne, welche ihn betreffende Information in bestimmten Bereichen seiner sozialen Umwelt bekannt sind, und wer das Wissen möglicher Kommunikationspartner nicht einigermaßen abzuschätzen vermöge, könne in seiner Freiheit wesentlich gehemmt werden, aus eigener Selbstbestimmung zu planen und zu entscheiden. Wer unsicher sei, ob abweichende Verhaltensweisen jederzeit notiert und als Information dauerhaft gespeichert, verwendet und weitergegeben werden, werde versuchen, nicht durch solche Verhaltensweisen aufzufallen[22].

Wer beispielsweise damit rechnen muß, daß seine Bank oder sein Arbeitgeber Informationen über ihn weiterleiten, wird sich in seiner Verhaltensweise darauf einstellen. Wer ein polizeiliches Kriterium einer Rasterfahndung kennt, wird sein Verhalten so ausrichten, daß er sich nicht polizeilichen Recherchen aussetzt. Individuelle Lebensgestaltung wird so tendenziell eingegrenzt und auf gesellschaftlich durchschnittliche Erwartungsnormen zurechtgestutzt[23]. Allein schon die Furcht vor einer unkontrollierbaren Persönlichkeitserfassung erzeugt sozialen Anpassungsdruck, der dazu führt, daß als auffällig eingeschätzte Handlungen unterlassen werden. Die Fähigkeit des einzelnen, sein Leben selbstverantwortlich zu gestalten und seine Rechte wahrzunehmen, ist aber eine Grundbedingung für das Funktionieren eines demokratischen Gemeinwesens[24]. Im Interesse der Wahrung demokratischer Verhältnisse ist es nötig, Systeme und Methoden zu verhindern, die, selbst außerhalb jeglicher Kontrolle, aufgrund verdeckter Arbeitsweise das Privatleben der Bürger beherrschen können. Ein demokratisch legitimiertes Gemeinwesen kann nämlich nur dann dauerhaft

---

[21] BVerfGE 65, 43.

[22] BVerfGE 65, 42 f.

[23] *Simon/Taeger*, Rasterfahndung, S. 43.

[24] BVerfGE 65, 43.

fortbestehen, wenn die Mitglieder ihre Willensbildung und Lebensgestaltung frei von staatlichem Zwang betreiben können. Das Recht auf informationelle Selbstbestimmung ist auch Ausfluß dieses Schutzgedankens[25].

Das Recht auf informationelle Selbstbestimmung hat letztlich die Funktion, die Ungewißheit des einzelnen darüber, ob sein Verhalten registriert wird und ihm deshalb eventuell Nachteile drohen, zu verringern, den durch diese realen oder fiktiven Nachteile entstehenden psychischen Druck zu mildern und somit die für die Wahrnehmung von Rechten und das Funktionieren einer Demokratie erforderliche Willensentschließungsfreiheit weitestgehend zu gewährleisten[26].

III. Grundrechtsgefährdung als Eingriff

Um unbefangene Kommunikationsmöglichkeiten sicherzustellen, muß verhindert werden, daß Kommunikationspartner Zugriff auf personenbezogene Informationen erhalten, ohne daß der Betroffene dies autorisiert hätte, davon wußte oder damit rechnen könnte. Würden derartige Informationen unbeschränkt registriert und staatlichen Stellen übermittelt, könnte der Betroffene in eine Situation geraten, in der seine Gesprächspartner wegen derartiger Registrierungen und Übermittlungen schon soviel über sein vergangenes Verhalten wissen, daß eine abweichende Selbstdarstellung nicht mehr möglich erscheint. Hier ist dann das Recht auf autonome Selbstdarstellung unmittelbar betroffen. Die Registrierung und Übermittlung der Daten, die zu dieser Situation geführt haben, sind Vorstufen zu diesem Erfolg. Da diese Vorstufen im weiteren Verlauf einen Eingriff in das Recht auf autonome Selbstdarstellung erwarten lassen und dem Betroffenen der Eintritt der Beeinträchtigung nicht zuzumuten ist, wird bereits die Vorstufe einem Eingriff gleichgestellt. Die Eingriffsqualität staatlicher Maßnahmen wird also mit dem Vorhandensein von Gefährdungen und nicht mit tatsächlichen und abgeschlossenen Beeinträchtigungen begründet[27]. Gleichzeitig ist aber auch festzuhalten, daß schon Gefährdungen und damit Befürchtungen der Bürger zu wesentlichen Beeinträchtigungen der Handlungs-

---

[25] BVerfGE 65, 43.

[26] *Rosenbaum*, Jura 1988, 180.

[27] Vgl. hierzu auch *Weßlau*, S. 188 ff.

freiheit und der Selbstentfaltung führen. Die eingriffsgleiche Relevanz solcher Gefährdungen hat das Bundesverfassungsgericht ausdrücklich anerkannt[28].

Die Weiterentwicklung des allgemeinen Persönlichkeitsrechts in seiner Ausprägung als Recht auf informationelle Selbstbestimmung liegt daher darin, daß es bereits in einer bloßen Gefährdungssituation zum Ausdruck kommt. Ob im Einzelfall tatsächlich eine Beschränkung der allgemeinen Handlungsfreiheit mittelbar durch psychischen Druck bewirkt wird, ist ohne Bedeutung[29]. Der Schutzbereich des Rechts auf informationelle Selbstbestimmung ist damit sehr weit gezogen. Jedes staatliche Verhalten, welches dazu geeignet ist, daß der einzelne die Möglichkeiten der Erfassung und Verarbeitung seiner personenbezogenen Daten nicht mehr überschaut, stellt regelmäßig schon einen Eingriff in das Recht auf informationelle Selbstbestimmung dar.

1. Verwendungszusammenhang und Sphärentheorie

Das Recht des einzelnen, "grundsätzlich selbst über die Preisgabe und Verwendung seiner persönlichen Daten zu bestimmen"[30], führt dazu, daß grundsätzlich alle Phasen der Datenerhebung und der Datenverarbeitung, also das Speichern, Übermitteln und Verändern grundrechtlich geschützt sind[31]. Das gilt selbst bei sogenannten "belanglosen" Daten, weil sich mögliche Gefährdungen und Mißbräuche erst aus dem Verwendungszusammenhang ergeben. Das Bundesverfassungsgericht hat hierzu ausgeführt:

> "Allein auf die Art der Angaben" kann nicht abgestellt werden. "Unter den Bedingungen der automatischen Datenverarbeitung gibt es kein belangloses Datum mehr. Wieweit Informationen sensibel sind, kann hiernach nicht mehr allein davon abhängen, ob sie interne Vorgänge betreffen. Vielmehr bedarf es zur Feststellung der persönlichkeitsrechtlichen Bedeutung eines Datums der Kenntnis seines Verwendungszusammenhanges: Erst wenn Klarheit darüber besteht, zu welchem Zweck Angaben verlangt werden und welche Verknüp-

---

28 BVerfGE 65, 43.

29 *Scholz/Pitschas*, S. 83; *Rosenbaum*, a.a.O.

30 BVerfGE 65, 43.

31 *Denninger*, KJ 1985, 219.

fungsmöglichkeiten bestehen, läßt sich die Frage einer zulässigen Beschränkung des Rechts auf informationelle Selbstbestimmung beantworten"[32].

Nach dem Volkszählungsurteil soll es somit auf die "Art der Angaben" nicht "allein" ankommen. Entscheidend sei vielmehr ihre "Verwendungsmöglichkeit". Damit geht das Bundesverfassungsgericht von einem Nebeneinander beider Kriterien aus. Nicht mehr nur die Privatheit der Daten entscheidet über die Grundrechtsrelevanz, sondern in erster Linie kommt es angesichts der unbegrenzten Möglichkeiten der elektronischen Datenverarbeitung auf den Verwendungszusammenhang an.

Die Empfindlichkeit und der Bedeutungsgehalt von Daten beurteilt sich also nicht ausschließlich nach der "Sphäre", aus der die Informationen stammen. Das Bundesverfassungsgericht hat bei der Sicherung der informationellen Selbstbestimmung im Volkszählungsurteil entgegen seiner früheren Rechtsprechung davon Abstand genommen, den Schwierigkeiten der Reichweite des allgemeinen Persönlichkeitsrechts nur auf der Grundlage von Eingrenzungen in räumlich-statische Sphären (Sphärentheorie) zu begegnen[33]. Mit Hilfe der elektronischen Datenverarbeitung ist es nämlich möglich geworden, eine Vielzahl an sich "belangloser" Daten miteinander zu verknüpfen und so ein Teilabbild der Persönlichkeit oder gar ganze Persönlichkeitsprofile zu erstellen. Ein wirksamer Schutz wird durch die Sphärentheorie daher nicht gewährleistet[34].

2. *Eingriffstheorie*

Die Eingriffstheorie sieht in jedem Akt staatlicher Datenverarbeitung einen Eingriff in das Recht auf informationelle Selbstbestimmung und fordert für die Verarbeitung personenbezogener Daten einen Totalvorbehalt[35]. Danach habe jeder Bürger ein eigentumsähnliches Recht an seinen personenbezogenen Daten, was dazu führe, daß der Staat sich mit ihm nicht mehr befassen könne, ohne in den Schutzbereich des Rechtes auf informationelle Selbstbestimmung

---

[32] BVerfGE 65, 45.

[33] *Heußner*, BB 1990, 1282.

[34] *Weßlau*, S. 175; *Ernst*, S. 49.

[35] *Schwan*, VerwArch 1975, 127 ff.

einzugreifen[36]. Diese Auffassung sieht sich teilweise durch das Volkszählungsurteil bestätigt, in dem es heißt, daß Beschränkungen des Rechts auf informationelle Selbstbestimmung nur im überwiegenden Allgemeininteresse erfolgen dürfen. Daraus ließe sich isoliert betrachtet schließen, daß das Bundesverfassungsgericht von einem zunächst schrankenlosen Recht auf informationelle Selbstbestimmung ausgeht, dessen Einschränkung stets ein Eingriff sei[37]. Dieser Auslegung steht jedoch entgegen, daß das Volkszählungsurteil bei der Grundrechtsrelevanz von Datenverarbeitungsvorgängen sowohl auf den "Verwendungszusammenhang" als auch auf die "Art der Angaben" abstellt[38]. Wollte das Bundesverfassungsgericht jedwede Form von Datenverarbeitung dem Schutzbereich des Rechts auf informationelle Selbstbestimmung unterstellen, so käme es insbesondere nicht auf die "Art" der Angaben an, sondern alle personenbezogenen Angaben müßten durchweg geschützt sein. Demnach geht das Bundesverfassungsgericht davon aus, daß es auch eine Verarbeitung von personenbezogenen Angaben gibt, die nicht dem Schutzbereich des Rechts auf informationelle Selbstbestimmung unterfallen.

Diese restriktive Interpretation wird noch durch die Überlegung gestützt, daß das Recht auf informationelle Selbstbestimmung aus dem allgemeinen Persönlichkeitsrecht abgeleitet wird. Das allgemeine Persönlichkeitsrecht dient aber nur dem Schutz der engen persönlichen Lebenssphäre und der Erhaltung ihrer Grundbedingungen. In der Eppler-Entscheidung hat das Bundesverfassungsgericht hierzu ausgeführt:

> "Wie der Zusammenhang mit Art. 1 Abs. 1 GG zeigt, enthält das allgemeine Persönlichkeitsrecht des Art. 2 Abs. 1 GG ein Element der freien Entfaltung der Persönlichkeit, das sich als Recht auf Respektierung des geschützten Bereichs von dem aktiven Element der Entfaltung, der allgemeinen Handlungsfreiheit abhebt. Demgemäß müssen auch die tatbestandlichen Voraussetzungen des allgemeinen Persönlichkeitsrechts enger gezogen werden als diejenigen der allgemeinen Handlungsfreiheit: es erstreckt sich nur auf Eingriffe, die geeignet sind, die engere Persönlichkeitssphäre zu beeinträchtigen"[39].

---

[36] Vgl. *Ernst*, S. 50.

[37] Vgl. *Weßlau*, S. 181 m.w.N.

[38] BVerfGE 65, 45.

[39] BVerfGE 54, 148 ff.

Das aus dem allgemeinen Persönlichkeitsrecht fließende Recht auf informationelle Selbstbestimmung kann dem einzelnen also nicht mehr Rechte verleihen als das Quellenrecht enthält[40].

Schließlich ist noch zu berücksichtigen, daß das Recht des einzelnen, "grundsätzlich selbst über die Preisgabe und Verwendung seiner persönlichen Daten zu bestimmen"[41], also die Steuerung des eigenen Persönlichkeitsbildes durch das Grundrecht Dritter auf Äußerungs- und Informationsfreiheit (Art. 5 Abs. 1 S. 1 GG), eine immanente Schranke findet. Das Bundesverfassungsgericht hat im Volkszählungsurteil hierzu ausgeführt, daß die personenbezogenen Informationen ein "Abbild sozialer Realität" darstellen, das nicht ausschließlich dem Betroffenen allein zugeordnet werden kann[42]. Der Eingriffstheorie, nach der jeder informationelle Akt, und sei er noch so unbedeutend, als Eingriff zu werten und dem Gesetzesvorbehalt zu unterstellen ist, kann daher nicht gefolgt werden.

3. Gefährdungstheorie

Das Bundesverfassungsgericht hat festgestellt, daß es unter den Bedingungen der automatischen Datenverarbeitung kein "belangloses" Datum mehr geben kann. Andererseits soll auch nicht jedem noch so unbedeutenden informationellen Akt Eingriffsqualität zukommen. Es sind daher Kriterien zu entwickeln, um eingriffsfreie von grundrechtsrelevanter Informationstätigkeit abzugrenzen.

Auszugehen ist von der Funktion des Rechts auf informationelle Selbstbestimmung. Es dient als Ausfluß des allgemeinen Persönlichkeitsrechts im wesentlichen der Verhinderung der Erstellung von Persönlichkeitsbildern aufgrund der Verknüpfung von Einzelinformationen. Umfaßt sind dabei nicht nur besonders sensible Informationen, sondern es soll gerade der Gefahr vorgebeugt werden, die daraus resultiert, daß durch die Verknüpfung von vermeintlich "belanglosen" Daten auf die innerste Persönlichkeit geschlossen werden kann.

---

[40] Vgl. *Vogelsang*, S. 256.

[41] BVerfGE 65, 1, 1. Leitsatz.

[42] BVerfGE 65, 44.

Das Recht auf informationelle Selbstbestimmung soll den Bürger vor der Erstellung solcher Persönlichkeitsbilder schützen und ihm so die nötige Sicherheit vermitteln, die Voraussetzung ist, um die Freiheiten zu nutzen, die ihm in einem freiheitlich demokratischen Rechtstaat zustehen. Der Schutz des Rechts auf informationelle Selbstbestimmung greift dabei bereits in einem Gefährdungsvorfeld. Informationsverarbeitungsmaßnahmen, die die Erstellung von Persönlichkeitsbildern erlauben, sind bereits wegen dieser abstrakten Möglichkeit dem Schutzbereich des Rechts auf informationelle Selbstbestimmung zu unterstellen.

Demnach liegt eine grundrechtsrelevante Informationstätigkeit stets dann vor, wenn die Gefahr der Erstellung von Persönlichkeitsbildern entsteht. Eingriffsfrei ist eine Informationstätigkeit danach dann, wenn eine solche Gefahr nicht besteht. Da diese Gefahr nicht einfach unterstellt werden kann, setzt die Annahme einer grundrechtsrelevanten Gefahrenlage voraus, daß sich die Gefahr nach Lage der Dinge auch tatsächlich verwirklichen kann[43]. Es sollen daher Kriterien erörtert werden, die eine solche Gefahrenprognose ermöglichen.

a) Sensibilität und Menge der Daten

Die Frage, ob Informationsverarbeitung geeignet ist, Persönlichkeitsbilder zu erstellen, hängt in erster Linie von der Art der verarbeiteten Informationen ab. Je intimer die Daten sind, auf die Zugriff genommen wird, desto intensiver wird die dahinter stehende Persönlichkeit durchleuchtet[44]. Auf dieses Kriterium weist auch das Bundesverfassungsgericht im Volkszählungsurteil hin. Dort heißt es, für die Feststellung der persönlichkeitsrechtlichen Bedeutung eines Datums "kann nicht allein auf die Art der Angaben abgestellt werden"[45]. Aus dieser Formulierung ergibt sich, daß auch der "Art der Angaben" bei der Frage der Grundrechtsrelevanz entscheidende Bedeutung zukommt. Insoweit ist die Sphärentheorie weiterhin von Bedeutung. Danach werden drei Schutzbereiche unterschieden, nämlich die Intimsphäre, die Privatsphäre und die Öffentlich-

---

[43] *Vogelsang*, S. 126 u. 155.

[44] Vgl. *Vogelsang*, S. 168 f.; *Woertge*, S. 88 f.

[45] BVerfGE 65, 45.

keitssphäre[46]. Ein Eingriff wird dann angenommen, wenn der Staat von der privaten, das heißt, nicht öffentlichen Lebensgestaltung des Bürgers Kenntnis nimmt. Somit ist die Aufbewahrung und Übermittlung von Informationen aus dem Privatbereich regelmäßig von Grundrechtsrelevanz.

Dem gleichzustellen wäre die Verarbeitung einer Vielzahl von Informationen aus der Öffentlichkeitssphäre. Die Aussagekraft der Informationen nimmt dann zu und kann in der Gesamtschau die gleiche Eingriffsintensität erlangen, wie eine einzelne Information aus der Privatsphäre[47].

Sind Art und Umfang der in Betracht kommenden Daten praktisch nicht näher bestimmbar, so ist gerade dies ein Indiz für hohe Eingriffsintensität, weil die Möglichkeit grenzenloser Verarbeitung personenbezogener Daten in besonderem Maße geeignet ist, beim Betroffenen eine psychische Zwangswirkung zu erzeugen.

b) Informationsverarbeitungstechnologie

Die computergestützte Verarbeitung von Daten führt wegen der Verarbeitungsgeschwindigkeit und den Verknüpfungs- und Speichermöglichkeiten zu größeren Gefahren hinsichtlich einer Persönlichkeitserfassung als die manuelle Informationsverarbeitung. Insbesondere ist auch eine vergleichsweise höhere Mißbrauchsgefahr gegeben. Die Art der Informationsverarbeitung ist somit ein weiteres Indiz für einen Eingriff in das Recht auf informationelle Selbstbestimmung[48].

---

[46] BVerfGE 6, 41; 27, 6; 67, 144; 80, 373.

[47] Vgl. *Rogall*, S. 63.

[48] Vgl. BVerfGE 65, 45; SK-StPO-*Rudolphi*, vor § 94 Rn. 45; *Schmitt-Glaeser* in Isensee/Kirchhof, S. 41, 96 f.

c) Zweckentfremdung von Daten

Das Bundesverfassungsgericht hat im Volkszählungsurteil auch ausgeführt, daß angesichts der Gefahren der automatischen Datenverarbeitung ein amtshilfefester Schutz gegen Zweckentfremdung durch Weitergabe- und Verwertungsverbote erforderlich ist[49]. Das heißt, die zur Erhebung von personenbezogenen Daten ermächtigende Regelung muß, um verfassungsgemäß zu sein, eine Zweckbindung enthalten. Die Zweckbindung soll sicherstellen, daß die erhobenen Informationen nicht zwischen verschiedenen staatlichen Stellen ausgetauscht werden. Dahinter steht die Überlegung, daß Datenverarbeitung nur soweit tolerierbar ist, soweit dies für die Erfüllung der konkret der einzelnen Behörde zugewiesenen Aufgabe erforderlich ist. Die Verknüpfung zweier unterschiedlicher Zwecke mit unterschiedlichen Anforderungen würden den Bürger angesichts der für ihn undurchsichtigen Möglichkeiten der elektronischen Datenverarbeitung verunsichern[50]. Dagegen ist der Umgang mit den personenbezogenen Daten innerhalb des Zweckes, für den sie erhoben wurden, für den Bürger voraussehbar und vom Gesetzgeber in Form der Informationserhebungsermächtigung legalisiert. Werden die Daten aber nach ihrer Erhebung zu einem anderen Zweck verwendet, als zu dem, für den sie erhoben wurden, ist ein derartiger Umgang nicht mehr durch die Erhebungsnorm gedeckt. Durch eine solche Zweckentfremdung wird in das Recht auf informationelle Selbstbestimmung - wie bei der ursprünglichen Erhebung der Daten - eingegriffen, weil der Informationsumgang für den Betroffenen nicht mehr überschaubar ist[51]. Die Übermittlung von Personeninformationen zu einem anderen als dem ursprünglichen Erhebungszweck stellt somit einen Eingriff in das Recht auf informationelle Selbstbestimmung dar. Übermittlung ist in § 3 Abs. 5 Nr. 3 BDSG definiert als das Bekanntgeben gespeicherter oder durch die Datenverarbeitung unmittelbar gewonnener Daten an Dritte in der Weise, daß die Daten durch die speichernde Stelle weitergegeben werden oder der Empfänger von der speichernden Stelle zur Einsicht oder zum Abruf bereitgehaltene Daten einsieht oder abruft. Die Übermittlung ist somit eine Maßnahme der Zweckentfremdung von Informationen und daher ein Grundrechtseingriff. Gerade die Übermittlung von Einzelinformationen, die für sich eventuell keinen oder nur einen geringen

---

49 BVerfGE 65, 46.

50 *Weichert*, S. 48.

51 *Ernst*, S. 75.

Aussagewert haben, birgt die Gefahr, daß in der Gesamtschau ein Persönlichkeitsbild entsteht.

d) Grad des Betroffenseins

Informationsverarbeitungsmaßnahmen können sich für die Betroffenen unterschiedlich intensiv auswirken. Wird der einzelne selbst in den Mittelpunkt einer Informationsverarbeitungsmaßnahme gerückt, weil es gerade um ihn geht, so ist er intensiver betroffen als derjenige, dessen Angaben sich lediglich auf dem Datenträger befinden, ohne zur Kenntnis genommen zu werden. Erst für denjenigen, der aus dem Datenträger herausgefiltert wird, kommt es unmittelbar zu einer Gefährdung, während für alle übrigen nur die mittelbare Gefahr besteht, überhaupt zur Kenntnis genommen zu werden.

e) Heimlichkeit der Datenverarbeitung

Gerade bei der für den Betroffenen nicht erkennbaren Verarbeitung seiner persönlichen Daten ist für ihn nicht mehr nachzuvollziehen, wer was wann bei welcher Gelegenheit über ihn weiß. Die Eingriffsintensität ist hier noch höher einzuschätzen als bei durch gesetzliche Auskunftspflicht erzwungenen Angaben, da der Betroffene dann zumindest Kenntnis davon hat, daß Dritte über seine Lebensumstände informiert sein können[52]. Gleichzeitig wird dem Betroffenen durch die für ihn nicht erkennbare Verarbeitung die Möglichkeit entzogen, die Rechtmäßigkeit einer Maßnahme zu kontrollieren und gegebenenfalls dagegen vorzugehen. Auch unter dem Gesichtspunkt, daß heimliche Datenverarbeitungsmaßnahmen zumindest faktisch die Rechtsschutzmöglichkeiten der Betroffenen schmälern, ist daher diese Art der Informationsverarbeitung als besonders eingriffsintensiv zu werten.

---

52 *Lisken*, DRiZ 1987, 188; *Baumann*, DVBl. 1984, 615; *Bäumler*, DÖV 1984, 515.

f) Verwendungszweck und Mißbrauchsgefahr

Schließlich können die konkreten Mißbrauchsmöglichkeiten bei bestimmten Verarbeitungszwecken besonders hoch sein. So begründete schon vor dem Volkszählungsurteil das Verwaltungsgericht Köln[53] die Eingriffsqualität der Speicherung von Daten beim Bundesamt für Verfassungsschutz damit, daß dessen Aufgabe die "Verifizierung oder Falsifizierung eines einmal entstandenen Verdachts sei". Wegen der Aufgabennähe von Polizei und Geheimdiensten ist die konkrete Verwendung der Daten für den einzelnen besonders schlecht zu verfolgen. Die Datenverarbeitung im Bereich der Sicherheitsbehörden (Polizei, Geheimdienste) ist somit als besonders sensibel anzusehen.

g) Zwischenergebnis

Kriterien für die Bestimmung der Eingriffsintensität sind die Sensibilität und Menge der Daten, die Informationsverarbeitungstechnologie, die Zweckentfremdung, der Grad des Betroffenseins, die Heimlichkeit der Datenverarbeitung, sowie denkbare Verwendungszwecke und konkrete Mißbrauchsgefahren.

B. Die unterschiedliche Eingriffsintensität der verschiedenen Formen der Rasterfahndung

Bei der positiven Rasterfahndung werden zwei Magnetbänder mit personenbezogenen Daten mit dem Ziel gegeneinander gespielt, eine Datei derjenigen Personen zu erhalten, die die Merkmale der beiden Ausgangsdateien auf sich vereinen (Schnittmenge). Im Unterschied hierzu werden bei der negativen Rasterfahndung von einem Ausgangsband alle Personendaten gelöscht, die auch auf einem Gegenband gespeichert sind. Nach wiederholtem Gegenspielen mit verschiedenen Bändern bleibt auf dem Ausgangsband nur noch eine Restmenge von Daten der Personen übrig, die zahlreiche Merkmale nicht aufweisen, die

---

[53] NVwZ 1983, 112

auch der vermutete Täter mutmaßlich nicht besitzt. Da die erstrebte Schnittmenge bei der positiven beziehungsweise die Restmenge bei der negativen Rasterfahndung bezüglich jedes der in ihr gespeicherten Datensätze ein Mehr an Informationen gegenüber den entsprechenden Datensätzen der Ausgangsdateien aufweist, liegt jeweils eine Datenverarbeitung in Form von Informationsveränderung vor[54].

Jeder Form von Rasterfahndung ist wesensimmanent, daß sie ohne Wissen der Betroffenen erfolgt. Ratio des Rechts auf informationelle Selbstbestimmung ist aber gerade, daß der Bürger weiß, "wer was wann und bei welcher Gelegenheit über ihn weiß". Bei einer Rasterfahndung werden jedoch regelmäßig Daten von den Strafverfolgungsbehörden auf deren Ersuchen und zu deren Zweckverfolgung verarbeitet, ohne daß die Betroffenen von diesem Vorgang Kenntnis erhalten. Die Datenverarbeitung ohne Wissen der Betroffenen schließt von vornherein aus, daß diese über ihre Daten selbst bestimmen können und ist daher geeignet, den bereits beschriebenen psychischen Anpassungsdruck an die als "normal" vermuteten Verhaltensmuster auszulösen. Heimliche Fahndungsmaßnahmen verkürzen den Schutzbereich des Rechts auf informationelle Selbstbestimmung, denn mit ihnen werden Lebenssachverhalte der Betroffenen offengelegt, ohne daß diese davon etwas merken. Berücksichtigt man neben der Heimlichkeit der Datenverarbeitung noch die verwendete Informationsverarbeitungstechnologie und daß es sich um Datenverarbeitung durch Sicherheitsbehörden handelt, so indizieren bereits diese drei, jeder Form von Rasterfahndung immanenten Kriterien, die Grundrechtsrelevanz dieser Fahndungsmethode.

Im folgenden soll anhand der soeben entwickelten Kriterien eine Eingriffsintensitätshierarchie der unterschiedlichen Rasterfahndungsmethoden erarbeitet werden.

---

[54] *Denninger*, KJ 1985, 237 f.

I. Die positive Rasterfahndung nach unbekannten Tätern

Bei der positiven Rasterfahndung führen regelmäßig verschiedene Behörden und private Einrichtungen Suchläufe in den eigenen Dateien für die Strafverfolgungsbehörden durch. Da die ersuchten Behörden und privaten Einrichtungen die Such- und Rechercheläufe nicht im Rahmen ihrer Zuständigkeit, sondern für Strafverfolgungszwecke durchführen, nehmen sie Aufgaben der Strafverfolgung war. So verändert ein gefundener Datensatz auf seinem Weg von der außerpolizeilichen Datei zum Ergebnisband seinen ursprünglichen Kontext im Rahmen polizeilicher Fahndungszwecke.

Doch werden nicht nur die Daten in ihrem Kontext verändert, die letztlich auf dem Ergebnisband abgespeichert werden. Es ist nämlich zu berücksichtigen, daß die Dateienverwalter ihre Dateien im Auftrag der Strafverfolgungsbehörden durchsuchen. Dabei bilden sie gleichsam den verlängerten Arm der Strafverfolgungsbehörden, denn die Suchläufe stehen in keinem Zusammenhang mit der eigentlichen Zwecksetzung der Datenspeicherung. Bei diesen Suchläufen werden sämtliche Daten von ihrem ursprünglichen Kontext, wie etwa des Rentenempfanges, des Bezuges von BAföG u.s.w., in den Kontext der Verdachtsüberprüfung überführt. Von der positiven Rasterfahndung nach einem unbekannten Täter sind somit nicht nur diejenigen betroffen, auf die die Suchmerkmale zutreffen, sondern alle, deren Daten in den zu durchsuchenden Dateien gespeichert sind. Zwar wird die Mehrzahl der so bearbeiteten Daten, ohne daß es der Bürger überhaupt bemerkt, innerhalb kürzester Zeit lediglich auf die gesuchten Merkmale durchkämmt und sodann aus dem Bearbeitungsprozeß ausgeschieden, so daß diejenigen, die das gesuchte Merkmal nicht aufweisen, und somit nicht von den Strafverfolgungsbehörden zur Kenntnis genommen werden, weniger intensiv betroffen sind als die letztlich herausgerasterten Merkmalsträger. Es sind aber bei der Beurteilung dieser Fahndungsmethode auch deren Fernwirkungen zu berücksichtigen. Zu Beginn der Rasterung sind sämtliche Personen, deren Daten sich in den zu untersuchenden Datenbeständen befinden, potentiell von weiteren Fahndungsmaßnahmen bedroht. Dies fördert die Tendenz zu möglichst unauffällig-konformem Verhalten und ist damit geeignet, die Wahrnehmung der allgemeinen Freiheitsrechte auch durch an Straftaten völlig Unbeteiligte einzuschränken. Wer zum Beispiel Stromrechnungen bar zahlt, geht ein größeres Risiko ein, in Fahndungsmaßnahmen verwickelt zu werden, als Teilnehmer am Abbuchverfahren[55].

Bei der positiven Rasterfahndung nach unbekannten Tätern wird in Dateien eingegriffen, die mit Strafverfolgung nichts zu tun haben. Dabei wird das Recht auf informationelle Selbstbestimmung sämtlicher Personen, die sich in den durchsuchten Dateien befinden, tangiert. Wegen der Vielzahl von betroffenen Unbeteiligten sowie des Einblicks in diverse Dateien, die unterschiedlich sensible Daten führen, besteht bei dieser Fahndungsmethode eine besondere Gefahr für den Bürger, daß Persönlichkeitsprofile oder Teile davon produziert werden.

Im Mirkrozensus-Beschluß hat das Bundesverfassungsgericht festgestellt, daß es mit der Menschenwürde nicht vereinbar wäre, wenn der Staat das Recht für sich in Anspruch nehmen könnte, den Menschen zwangsweise in seiner ganzen Persönlichkeit zu registrieren und zu katalogisieren[56]. Wenn bei dieser Fahndungsmethode aber Dateien miteinander verknüpft werden, die nicht unter gleicher Zweckbindung stehen, so besteht für die herausgerasterten Personen auch die Gefahr, daß die Personendaten zu einem teilweisen oder weitgehend vollständigen Persönlichkeitsbild zusammengefügt werden, ohne daß der Betroffene dessen Richtigkeit und Verwendung zureichend kontrollieren kann. Diese Möglichkeit allein führt spätestens dann zu erheblicher Verunsicherung und zu Mißtrauen, sobald Straftaten begangen und bekannt werden, zu deren Aufklärung naheliegenderweise Datenabgleiche erfolgen.

Die Tatsache, daß jeder Bürger völlig unabhängig von der strafrechtlichen Relevanz seines Verhaltens befürchten muß, in diese Fahndungsmethode verwickelt zu werden, sowie die Gefahr der Erstellung von Persönlichkeitsprofilen begründen in besonderem Maße einen psychischen Anpassungsdruck in Richtung auf eine möglichst unauffällige Verhaltensweise, um in der Masse unterzugehen und nicht durch individuelle Merkmale "herausgerastert" zu werden. Die Vielzahl der Betroffenen und auch die persönlichkeitsrelevanten Gefahren der Kombination von Daten verschiedener Zweckbindung führen dazu, die positive Rasterfahndung nach unbekannten Tätern als besonders intensiven Eingriff in das Recht auf informationelle Selbstbestimmung zu bewerten.

---

[55] *Dästner*, RuP 1988, 33 f.

[56] BVerfGE 27, 1.

II. Die negative Rasterfahndung mit einer Fremddatei als Ausgangsdatei

Bei dieser Fahndungsmethode verwenden die Strafverfolgungsbehörden eine Datei einer anderen Behörde oder privaten Einrichtung als Ausgangsdatenbestand. Anschließend werden andere behördliche oder private Dateien dazu genutzt, um Personendaten aus dem Ausgangsdatenbestand herauszulöschen. Trifft beim Abgleich ein Personendatensatz der Ausgangsdatei auf sein Spiegelbild in der Abgleichdatei, so werden die betreffenden Daten aus dem Ausgangsdatenbestand gelöscht. Bei dieser Vorgehensweise erhalten die Strafverfolgungsbehörden keinen Einblick in die Abgleichdateien, da diese lediglich dazu genutzt werden, Daten aus dem Ausgangsdatenbestand zu löschen. Die Tatsache, daß die Abgleichdateien nicht eingesehen werden, führt dazu, daß insoweit auch keine wirkliche Kontextveränderung vorliegt, denn die betroffenen Dateninhaber sollen gerade nicht von Fahndungsmaßnahmen betroffen werden. Ihre Daten werden gelöscht, weil sie nicht als Täter in Betracht kommen. Da die Dateninhaber der Abgleichdateien somit gar nicht von Fahndungsmaßnahmen bedroht sind, jene vielmehr von vornherein als unverdächtig gelten und nicht überprüft werden sollen, stellt sich für sie die negative Rasterfahndung als vergleichsweise harmlos dar.

Zu bedenken ist aber, daß die Abgleichdateien immerhin den Strafverfolgungsbehörden zur Verfügung gestellt werden und damit aus der Obhut der sie verwaltenden Stelle entfernt werden. Dadurch entstehen Mißbrauchsmöglichkeiten. Die Strafverfolgungsbehörden könnten vor oder nach den Löschungsläufen in die Abgleichdateien Einblick nehmen. Zwar wird bisher nicht behauptet, daß ein solcher Mißbrauch geübt wird, es genügt aber bereits die technische Möglichkeit dazu, um den beschriebenen psychischen Druck auf die Dateninhaber auszulösen, vor dem das Recht auf informationelle Selbstbestimmung sie schützen soll.

Eindeutiger stellt sich dagegen der Eingriff in das Recht auf informationelle Selbstbestimmung für diejenigen dar, deren personenbezogene Daten in dem Ausgangsdatenbestand gespeichert sind. Diese Ausgangsdatei wird nämlich wie bei der positiven Rasterfahndung nach unbekannten Tätern von ihrem ursprünglichen administrativen Zweck zu einem Kontext im Rahmen von Fahndungszwecken überführt. Im Gegensatz zu den Abgleichdateien, in denen sich die personenbezogenen Daten des mutmaßlichen Täters gerade nicht befinden sollen, wird der gesuchte Täter unter den Dateninhabern der Ausgangsdatei vermutet. Das führt dazu, daß sämtliche Dateninhaber der Ausgangsdatei potentielle Adressaten weiterer Fahndungsmaßnahmen sind.

Die Erkenntnis, daß lediglich die Ausgangsdatei eine Kontextänderung erfährt, während die Abgleichdateien nur als Löschungsmedium benutzt werden, rechtfertigen den Schluß, daß die negative Rasterfahndung mit einer Fremddatei als Ausgangsdatei einen vergleichsweise geringeren Eingriff in das Recht auf informationelle Selbstdarstellung bedeutet. Zwar sind auch die Dateninhaber der Abgleichdateien durch die bestehende Mißbrauchsgefahr in ihrem Recht auf informationelle Selbstbestimmung tangiert, doch wirkt dieser Eingriff weitaus weniger intensiv als bei der positiven Rasterfahndung, weil sich dort das im Rahmen der negativen Rasterfahndung lediglich bestehende Risiko der Einbeziehung in Fahndungsmaßnahmen bereits von vornherein realisiert hat.

III. Die negative Rasterfahndung mit einer Ausgangsdatei, die zu Strafverfolgungszwecken angelegt ist

Bei dieser Fahndungsmethode verwenden die Strafverfolgungsbehörden eine eigene, bereits zuvor für Strafverfolgungszwecke angelegte Datei als Ausgangsdatenbestand. Durch die Einführung der Schleppnetzfahndung gemäß § 163d StPO sind die Strafverfolgungsbehörden in die Lage versetzt worden, einen erheblichen Datenbestand selbst anzulegen. Stellt man darauf beruhend Überlegungen an, wie ein solcher Bestand effektiv ausgewertet werden kann, so ist nicht an der Erkenntnis vorbeizukommen, daß die nach § 163d StPO gespeicherten Daten ein geeignetes Grundpotential zur Durchführung einer Rasterfahndung bilden[57].

Dieser Ausgangsdatenbestand wird dann in der beschriebenen Weise durch Löschungsläufe mit anderen, nicht zu Strafverfolgungszwecken angelegten Dateien auf eine überschaubare Restmenge reduziert.

Von der negativen Rasterfahndung mit einer Fremddatei als Ausgangsdatenbestand unterscheidet sich diese Methode der Rasterfahndung dadurch, daß die

---

[57] Vgl. *Riegel*, CR 1986, 143.

Ausgangsdatei keine Zweckänderung erfährt. Die Ausgangsdatei wird im Rahmen ihrer Zweckbindung - nämlich Strafverfolgung - genutzt. Für Personen, deren Daten im Ausgangsbestand gelöscht werden, ist die Löschung nicht von Grundrechtsrelevanz. Ihre Daten werden nicht in einen anderen Kontext überführt und die Löschung bewirkt, daß sie von Fahndungsmaßnahmen verschont bleiben. Der nach Durchführung aller Fahndungsläufe auf dem Ausgangsband verbliebene Fahndungsrest hat seinen Standort zwar auch nicht verändert und somit keine Kontextänderung erfahren, die Restmenge enthält aber bezüglich jeder der in ihr gespeicherten Datensätze ein Mehr an Informationen gegenüber den entsprechenden Datensätzen der Ausgangsdatei. Insofern liegt hier eine Informationsveränderung im Sinne des § 3 Abs. 5 Nr. 2 BDSG vor, und grundrechtlich gesehen ein Eingriff in das Recht auf informationelle Selbstbestimmung. Hinsichtlich der zur Löschungshilfe herangezogenen Dateien bleibt es beim oben Gesagten. Da diese nicht eingesehen werden und die betroffenen Dateninhaber von vornherein von Fahndungsmaßnahmen ausgeschlossen werden sollen, findet für diese keine Kontextveränderung statt. Es verbleibt jedoch eine Mißbrauchsgefahr, die für sich schon hinsichtlich der betroffenen Dateninhaber einen - wenn auch vergleichsweise geringen - Eingriff in das Recht auf informationelle Selbstbestimmung darstellt.

Verglichen mit der negativen Rasterfahndung, die eine Fremddatei als Ausgangsdatenbestand verwendet, stellt sich die negative Rasterfahndung mit einer Ausgangsdatei, die rechtmäßig zu Strafverfolgungszwecken angelegt worden ist, als weniger schwerwiegender Eingriff in das Recht auf informationelle Selbstbestimmung dar. Der Unterschied liegt darin, daß hier lediglich der sogenannte Fahndungsrest auf dem Ausgangsdatenbestand eine Informationsveränderung erfährt, während dort der gesamte Ausgangsdatenbestand durch die Überführung von administrativen zu Fahndungszwecken im Sinne des § 3 Abs. 5 Nr. 2 BDSG "verändert" wird. Hinsichtlich der lediglich zu Löschungszwecken verwendeten Abgleichdateien besteht hingegen kein Unterschied zwischen beiden Fahndungsmethoden.

IV. Die positive Rasterfahndung nach bekannten Tätern

Hierbei führen verschiedene Behörden und private Einrichtungen in ihren Dateien Suchläufe nach einem von den Strafverfolgungsbehörden benannten mutmaßlichen Täter durch. Wie bei der positiven Rasterfahndung nach unbekannten Tätern werden die Such- und Rechercheläufe nicht im Rahmen der jeweiligen Zuständigkeit, sondern für Strafverfolgungszwecke durchgeführt. Im Gegensatz dazu muß bei dieser Rasterfahndungsmethode aber nicht jede Person, deren Daten sich in einer der zu durchsuchenden Dateien befinden, damit rechnen, potentieller Adressat weiterer Fahndungsmaßnahmen zu sein. Ist der Täter namentlich bekannt, so ist auch nur er und nicht eine unüberschaubare Vielzahl von Bürgern von Fahndungsmaßnahmen bedroht. Durch diese exakte Zugriffsmöglichkeit auf einen bestimmten Datensatz fehlt es an der bei anderen Rasterfahndungsmethoden üblichen Breitenwirkung. Wird nämlich ein unbekannter Täter gesucht, sind die Strafverfolgungsbehörden darauf angewiesen, vermutete Prüfungsmerkmale festzulegen, die dann natürlich auch auf Personen zutreffen können, die mit der aufzuklärenden Tat nichts zu tun haben. Für die übrigen Methoden der Rasterfahndung ist typisch, daß auf jeglichen konkreten Bezug zwischen den von ihr betroffenen Bürgern zu der aufzuklärenden Straftat verzichtet wird. Durch diesen Verzicht auf einen Tatbezug kommt es zu den bereits beschriebenen Fernwirkungen: die Tendenz zu möglichst unauffällig-konformem Verhalten wird gefördert und die Wahrnehmung allgemeiner Freiheitsrechte auch durch an Straftaten völlig Unbeteiligte wird behindert. Ein solcher Konformitätsdruck, vor dem das Recht auf informationelle Selbstbestimmung schützen soll, wird durch die Rasterfahndung nach einem bekannten Täter aber nicht ausgelöst, da völlig Unbeteiligte an der Straftat nicht in die Fahndungsmaßnahme einbezogen werden.

Die häufigste Form der positiven Rasterfahndung nach bekannten Tätern dürfte der Abgleich des Fahndungsbestandes der mit Haftbefehl gesuchten Straftäter mit dem Band der gemeldeten Einwohner sein, um festzustellen, ob sich unter den gemeldeten Einwohnern flüchtige Tatverdächtige befinden. Diese Vorgehensweise weist aber keinen qualitativen Unterschied zu der herkömmlichen Fahndungsmethode auf, als die Fahndungsunterlagen von Hand zu bewältigen waren[58]. Es wird jeweils auf dem direkten Weg nach dem mutmaßlichen Täter gefahndet, ohne daß Unbeteiligte befürchten müßten, in Fahndungsmaßnahmen einbezogen zu werden, nur weil sie zufällig bestimmte Prüfungsmerkmale aufweisen. Der Ansatz dieser Rasterfahndungsmethode ist demnach umgekehrt im Vergleich zu den anderen Rasterfahndungsmethoden. Während hier

---

58 *Wanner*, S. 16.

vom Tatverdächtigen ausgegangen wird in Übereinstimmung mit der Dogmatik des Strafverfahrensrechts, wird dort von abstrakten Verhaltensmustern (Rastern) ausgegangen, die für sich keine kriminalpolizeiliche Relevanz begründen. Da von der positiven Rasterfahndung nach einem bekannten Täter nur dieser in seinem Recht auf informationelle Selbstbestimmung betroffen ist, denn ausschließlich dessen Daten werden zu Fahndungszwecken verwendet, hat diese Methode die mit Abstand geringste Eingriffsintensität. Sie wird wegen ihrer Sonderstellung zu Recht nicht vom Wortlaut der §§ 98a ff. StPO erfaßt und soll im folgenden außer Betracht bleiben.

Bei einem Vergleich der verschiedenen Methoden von Rasterfahndungen ergibt sich somit folgende Eingriffsintensitätshierarchie, die insbesondere im Rahmen der Verhältnismäßigkeit dieser Fahndungsmethode von Bedeutung sein wird:

1. positive Rasterfahndung nach unbekannten Tätern,
2. negative Rasterfahndung mit einer Fremddatei als Ausgangsdatei,
3. negative Rasterfahndung mit einer Ausgangsdatei, die zu Strafverfolgungszwecken angelegt ist.

Drittes Kapitel

Verfassungsrechtliche Vorgaben für die Einschränkung des Rechts auf informationelle Selbstbestimmung

A. Grundsätzliche Einschränkbarkeit des Rechts auf informationelle Selbstbestimmung

Sämtliche Varianten der Rasterfahndung greifen - mehr oder weniger intensiv - in das Recht auf informationelle Selbstbestimmung ein. Als Ausprägung des allgemeinen Persönlichkeitsrechts (Art. 2 Abs. 1 iVm Art. 1 Abs. 1 GG) unterliegt das Recht auf informationelle Selbstbestimmung den gemäß Art. 2 Abs. 1 GG zugelassenen Freiheitsbeschränkungen. Das Bundesverfassungsgericht führt im Volkszählungsurteil dazu aus: Der einzelne hat nicht ein Recht im Sinne einer absoluten, uneingeschränkten Herrschaft über "seine" Daten, er ist vielmehr eine sich innerhalb der sozialen Gemeinschaft entfaltende, auf Kommunikation angewiesene Persönlichkeit. Information, auch soweit sie personenbezogen ist, stellt ein Abbild sozialer Realität dar, das nicht ausschließlich dem Betroffenen allein zugeordnet werden kann. Grundsätzlich muß daher der einzelne Einschränkungen seines Rechts auf informationelle Selbstbestimmung im überwiegenden Allgemeininteresse hinnehmen[1].

---

[1] BVerfGE 65, 43 f.; vgl. auch *Simitis*, NJW 1984, 400; *Mallmann*, JZ 1983, 653.

B. Spannungsverhältnis zwischen dem "Allgemeininteresse" und dem Individualgrundrecht auf informationelle Selbstbestimmung

Um beurteilen zu können, wann das "Allgemeininteresse" das Einzelgrundrecht auf informationelle Selbstbestimmung "überwiegt", muß der Pauschalbegriff "Allgemeininteresse" präzisiert werden.

I. Funktionstüchtigkeit der Strafrechtspflege

Rasterfahndungen dienen der Aufklärung von Straftaten. Nach der Rechtsprechung des Bundesverfassungsgerichts besteht eine verfassungsrechtliche Pflicht des Staates, eine funktionstüchtige Strafrechtspflege im Interesse der Allgemeinheit zu gewährleisten[2]. Die wirksame Aufklärung insbesondere schwerer Straftaten sei Auftrag eines rechtsstaatlichen Gemeinwesens, ohne die der Gerechtigkeit nicht zum Durchbruch verholfen werden könne[3]. Auch Teile der Literatur bedienen sich des Begriffs der "Funktionstüchtigkeit der Strafrechtspflege", um Eingriffe in das allgemeine Persönlichkeitsrecht zu rechtfertigen[4]. Da mit der Einrichtung eines rechtsstaatlichen Strafverfahrens dessen Funktionsmöglichkeit auch im rechtsstaatlichen Interesse liegen muß, wird dieses Allgemeininteresse dem Rechtsstaatsprinzip (Art. 20 Abs. 3 GG) zugeordnet und erlangt somit Verfassungsrang[5].

Der Begriff "Funktionstüchtigkeit der Strafrechtspflege" darf jedoch nicht unkritisch übernommen werden. Betrachtet man die Rechtsprechung des Bundesverfassungsgerichts, so fällt auf, daß dieser Begriff stets im Zusammenhang

---

2 BVerfGE 74, 262.

3 BVerfGE 33, 383 (Entscheidung gegen die Ausdehnung des Zeugnisverweigerungsrechts auf Sozialarbeiter); BVerfGE 34, 248 f. (gegen Verwertungsverbot bei heimlichen Tonbandaufnahmen); BVerfGE 44, 374 u. 378 (gegen die Beschlagnahmefreiheit von Klientenakten einer Drogenberatungsstelle).

4 *Rebmann*, NJW 1985, 1 ff.; *Pfeiffer*, DuD 1986, 281 f.; *Ernesti*, DRiZ 1982, 253; *Schoreit*, StV 1989, 449.

5 Vgl. *Vogel*, NJW 1978, 1228; *Hassemer*, StV 1982, 278.

mit Fundamentalbegriffen wie Gerechtigkeit, Wahrheit, Rechtsstaatlichkeit und Richtigkeit verwendet wird[6], der Argumentationstopos Funktionsfähigkeit der Strafrechtspflege somit Gerechtigkeit und Wahrheit bereits für sich beansprucht, obwohl diese Größen im Konfliktfall gerade erst das Ziel eines Ausgleichs gegensätzlicher Interessen sein sollen. Dementsprechend gibt es - soweit ersichtlich - keine Entscheidung des Bundesverfassungsgerichts, bei der dieser Grundsatz angewandt und zu Lasten staatlicher Strafverfolgungsinteressen entschieden worden wäre.

Solange der Begriff Funktionstüchtigkeit der Strafrechtspflege derart verbrämt als kollektives Interesse an wirksamer Strafverfolgung dem Interesse des einzelnen gegenübergestellt wird, zeigt sich, daß bei derartigem Verständnis die Funktionstüchtigkeit der Strafrechtspflege eine argumentative Kraft entfaltet, die alle Abwehrpositionen des Bürgers im Strafverfahren beseitigt[7].

Untersucht man die widerstreitenden Interessen, so ergibt sich demgegenüber, daß keines davon von vornherein überwiegt. Zunächst ist festzustellen, daß es bei dem Begriff Funktionstüchtigkeit der Strafrechtspflege gar nicht wirklich um deren Funktionieren geht, vielmehr die "Funktionstüchtigkeit" der Verbesserung des Systems "Strafrechtspflege" dient, ohne daß dessen Funktionieren auf dem Spiel stünde. Die Gewichtung des Begriffs Funktionstüchtigkeit der Strafrechtspflege wird weiter relativiert, wenn man in Ansatz bringt, daß es bei den zur Disposition stehenden Freiheitsrechten letztlich nicht nur um die des einzelnen geht. Die Einzelfälle reflektieren nämlich auf das dahinterstehende Prinzip und zwar die Subjektsstellung des von einem Strafverfahren Betroffenen. Die Schutzrechte des Betroffenen sind elementare Bestandteile der Justizförmigkeit[8]. Der Anspruch auf ein justizförmiges Verfahren und Achtung der grundrechtlich verbürgten Freiheitsrechte eines Betroffenen wird ebenfalls aus dem Rechtsstaatsprinzip hergeleitet[9]. Eine rechtsstaatliche Strafrechtspflege muß die Funktionstüchtigkeit mit voller Wahrung der Justizförmigkeit verbinden; nur wenn sie dies tut, kann sie ihr eigentliches Ziel, den Rechtsfrieden wiederherzustellen[10], erreichen. Wenn die Bedürfnisse der Effizienz und des

---

[6] Vgl. Nachweise bei *Hassemer*, StV 1982, 275 f.; ders. StV 1990, 331.

[7] *Hassemer*, StV 1982, 277.

[8] *Vogel*, NJW 1978, 1219.

[9] *Grünwald*, JZ 1976, 772 f.

[10] Vgl. *Meier*, S. 54 f.

Beschuldigtenschutzes in Widerspruch geraten, gebührt deshalb keineswegs durchweg der Regelung der Vorzug, die eine Verurteilung möglich macht. Anderenfalls besteht die Gefahr, daß die "Funktionstüchtigkeit der Strafrechtspflege" zu einem gegenreformatorischen Argumentationstopos wird, mit dessen Hilfe die Beschuldigtenrechte im Interesse einer Entlastung und Vereinfachung des Strafverfahrens abgebaut werden[11].

Das Rechtsstaatsprinzip umfaßt verschiedene und durchaus auch gegenläufige Interessen, wie die Effizienz der Strafrechtspflege und die Sicherung der Freiheitssphäre der Bürger gegenüber staatlicher Inanspruchnahme. Im Konfliktfall ist eine gewichtende Differenzierung der rechtsstaatsinternen widerstreitenden Interessen vorzunehmen. Dabei wäre dann zu berücksichtigen, daß die Abwehrrechte des einzelnen gemeinsam mit der Justizförmigkeit ein öffentliches Verfassungsinteresse darstellen, so daß sich nicht etwa nur die Funktionstüchtigkeit der Strafrechtspflege als öffentliches Interesse und die Abwehrrechte des einzelnen als Privatinteresse gegenüberstehen. Vielmehr nimmt der vom Strafverfahren Betroffene seine Rechte sowohl im eigenen Interesse als auch stellvertretend für die Gesamtheit der Bürger wahr, so daß sich letztlich zwei gleichrangige öffentliche Interessen gegenüberstehen, von denen keines von vornherein den Vorzug genießt[12].

Die Effektivierung der Strafverfolgung ist demnach das "Allgemeininteresse", welches dem informationellen Selbstbestimmungsrecht widerstreitet.

II. Grundrecht auf Sicherheit

Teilweise wird den Grundrechten des vom Strafverfahren Betroffenen als "Allgemeininteresse" ein überindividuelles Grundrecht auf Sicherheit der anderen Bürger gegenübergestellt[13]. Die Existenz eines solchen kollektiven Grundrechts läßt sich der Verfassung aber nicht entnehmen. Grundrechte sind vor-

---

[11] *Roxin*, § 1 B II.

[12] *Hassemer*, StV 1982, 278; *Riehle*, KJ 1980, 320; *Lammer*, S. 48 f.

[13] *Scholz-Pitschas*, S. 111 ff., 123, 175 ff.; *Sternberg-Lieben*, NJW 1987, 1246; ähnlich auch *Isensee*, S. 33 ff.

rangig Abwehrrechte, die nicht zur Begründung, sondern zur Abwehr von staatlichen Eingriffen herangezogen werden. Mit der Ableitung von Sicherheitsleistungspflichten werden Grundrechte aber selbst zur Ermächtigungsgrundlage für Grundrechtseingriffe. Ein leistungsbegründendes Grundrechtsverständnis ist aber nur bei fördernden Sozialmaßnahmen akzeptabel, da diese keine direkten Eingriffe in die Grundrechte Dritter erfordern. Ein Anspruch auf Gewährleistung von Sicherheit und Schutz ist im Hinblick auf das staatliche Gewaltmonopol ausschließlich aus der rechtsstaatlichen Pflicht zur strafrechtlichen Verfolgung von Unrecht herzuleiten. Die Durchsetzung dieses staatlichen Strafanspruches hat zwar auch eine präventive Funktion. Hiervon ist aber die Aufgabe des Strafprozesses einschließlich des Ermittlungsverfahrens zu trennen. Sein Ziel ist die Verurteilung des Schuldigen und der Schutz des Unschuldigen in einer aller Willkür entrückten Justizförmigkeit des Verfahrens[14]. Im Strafprozeß geht es also allein um Schuld oder Unschuld eines einzelnen und nicht um den Schutz der Allgemeinheit vor Gefahren für die öffentliche Sicherheit[15]. Die Strafverfolgungsbehörden haben daher keinen Präventionsauftrag, ihre einzige Aufgabe ist es, begangene Straftaten aufzuklären. Eine Verhütung künftiger Straftaten fällt nicht in ihren Aufgabenkreis. Insofern unterscheidet sich das Strafverfahrensrecht vom materiellen Strafrecht, welchem neben der repressiven auch eine präventive Funktion zukommt[16]. Daher kann der aus dem Rechtsstaatsprinzip entspringende Anspruch der Bürger auf Sicherheit und Schutz nicht die Schaffung neuer Fahndungsmethoden für die Strafverfolgungsbehörden begründen[17].

---

[14] *Roxin*, § 1 B II; *E. Schmidt*, JZ 1958, 601.

[15] *Strate* StV 1989, 406; LR-*Schäfer*, Einl. Kap. 6 Rn. 1.

[16] *Jescheck*, S. 4 ff.

[17] Wohl aber die Schaffung von materiellrechtlichen Strafrechtsnormen, wie sich aus der 1. Entscheidung des BVerfG zu § 218 StGB ergibt, in dem ein Anspruch auf Strafrechtsschutz des Ungeborenen abgeleitet wird (BVerfGE 39, 1 ff.).

III. Das Abwägungsprinzip

1. Die widerstreitenden Interessen

Es hat sich herausgestellt, daß die Effektivierung der Strafverfolgung das Allgemeininteresse ist, welches dem Grundrecht auf informationelle Selbstbestimmung widerstreitet.

Weiter wurde festgestellt, daß neben dem Einzelgrundrecht gleichzeitig noch der aus dem Rechtsstaatsprinzip fließende Grundsatz der Justizförmigkeit von einer Effektivierung der Strafrechtspflege betroffen ist. Da die Justizförmigkeit eines Strafverfahrens wesentliche Voraussetzung dafür ist, daß die Strafrechtspflege ihr eigentliches Ziel, nämlich die Verarbeitung von gesellschaftlichen Konflikten, die aus abweichendem Verhalten resultieren, erreichen kann, steht die Justizförmigkeit ebenfalls im Allgemeininteresse. Es handelt sich daher nicht nur um ein Spannungsverhältnis Individuum - Gesellschaft, welches vom Bundesverfassungsgericht in ständiger Rechtsprechung im Sinne der Gemeinschaftsbezogenheit und Gemeinschaftsgebundenheit der Person entschieden wurde[18]. Vielmehr sind in einem Strafverfahren neben den Individualinteressen auch Allgemeininteressen betroffen, wenn der Schutz von Freiheitsrechten eingeschränkt wird. Da die Abwehrrechte des Betroffenen mit dem Beginn des staatlichen Verfahrens auch Gemeinschaftsrelevanz erlangen, sind die widerstreitenden Interessen strukturell gleichrangige Verfassungsinteressen. Keines der widerstreitenden Interessen genießt daher den Vorrang schlechthin. Vielmehr sind die gegenläufigen Interessen von Grundrechtsschutz mit Bezügen zur Justizförmigkeit und das staatliche Strafverfolgungsinteresse gegeneinander abzuwägen. Beide Interessen sind nach Maßgabe des Verhältnismäßigkeitsprinzips in praktische Konkordanz zu bringen[19]. Das bedeutet, beiden Gütern müssen Grenzen gezogen werden, damit beide zur Wirksamkeit gelangen[20]. Deshalb müssen grundrechtsbeschränkende Vorschriften in ihrer die

---

[18] Vgl. die Nachweise in BVerfGE 65, 44.

[19] BVerfGE 41, 108 f.; *Hesse*, Rn. 72, 317 ff.

[20] *Hesse*, Rn. 72.

Grundrechte einengenden Wirkung selbst wieder eingeschränkt werden[21]. Die Grundrechte sind Ausdruck des allgemeinen Freiheitsanspruchs der Bürger gegenüber dem Staat. Eine Einschränkung dieser Freiheitsrechte zur Verbesserung der Durchsetzung strafrechtlicher Verhaltensnormen darf wegen der elementaren Bedeutung der Freiheitsrechte nur erfolgen, wenn dies zur Gewährleistung einer rechtsstaatlichen Strafrechtspflege unerläßlich ist[22]. Sofern ein Ausgleich der Interessen möglich ist, sind die Grundrechte so weit es geht zu schonen[23]. Soweit eine Effektivierung der Strafverfolgung unbedingt notwendig ist, ist diese daher auf grundrechtsfreundliche, maßvolle und schonende Weise vorzunehmen[24]. Da die das Grundrecht auf informationelle Selbstbestimmung beschränkende staatliche Gewalt somit ihrerseits den verfassungsmäßigen Schranken unterliegt, muß eine "schonende" Schrankenziehung dem Übermaßverbot und den Erfordernissen des Grundrechtsschutzes durch organisatorische und verfahrensrechtliche Vorkehrungen genügen[25].

2. Abwägungsgrenzen und ihre grundrechtsdogmatische Herleitung

Der Grundsatz der schonenden Grundrechtsbeschränkung kommt jedoch nur zum Tragen, wenn das Allgemeininteresse an einer Effektivierung der Strafverfolgung überwiegt[26]. Überwiegt dies Allgemeininteresse nicht, so kann das Recht auf informationelle Selbstbestimmung auch nicht eingeschränkt werden.

Ein solches Allgemeininteresse wird vom Bundesverfassungsgericht als überwiegend im Hinblick auf das Recht auf informationelle Selbstbestimmung nur bei Daten mit Sozialbezug unter Ausschluß unzumutbarer intimer Angaben und Selbstbezichtigungen angenommen[27]. Im Volkszählungsurteil geht das

---

[21] BVerfGE 7, 208 f.; 66, 150; 71, 214.

[22] BVerfGE 65, 44; 67, 143; *Grimm*, NJW 1989, 1308.

[23] *Amelung*, NJW 1988, 1006; AK-*Denninger*, vor Art. 1 Rn. 12 ; SK-StPO-*Wolter*, vor § 151 Rn. 34.

[24] SK-StPO-*Wolter*, vor § 151 Rn. 35.

[25] BVerfGE 65, 1, 2. Leitsatz.

[26] BVerfGE 65, 44; 67, 143.

[27] BVerfGE 65, 46.

Bundesverfassungsgericht auch auf die Frage der Verfassungsmäßigkeit einer Zusammenfügung personenbezogener Daten zu einem totalen oder partiellen Persönlichkeitsbild ein[28]. Danach können Gemeinwohlgründe eine menschenwürdeverletzende Persönlichkeitsabbildung nicht rechtfertigen.

Somit kommt eine Einschränkung des Rechts auf informationelle Selbstbestimmung von vornherein, also unabhängig von organisatorischen und verfahrensrechtlichen Vorkehrungen nicht in Betracht, wenn es sich 1. um "unzumutbare intime Angaben", 2. um Selbstbezichtigungen oder 3. um das Zusammenfügen einer solchen Vielzahl von personenbezogenen Daten handelt, daß ein Persönlichkeitsbild entsteht. Solchen Daten billigt das Bundesverfassungsgericht einen Geheimnischarakter zu, der nicht durch Gemeinwohlerwägungen aufgeweicht werden darf. Damit wird dem Recht auf informationelle Selbstbestimmung ein unverfügbarer und abwägungsfester Kernbereich zugestanden. Teile der Rechtsprechung und Literatur erkennen einen solchen "unantastbaren Bereich" generell nicht an[29] beziehungsweise gestatten durchgängig einen Ausgleich mit Strafverfolgungsinteressen nach Maßgabe des Verhältnismäßigkeitsprinzips.

Für die Auffassung des Bundesverfassungsgerichts spricht jedoch der Wortlaut des Art. 1 Abs. 1 S. 1 GG, wonach die Würde des Menschen "unantastbar" ist. Wenn die Menschenwürde unantastbar sein soll, so muß dies bedeuten, daß ein Eingriff in den Schutzbereich der Menschenwürde nicht zulässig ist, es somit einen letzten unantastbaren Bereich menschlicher Freiheit geben muß, der der Einwirkung des Staates nicht zugänglich ist. Der Ausgangspunkt der Abwägungsfestigkeit dieses Bereiches ist allenfalls zu modifizieren, wenn sich unantastbare, in ihrem Menschenwürdegehalt betroffene Grundrechte verschiedener Grundrechtsträger gegenüberstehen, also wenn präventiv die Rechtsgüter des Lebens oder der Gesundheit anderer zu bewahren sind[30]. Grundsätzlich gilt jedoch, daß Art. 1 Abs. 1 S. 1 GG den Vorrang des Individuums vor den Ansprüchen der Gemeinschaft statuiert, wenn es um Lebensverhältnisse mit Menschenwürderelevanz geht. Das Bundesverfassungsgericht verwendet in

---

[28] BVerfGE 65, 42, 53, 56 f.

[29] BGHSt 19, 331; 29, 25; 34, 401; *Heinitz*, JR 1964, 444; *Klöhn*, S. 106 ff., 274 ff.; *Schünemann*, ZStW 90 (1978), 19.

[30] Vgl. *v. Mangoldt-Klein-Starck*, Art. 1 Abs. 1 GG Rn. 21; *Otto*, Kleinknecht-Festschrift, S. 330 f.

diesem Zusammenhang die These vom "unantastbaren und höchstpersönlichen Bereich privater Lebensgestaltung"[31].

Daß ein gesteigerter Schutz der Privatsphäre die Aufklärungsquote bei Straftaten negativ beeinflußt, muß danach hingenommen werden, weil der Vorrang der Menschenwürde vom Verfassungsgeber zwingend vorgegeben ist. Darin bestätigt sich der Satz, daß es keine Strafverfolgung um jeden Preis geben darf.

Die herausragende Bedeutung der Menschenwürde als oberstes Verfassungsprinzip wird noch durch Art. 79 Abs. 3 GG verdeutlicht, der den Verfassungsgrundsatz der Menschenwürde sogar vor Änderungen durch den Verfassungsgesetzgeber schützt.

Für einen abwägungsfesten Bereich privater Lebensgestaltung spricht auch, daß sich stets Formen von besonders gravierender Kriminalität vorstellen lassen, die die Effektivität der Strafverfolgung als Gemeinwohlinteresse gewichtiger erscheinen lassen als die Wahrung der Menschenwürde von einzelnen in einem Ermittlungsverfahren. Damit wird der einzelne aber auf seine Rolle als Bestandteil der Gesellschaft reduziert und zum Prozeßobjekt herabgewürdigt. Die Aufgabe der Art. 1, 79 Abs. 3 GG ist es gerade, solchen Anfängen der Güterabwägung entgegenzutreten[32].

Ist somit hinsichtlich der Menschenwürdegarantie ein abwägungsfester Bereich anzuerkennen, stellt sich die weitere Frage, ob das Recht auf informationelle Selbstbestimmung am besonderen Schutz der Menschenwürde teilnimmt. Das Recht auf informationelle Selbstbestimmung ist Ausfluß des allgemeinen Persönlichkeitsrechts nach Art. 2 Abs. 1 iVm Art. 1 Abs. 1 GG. Als Grundrecht einschlägig ist aber nur Art. 2 Abs. 1 GG. Art. 1 GG hat dabei in erster Linie die Aufgabe, die weiten Schranken des Art. 2 Abs. 1 GG im Licht der Menschenwürde einzuengen[33]. Die Feststellung einer Verletzung von Art. 2 Abs. 1 iVm Art. 1 Abs. 1 GG bedeutet also nicht unbedingt, daß die Menschenwürde tangiert ist. Andererseits ist dies aber auch nicht von vornherein auszuschließen,

---

[31] BVerfGE 6, 41; 27, 6 f.; 67, 144; 80, 373 ff. Teile der Literatur haben dies übernommen, z.B. *Geppert*, JR 1988, 473; *Gössel*, NJW 1981, 656; *Rüping*, ZStW 91 (1979), 359.

[32] *Hassemer*, Maihofer-Festschrift, S. 184, 204; SK-StPO-*Wolter*, vor § 151 Rn. 33.

[33] Vgl. *v. Mangoldt-Klein-Starck*, Art. 1 Abs. 1 Rn. 21.

denn die meisten Einzelgrundrechte und insbesondere das Persönlichkeitsrecht sind lediglich Konkretisierungen der Menschenwürde[34]. Die Einzelgrundrechte betreffen größtenteils Lebenssachverhalte, die aus historischer Erfahrung heraus für Menschenwürdeverletzungen besonders anfällig sind und haben insofern auch einen Menschenwürdegehalt[35]. Demnach hat auch das Recht auf informationelle Selbstbestimmung als Ausfluß des allgemeinen Persönlichkeitsrechts einen Menschenwürdebezug, so daß der unantastbare Menschenwürdegehalt zu beachten ist. Dieser Menschenwürdegehalt fällt mit dem durch Art. 19 Abs. 2 GG besonders geschützten Wesensgehalt der Grundrechte zusammen, sofern es sich, wie hier, um ein Grundrecht mit Menschenwürdebezug handelt[36]. Die Bestimmung des Menschenwürdegehaltes legt auch den Wesensgehalt fest.

Nicht jede Freiheitsbeschränkung berührt die Menschenwürde, es muß aber auch nicht notwendig eine extreme Menschenrechtsverletzung, wie etwa ein Fall der Folter, vorliegen. Der Bereich, der dem Schutz der Menschenwürdegarantie unterfällt, umfaßt das letzte Extrem, muß aber auch schon bei weniger gravierenden Fällen beginnen[37]. Soweit das sogenannte forum internum beziehungsweise der "unentziehbare Kern der Privatsphäre"[38] betroffen ist, wird eine Menschenwürdeverletzung weitgehend anerkannt[39]. Dies kommt auch im Volkszählungsurteil zum Ausdruck, wenn das Bundesverfassungsgericht "unzumutbare intime Informationen" ohne Sozialbezug und Daten der Selbstbezichtigung zur absolut geschützten Kernsphäre zählt[40]. In demselben Urteil hat das Bundesverfassungsgericht aber auch anerkannt, daß es im Hinblick auf die automatische Datenverarbeitung und die Gefahren vollständiger Persönlichkeitsbilder kein inhaltlich belangloses Datum mehr gibt[41]. Das Recht auf informationelle Selbstbestimmung soll garantieren, daß nicht durch das Zusammenfügen auch nicht-höchstpersönlicher Informationen Persönlich-

---

[34] *Häberle*, Handbuch des Staatsrechts, Bd. 1, § 20 Rn. 57.

[35] *Lammer*, S. 66; AK-*Podlech*, Art. 1 Abs. 1 Rn. 62; SK-StPO-*Wolter*, vor § 151, Rn. 117, der von "Zwillingsgrundrechten" spricht; *Graf Vitzthum*, JZ 1985, 202.

[36] *Maunz-Dürig*, Art. 1 Abs. 1, Rn. 13 u. 81; *Lammer*, S. 69.

[37] *Lammer*, S. 66.

[38] So BVerfGE 76, 159.

[39] *Amelung*, NJW 1988, 1004; *Hassemer*, Festschrift für Maihofer, S. 200 ff.

[40] BVerfGE 65, 46; vgl. auch BVerfGE 67, 144.

[41] BVerfGE 65, 45.

keitsbilder entstehen, die in ihrer mosaikartigen Gesamtheit Rückschlüsse auf den Kern der privaten Persönlichkeit erlauben. Indem das Bundesverfassungsgericht auch nicht-höchstpersönliche Daten nicht von vornherein aus dem abwägungsfesten Kernbereich ausklammert, hat es die Sphäre mit Menschenwürderelevanz vergrößert[42]. Es ist nunmehr anerkannt, daß der Menschenwürdegehalt der Grundrechte auch in der Öffentlichkeit beziehungsweise in nichthöchstpersönlicher sozialer Sphäre beeinträchtigt werden kann. Das Recht auf informationelle Selbstbestimmung, welches der Gefahr vorbeugen soll, daß durch Erhebung und Verknüpfung von höchstpersönlichen wie auch nichthöchstpersönlichen Informationen umfassende Persönlichkeitsbilder entstehen, und daß der Bürger davon abgehalten wird, seine individuellen Entfaltungschancen frei zu nutzen, hat somit einen Bereich, der am Menschenwürdeschutz des Art. 1 Abs. 1 GG teilnimmt und daher abwägungsfest ist.

Das Bundesverfassungsgericht bestimmt diesen Bereich herkömmlich nach dem Sozialbezug des Sachverhalts. Die Zulässigkeit eines Eingriffs hängt dann davon ab, ob der Sozialbezug der Daten intensiv genug ist[43]. Dementsprechend sind solche Daten dem Zugriff enthoben und damit auch einem legislativen Akt nicht zugänglich, die "unzumutbare intime Informationen" (forum internum) enthalten. Dem Zugriff entzogen sind auch Daten der Selbstbezichtigung. Das Verbot des Selbstbelastungszwanges (nemo tenetur Grundsatz) fällt ebenfalls in den Schutzbereich der Menschenwürde[44]. Es stellt von jeglicher aktiven Mitwirkung an der eigenen Überführung frei. Die Verwendung vom Betroffenen erzwungener Daten der Selbstbezichtigung in einem Strafverfahren steht mit dem Schutz der Menschenwürde somit nicht im Einklang[45], so daß insoweit eine Verwertung ausgeschlossen ist. Die Weitergabe von Daten der Selbstbezichtigung an Strafverfolgungsbehörden stellt sich daher als eine die Menschenwürde verletzende Zweckentfremdung dar. Das Verwertungsverbot für die Daten der Selbstbezichtigung ist deshalb durch ein Anforderungsverbot solcher Daten abzusichern, um zu verhindern, daß aufgrund der gewonnenen Aussagen nach weiteren Spuren und Beweismitteln gesucht wird[46].

---

[42] SK-StPO-*Wolter*, vor § 151 Rn. 135 a.E.

[43] So schon BVerfGE 6, 433 und nunmehr BVerfGE 80, 374 ff.

[44] Vgl. SK-StPO-*Wolter*, vor § 151 Rn. 26 m.w.N.

[45] BVerfGE 56, 42 u. 49.

[46] Vgl. SK-StPO-*Rogall*, vor § 133 Rn. 161.

Desweiteren müssen Schutzvorkehrungen getroffen werden, die verhindern, daß die Summierung einzelner Informationseingriffe in jeweils nur relativ geschützte Bereiche zur vollständigen Durchschaubarkeit des komplexen Verhaltens einer Person führt.

Viertes Kapitel

Strafprozessuale Grundsätze und Grenzen der Sachverhaltsermittlung

Aus der grundsätzlichen Einschränkbarkeit des Rechts auf informationelle Selbstbestimmung unter Beachtung des abwägungsfesten Kernbereiches läßt sich noch nicht auf die Zulässigkeit von Rasterfahndungen schließen. Es ist weiter zu prüfen, ob Rasterfahndungen mit strafprozessualen Grundsätzen im Einklang stehen und ob sich gegebenenfalls für den nur relativ geschützten Bereich des Rechts auf informationelle Selbstbestimmung Abwägungskriterien ergeben.

A. Inanspruchnahme Unverdächtiger

Besondere Vorsicht bei der Zulassung von grundrechtseinschränkenden Vorschriften ist geboten, wenn unverdächtige Dritte von einer Fahndungsmaßnahme betroffen sind[1]. Der Verdacht, daß eine Straftat begangen worden ist, stellt eine Störung des Rechtsfriedens dar. Aufgabe der Strafrechtspflege ist es, den Störer zur Verantwortung zu ziehen und so den Rechtsfrieden wiederherzustellen. Aufgrund der Unschuldsvermutung kann die Störereigenschaft zwar nicht darauf gestützt werden, daß er die Straftat wirklich begangen hat, aber er stellt sich wegen des gegen ihn bestehenden Verdachts als "Anscheinsstörer" dar. Dieser "Anscheinsstörer" kann eher zur Aufklärung der Straftat herangezogen werden als ein "Nichtstörer" und somit Unverdächtiger[2].

---

[1] SK-StPO-*Rudolphi*, vor § 94 Rn. 73.
[2] SK-StPO-*Rudolphi*, vor § 94 Rn. 10.

I. Verfahrensstellung derjenigen, die von Rasterfahndungen betroffen sind

Abgesehen von der positiven Rasterfahndung nach einem bekannten Täter gehen die übrigen Methoden der Rasterfahndung von einem nichtindividualisierten Verdacht aus. Es muß lediglich der Verdacht vorliegen, daß eine bestimmte Straftat begangen worden ist. Denn wenn mit Hilfe dieser Methode erst ein täterbezogener Verdacht gewonnen oder nach eventuellen Zeugen gesucht werden soll, dann kann ein personenbezogener Verdacht nicht schon zu Beginn der Maßnahme vorausgesetzt werden. Damit kommt denjenigen, deren personenbezogenen Daten in Rasterfahndungen einbezogen werden, keine Verdächtigeneigenschaft zu. Grundlage der Rolle des Verdächtigen ist nämlich ein täterbezogener Verdacht. Die Suche nach einem abstrakten Tätertypus genügt nicht. Bei der Rasterfahndung werden allgemeine soziale, potentiellen Tätern zugeordnete Verhaltensweisen oder Merkmale verwendet, um ermittlungsfähige Einzelspuren zu entdecken, die den Strafverfolgungsbehörden den Weg zu dem mutmaßlichen Täter zeigen.

Auch diejenigen, welche die vorgegebenen Suchkriterien erfüllen und deshalb zu dem in Frage kommenden Täterkreis gehören, sogenannter "Bodensatz", sind noch keine Verdächtigen. Zwar muß sich ein Tatverdacht nicht notwendig auf eine einzelne Person beschränken, sondern kann ebenso gegen eine Personenmehrheit bestehen. Doch ist es für die Annahme eines Tatverdachts gegen die gesamte Gruppe notwendig, daß es sich um einen überschaubaren Kreis von Personen handelt, von denen eine der Täter sein muß[3].

Bei einer Rasterfahndung steht zu Beginn der Ermittlungshandlungen aber nicht einmal fest, wieviele Personen letztlich nach den verschiedenen Rasterungen übrig bleiben. Desweiteren ist zunächst völlig offen, ob sich der gesuchte Täter auch tatsächlich unter den verbliebenen Personen befindet. Hervorzuheben ist auch, daß selbst der nach der Rasterung verbleibende "Bodensatz" noch keinen konkreten Tatbezug aufweist, sondern erst als Ansatzpunkt für die konventionelle Fahndung dient, in deren Verlauf sich möglicherweise ein solcher Bezug herausstellt. Durch Rasterfahndungen nach Unbe-

---

[3] KMR-*Müller*, § 102 Rn. 3; *Benfer*, S. 14 f.

kannten soll also lediglich ein Verdacht gegen die Betroffenen gewonnen werden[4].

Die Tatsache, daß jemand bestimmte Merkmale oder Eigenschaften mit dem mutmaßlichen Straftäter gemeinsam hat, ist für sich genommen nicht ausreichend, um einen Verdacht gegen ihn zu begründen. Mangels konkreten Tatbezugs sind sämtliche von einer Rasterfahndung Betroffenen nicht als Verdächtige anzusehen. Zwar läßt sich auch nicht eindeutig feststellen, daß sie unverdächtig sind, doch ist der nur möglicherweise Verdächtige selbst dann als Unverdächtiger zu behandeln, wenn vage Anhaltspunkte auf eine irgendwie geartete Tatbeteiligung hindeuten[5].

Rasterfahndungen nach unbekannten Tätern stellen somit Grundrechtseingriffe gegen Unverdächtige dar.

II. Zulässigkeit von Grundrechtseingriffen gegen Unverdächtige

Es stellt sich die Frage, ob der Gesetzgeber eine Fahndungsmethode, die massenhaft in die Grundrechte Unverdächtiger eingreift, überhaupt normieren darf, oder ob er durch die Verfassung daran gehindert beziehungsweise eingeschränkt ist.

1. Menschenwürde

Die Inanspruchnahme Unverdächtiger könnte eine Verletzung der Menschenwürde darstellen. Der Achtung vor der Menschenwürde widerspräche es, den Bürger zum bloßen Objekt fremder Verfügungsmacht herabzuwürdigen. Ein Fahndungserfolg, der über den für jegliche staatliche Tätigkeit entscheidenden Maßstab, den Menschen, gesetzt wird, verletzt die menschliche Person

---

4 *Dästner*, RuP 1988, 34.

5 LR-*Rieß*, § 163b Rn. 12.

in ihrer Integrität[6]. Entscheidend für die Frage der Menschenwürdeverletzung ist aber immer die Intensität des Eingriffs und nicht die prozessuale Rolle, in der jemand einem Grundrechtseingriff ausgesetzt ist. Wollte man allein die Tatsache, daß jemand unverdächtig ist, ausreichen lassen, jeden noch so schwachen Grundrechtseingriff gleich als Menschenwürdeverletzung zu brandmarken, würde dieser Begriff inflationär gebraucht und damit entwertet.

Demnach bedeutet die Inanspruchnahme von Unverdächtigen für sich noch keine Menschenwürdeverletzung.

2. Unschuldsvermutung

Die Unschuldsvermutung besagt, daß jeder Verdächtige bis zum gesetzlichen Nachweis seiner Schuld als unschuldig gilt[7]. Gesetzlich normiert ist dieser Grundsatz in Art. 6 Abs. 2 MRK. Die Unschuldsvermutung ist damit Bestandteil des einfachen Bundesrechts. Jedoch kommt ihr zugleich Verfassungsrang zu, da sie anerkanntermaßen im Rechtsstaatsprinzip begründet ist[8]. Soll nach der Unschuldsvermutung schon jeder Verdächtige als unschuldig gelten und auch so behandelt werden, so muß dies erst recht für den Unverdächtigen gelten.

Im wesentlichen verbietet die Unschuldsvermutung, daß jemand ohne den Nachweis seiner Schuld in einem Strafverfahren als schuldig behandelt wird. Bis zur rechtskräftigen Verurteilung sind deshalb alle prozessualen Maßnahmen, die aufgrund ihres Sinns und Zwecks der Funktion einer schuldabhängigen Strafe gleichkommen, ausgeschlossen[9]. Dagegen verstoßen prozessuale Maßnahmen, die im Rahmen eines Strafverfahrens die Schuld oder Unschuld klären sollen, nicht gegen die Unschuldsvermutung[10], da solche Maßnahmen gerade nicht die Funktion einer schuldabhängigen Strafe haben. Zur Widerle-

---

[6] BVerfGE 27, 7.

[7] SK-StPO-*Rudolphi*, vor § 94 Rn. 8.

[8] BVerfGE 19, 347; BVerfGE 22, 265; BVerfGE 53, 162.

[9] SK-StPO-*Rudolphi*, vor § 94 Rn. 8; *Krauß*, S. 162 f.

[10] LR-*Gollwitzer*, MRK Art. 6 Rn. 134.

gung der Unschuldsvermutung sind Verfahrensmaßnahmen, auch soweit sie in die Rechte der Betroffenen eingreifen, geradezu notwendig[11]. Wenn und soweit strafprozessuale Grundrechtseingriffe das Verfahren zur gerichtlichen Klärung der Schuldfrage fördern, stellen sie daher keinen Verstoß gegen die Unschuldsvermutung dar[12].

Für die Frage, ob Grundrechtseingriffe im Ermittlungsverfahren auch Unverdächtige treffen dürfen, gibt der Grundsatz der Unschuldsvermutung nichts her. Die Unschuldsvermutung differenziert nicht zwischen Verdächtigen und Unverdächtigen. Sie erschöpft sich darin, jeden von einem Strafverfahren Betroffenen vor prozessualen Maßnahmen zu schützen, die einer schuldabhängigen Strafe gleichkommen.

Da die durch Rasterfahndungen bewirkten Grundrechtseingriffe nicht den Charakter einer schuldabhängigen Strafe haben, kollidiert diese Fahndungsmethode nicht mit der Unschuldsvermutung.

3. Rechtsstaatsprinzip

Allgemein anerkannt ist, daß der Rechtsstaat seine Bürger grundsätzlich als unverdächtig und nicht gefährlich zu erachten und zu behandeln hat[13]. Das Bundesverwaltungsgericht hat in einer grundlegenden Entscheidung zu erkennungsdienstlichen Maßnahmen ausgeführt, daß es mit dem Menschenbild des Grundgesetzes nicht vereinbar sei, jemanden als potentiellen Rechtsbrecher zu betrachten und jeden, der irgendwie aufgefallen ist, erkennungsdienstlich zu behandeln[14]. Anläßlich einer Rasterfahndung nach Unbekannten gibt es regelmäßig keinen Beleg dafür, daß die betroffenen Bürger einen Rechtsbruch begangen haben.

---

[11] Int. Komm. EMRK-*Vogler*, Art. 6 Rn. 427.

[12] SK-StPO-*Rudolphi*, vor § 94 Rn. 9; *Roxin*, § 11 II.

[13] *Dencker*, S. 459 f.; *Strate*, StV 1989, 410; SK-StPO-*Wolter*, vor § 151 Rn. 93 m.w.N.

[14] BVerwGE 26, 169 f.

Im Rahmen seiner Abhör-Entscheidung hat das Bundesverfassungsgericht betont, daß derartige gravierende Eingriffe nur gegen Personen durchgeführt werden dürfen, die in einen konkreten Verdacht geraten sind, schwere Straftaten begangen zu haben[15]. Anerkannt ist demnach, daß der Bürger grundsätzlich die Möglichkeit haben muß, den Staat durch gesetzestreues Verhalten auf Distanz zu halten[16].

Anerkannt ist aber auch, daß dieser Grundsatz nicht uneingeschränkt gilt. So kann im Recht der Gefahrenabwehr - bei Vorliegen besonderer Voraussetzungen - auch ein Nichtstörer, der sogenannte Notstandspflichtige, vom Staat in Anspruch genommen werden, obwohl er sich gesetzestreu verhalten hat. Dem Rechtsstaatsprinzip läßt sich deshalb nicht entnehmen, daß gesetzestreue beziehungsweise unverdächtige Bürger unter allen Umständen von staatlichen Eingriffen verschont bleiben müssen. So ergibt sich aus der oben zitierten Rechtsprechung auch nur, daß "derartig gravierende Eingriffe" einen "konkreten Verdacht" voraussetzen, das heißt, gegenüber Unverdächtigen unzulässig sind. Bei weniger gravierenden Eingriffen ergibt sich aber im Umkehrschluß, daß es eben nicht von vornherein ausgeschlossen ist, unter besonderen Umständen auch Nichtverdächtige in Anspruch zu nehmen. Die Inanspruchnahme des Verdächtigen ist demnach der von der Verfassung gewollte Grund und Regeltatbestand, der nur ausnahmsweise, das heißt punktuell, zum Zwecke der Bekämpfung besonderer und gesteigerter Kriminalität der Erweiterung und Ausdehnung auf den Unverdächtigen zugänglich ist. Dabei sind aber nur geringfügige Eingriffe zulässig und die hierdurch für die Grundrechte der unverdächtigen Dritten heraufbeschworenen Gefahren sind durch flankierende, die Eingriffsbefugnis auf andere Weise begrenzende, zum Beispiel organisatorische oder verfahrensrechtliche Schutzvorkehrungen zu mindern[17].

---

[15] BVerfGE 30, 22 f.

[16] *Grimm*, KritV 1986, 39; ders. NJW 1989, 1311; SK-StPO-*Wolter*, vor § 151 Rn. 56; ders. StV 1989, 371.

[17] Vgl. zur ähnlichen Problematik im präventiven Bereich, *Schwan*, DVR 1985, 287.

III. Bereits normierte Grundrechtseingriffe gegen Unverdächtige - Gemeinsamkeiten und Unterschiede zur Rasterfahndung

Grundrechtseingriffe gegen unverdächtige Personen sind der StPO nicht fremd.

So dürfen gemäß § 81c StPO andere Personen als Beschuldigte körperlich auf Spuren oder Folgen der Tat untersucht werden. Dafür müssen jeweils konkrete Anhaltspunkte bestehen. Eine körperliche Untersuchung darf aber nicht durchgeführt werden, um erst durch den Eingriff festzustellen, ob der Betreffende verdächtig ist oder nicht.

Nach § 99 StPO dürfen an den Beschuldigten gerichtete Briefe, Telegramme und sonstige Sendungen auf der Post beschlagnahmt werden, wenn aufgrund bestimmter Tatsachen davon auszugehen ist, daß ihr Inhalt für die Untersuchung von Bedeutung ist. Dabei wird nicht nur in das durch Art. 10 Abs. 1 GG geschützte Brief- und Postgeheimnis des Beschuldigten sondern auch seines jeweiligen Kommunikationspartners eingegriffen[18]. Sofern der Kommunikationspartner nicht selbst Beschuldigter oder Verdächtiger ist, bewirkt die Maßnahme einen Grundrechtseingriff gegen einen Unverdächtigen. Die Maßnahme ist allerdings unzulässig, wenn die Ermittlungsbehörden im Zeitpunkt der Anordnung noch keinen täterbezogenen Verdacht haben, sondern diesen Verdacht erst durch die Beschlagnahme der Post schöpfen wollen[19].

Gemäß § 100a StPO darf der Fernmeldeverkehr überwacht und auf Tonträger aufgenommen werden, wenn bestimmte Tatsachen den Verdacht begründen, daß jemand Täter oder Teilnehmer einer der in § 100a StPO aufgeführten Straftaten ist. Bei der Fernmeldeüberwachung ist es, genau wie bei der Postbeschlagnahme nach § 99 StPO unvermeidlich, daß unbeteiligte Dritte mitbetroffen sind[20]. Die Maßnahme dient aber nicht der Überwachung dieser Personen, sondern der Überwachung des Beschuldigten[21]. Voraussetzung ist jedoch stets,

---

[18] *Maunz-Dürig*, Art. 10, Rn. 1.

[19] KK-*Nack*, § 99 Rn. 2.

[20] Vgl. insbesondere auch § 100a S. 2 StPO.

[21] SK-StGB-*Rudolphi*, § 100a Rn. 11.

daß bereits ein Verdacht gegen den Beschuldigten besteht. Die Maßnahme darf nicht ergriffen werden, um einen Verdacht gegen den Betroffenen erst zu gewinnen.

Durchsuchungen sind gem. § 103 Abs. 1 StPO auch bei Personen gestattet, die nicht Beschuldigte in einem Strafverfahren sind, also auch bei Unverdächtigen. Eine Durchsuchung bei Unverdächtigen darf aber nur dann erfolgen, wenn gegen den jeweils Beschuldigten bereits ein Ermittlungsverfahren anhängig ist[22], ein individualisierter Tatverdacht also schon besteht[23]. Die Durchsuchung darf nicht dazu dienen, Verdachtsgründe gegen noch unbekannte Personen aufzufinden[24].

Den genannten Ermittlungsmaßnahmen gegen Unverdächtige ist gemein - und dadurch unterscheiden sie sich von der Rasterfahndung , daß es bereits einen konkreten Verdächtigen gibt. In der Literatur wird daher auch teilweise die Auffassung vertreten, daß prozessuale Maßnahmen gegen Unverdächtige erst dann möglich und zulässig seien, wenn bereits ein täterbezogener Verdacht besteht. Das Bestreben, überhaupt einen Verdächtigen zu ermitteln, könne einen Grundrechtseingriff, der grundsätzlich jeden Bürger als Verdächtigen in Anspruch nimmt, um ihn gegebenenfalls als Nichtverdächtigen wieder aus dem Strafverfahren zu entlassen, nicht rechtfertigen. Die Inanspruchnahme Unverdächtiger sei diesen nur zumutbar, wenn sie von vornherein als solche angesehen würden. Als Unverdächtige angesehen werden könnten sie aber erst in einem Ermittlungsverfahren mit einem konkreten Verdächtigen[25].

Eine so weitgehende Beschränkung der Aufklärungsmöglichkeiten sieht die StPO jedoch nicht vor. So müssen Zeugen beispielsweise gegenüber einem Staatsanwalt oder Richter gem. § 161a StPO Aussagen machen[26], auch wenn noch niemand als Tatverdächtiger in Betracht kommt.

Den oben genannten Ermittlungsmaßnahmen gegen Unverdächtige ist weiter gemein, daß die betreffende Person, die durch einen straftataufklärenden Ein-

---

[22] *Kleinknecht/Meyer- Goßner*, § 103 Rn. 5.

[23] KK-*Nack*, § 103 Rn. 2.

[24] *Kleinknecht/Meyer-Goßner*, § 102 Rn. 2.

[25] *Lammer*, S. 186.

[26] Was gem. § 70 StPO sogar mit Beugehaft erzwungen werden kann.

griff belastet wird, zu der Tat, die aufgeklärt werden soll, eine konkrete Beziehung hat. Bei den durch Rasterfahndungen Betroffenen fehlt es dagegen an einer konkreten Beziehung zur aufzuklärenden Straftat. Zwar haben die Rastermerkmale "irgendeinen kriminalistisch relevanten Bezug zu der aufzuklärenden Straftat"[27], so daß zumindest bei den Merkmalsträgern eine "auf kriminalistischen Arbeitshypothesen gegründete materielle Beziehung"[28] besteht. Jedoch sind die aufgestellten kriminalistischen Hypothesen regelmäßig so allgemeiner Natur, daß ein außerordentlich weiter Personenkreis davon betroffen ist, so daß hinsichtlich jedes einzelnen nicht von einer konkreten Beziehung zur aufzuklärenden Straftat gesprochen werden kann.

In der Literatur wird zum Teil die Auffassung vertreten, daß ein von Ermittlungsmaßnahmen betroffener Unverdächtiger zumindest "Beziehungs- und Kontaktperson" sein muß, sei es als Zeuge oder als anderweitiger Informationsträger. Die Beziehung dürfe nicht völlig beliebig und zufällig sein. Es seien vielmehr Hinweise nötig, daß der Unverdächtige im Einzelfall Kontakt zu der Straftat hat[29].

Das Ermittlungsprinzip von Rasterfahndungen beruht aber gerade darauf, daß allenfalls die Summe der Rastermerkmale den Zusammenhang mit der aufzuklärenden Tat herstellt, während jedes einzelne Merkmal und damit jeder einzelne Merkmalsträger - erst recht die übrigen Betroffenen - für sich genommen keinen solchen Zusammenhang erkennen lassen.

Der Verfassung und der diese konkretisierenden StPO ist aber nicht zu entnehmen, daß nur die durch eine konkrete Beziehung zur aufzuklärenden Tat begründete Aufklärungswahrscheinlichkeit Grundrechtseingriffe gegen Unverdächtige legitim erscheinen läßt. Die Tatsache, daß Eingriffe in die Rechte unverdächtiger Personen überhaupt als zulässig angesehen werden, zeigt vielmehr, daß grundsätzlich jeder Bürger gewisse Grundrechtsbeeinträchtigungen hinzunehmen hat, sofern dies zur Aufklärung einer Straftat erforderlich ist und diese Beeinträchtigung nicht außer Verhältnis zur Bedeutung der Strafsache steht. Wer als Mitglied der staatlichen Gemeinschaft Freiheiten in Anspruch nimmt, muß im Gegenzug der staatlichen Gemeinschaft auch die Möglichkeit

---

27 *Wanner*, S. 51.

28 *Wanner*, S. 47.

29 *Weichert*, S. 104.

einräumen, individuelle Freiheitssphären in Anspruch zu nehmen, um der Rechtsordnung den nötigen Beistand zur Sicherung dieser Freiheitssphären zu geben[30]. Dabei gibt es aber eine Abstufungsrelation zwischen der Intensität der Beeinträchtigung und der Relevanz der Unverdächtigen für die Aufklärung der Straftat. Der Grundsatz der Verhältnismäßigkeit gebietet es, einen Unverdächtigen umso weniger in Anspruch zu nehmen, je weniger dieser zur Aufklärung der Straftat beitragen kann. Bei Personen, die zu der Tat, die aufgeklärt werden soll, eine konkrete Beziehung haben, besteht wegen dieser Beziehung eine gewisse Wahrscheinlichkeit, daß diese Personen die Aufklärung auch fördern können, während diese Wahrscheinlichkeit bei Personen, die diese Beziehung nicht haben, allenfalls nur sehr eingeschränkt vorhanden ist. Dieser Umstand ist für die letztgenannte Personengruppe durch eine Erhöhung der für das Strafverfolgungsinteresse sprechenden Verhältniskriterien auszugleichen, so daß diese nur unter noch engeren Voraussetzungen in Anspruch genommen werden können, als Unverdächtige mit einer konkreten Beziehung zur aufzuklärenden Straftat.

In diese Richtung weist auch die Kontrollstellenregelung in § 111 StPO und im Anschluß daran die Regelung der Schleppnetzfahndung in § 163d StPO. Beide Fahndungsmethoden beziehen auch Unverdächtige ein, die nicht "Beziehungs- und Kontaktpersonen" sind.

So hat der Gesetzgeber zur Beschränkung des Anwendungsbereiches von Kontrollstellen einen Straftatenkatalog aufgestellt und auf diese Weise das zusätzliche Verhältniskriterium der "Schwere der Tat" bereits auf der abstraktgesetzlichen Ebene verankert, während eine solche Beschränkung bei § 163b StPO, der eine konkrete Beziehung des Unverdächtigen zur aufzuklärenden Tat voraussetzt[31], fehlt, obwohl dieselben Duldungspflichten geregelt sind. Grund für die in § 111 StPO vorgenommenen Einschränkung ist, daß von der Kontrollstellenregelung auch Unverdächtige betroffen sind, die nicht in einer konkreten Beziehung zur Tat stehen und bei denen daher die Wahrscheinlichkeit, daß sie einen Beitrag zur Aufklärung der Straftat leisten können, geringer ist als bei Unverdächtigen, die eine solche Beziehung, sei es als Zeuge oder Augenscheinsobjekt, aufweisen.

---

[30] *Wanner*, S. 39.

[31] KK-*Wache*, § 163b Rn. 27.

Die Regelung der Schleppnetzfahndung in § 163d StPO geht noch über die Kontrollstellenregelung hinaus, indem diejenigen, deren Identität an den Kontrollstellen festgestellt wurde, über mehrere Monate zum Speicherungsobjekt und damit zum Gegenstand weiterer Ermittlungen gemacht werden. Als Ausgleichsmaßnahmen sind in § 163d StPO neben einem Straftatenkatalog noch organisatorische und verfahrensrechtliche Vorkehrungen getroffen worden (zum Beispiel Richtervorbehalt, Benachrichtigungspflicht), welche die Eingriffsintensität für die Betroffenen abmildern soll.

Der StPO läßt sich somit als Konkretisierung des Verhältnismäßigkeitsprinzips nicht nur eine Abstufungsrelation zwischen der Intensität des Verdachts und der Zulässigkeit und Schwere der Grundrechtsbeeinträchtigung entnehmen, sondern diese Abstufungsrelation nimmt zu, wenn Unverdächtige in Anspruch genommen werden[32] und verdichtet sich noch einmal, wenn die Unverdächtigen in keiner konkreten Beziehung zur aufzuklärenden Tat stehen.

Da von Rasterfahndungen nach unbekannten Tätern massenhaft Unverdächtige ohne konkrete Beziehung zur aufzuklärenden Tat betroffen sind, setzt die Zulässigkeit dieser Fahndungsmethode voraus, daß der damit verbundene Eingriff, also die Erfassung personenbezogener Daten, durch enge Anordnungsvoraussetzungen und grundrechtssichernde Verfahrensvorschriften auf ein Minimum beschränkt wird und nur bei besonders schweren, anders nicht aufklärbaren Taten durchgeführt wird.

Festzuhalten ist zunächst, daß Ermittlungsmaßnahmen, die auch Unverdächtige, die noch nicht einmal in einer konkreten Beziehung zu der aufzuklärenden Tat stehen, einbeziehen, nicht von vornherein strikt ausgeschlossen sind.

---

[32] SK-StPO-*Rudolphi*, vor § 94 Rn. 10 a.E.

B. Grundsatz des offenen staatlichen Verhaltens

Rasterfahndungen werden von den davon Betroffenen regelmäßig nicht bemerkt und stellen sich für diese daher als heimlich dar. Darin könnte ein Verstoß gegen den Grundsatz des offenen staatlichen Verfahrens zu sehen sein. Dieser Grundsatz wird aus dem Rechtsstaatsprinzip abgeleitet und gilt auch für das strafrechtliche Ermittlungsverfahren[33]. Danach muß staatliches Handeln voraussehbar und berechenbar sein[34]. Dies kann es aber nur, wenn der Staat Ermittlungsmaßnahmen offen durchführt. Dabei ist jedoch keine vollständige Offenlegung der Ermittlungstätigkeit erforderlich, wenn sonst kein Ermittlungserfolg zu erreichen ist[35]. So ist anerkannt, daß insbesondere angesichts organisierter und terroristischer Straftaten ohne Heimlichkeit keine Fahndungserfolge zu erzielen sind[36]. Als Ausgleichsmaßnahme ist dem betroffenen Bürger das staatliche Vorgehen dann aber im Nachhinein offen zu legen[37]. Diese Pflicht ergibt sich auch aus der Rechtsweggarantie (Art. 19 Abs. 4 GG). Die Inanspruchnahme des Rechtswegs setzt nämlich voraus, daß der Bürger staatliche Eingriffsmaßnahmen, die seinen Rechtskreis berühren, überhaupt erkennen kann. Soweit erhebliche Straftaten nicht ohne Heimlichkeit aufgeklärt werden können und die Offenheit staatlichen Handelns durch nachträgliche Benachrichtigung wenigstens teilweise wiederhergestellt wird, stehen nicht erkennbare staatliche Informationsmaßnahmen dem Gebot der Offenheit des Verfahrens nicht strikt entgegen.

---

[33] SK-StPO-*Wolter*, vor § 151 Rn. 105 m.w.N.; a.A. *Roxin*, § 37 C. II. 2.

[34] *Schmidt-Bleibtreu/Klein*, Art. 20, Rn. 11; *Leibholz/Rinck*, Art. 20 Rn. 30.

[35] *Ernst*, S. 114.

[36] BVerfG NStZ 1984, 228; 1987, 276; BGHSt 21, 122; *Hertlein*, Kriminalistik 1987, 3; *Schuster*, Kriminalistik 1987, 163 f.: *Krekeler*, AnwBl. 1987, 443.

[37] *Amelung/Schall*, JuS 1975, 570.

C. Verbot des Selbstbelastungszwanges - nemo tenetur se ipsum accusare

Inhalt des nemo-tenetur-Grundsatzes ist das Verbot des Zwanges zur aktiven Förderung des Strafverfahrens[38]. Das Bundesverfassungsgericht hat im sogenannten Gemeinschuldner-Beschluß[39] festgestellt, daß jeder Zwang zur Selbstbezichtigung als Eingriff in die allgemeine Handlungsfreiheit sowie als Beeinträchtigung des Persönlichkeitsrechts zu beurteilen ist[40]. Gleichzeitig verweist es darauf, daß das Verbot des Selbstbelastungszwanges auch in der Menschenwürdegarantie verankert ist, denn der Zwang, "durch eigene Aussagen die Voraussetzungen für eine strafgerichtliche Verurteilung oder die Verhängung entsprechender Sanktionen liefern zu müssen, wäre unzumutbar und mit der Würde des Menschen unvereinbar"[41]. Der nemo-tenetur-Grundsatz gehört daher zum Unverfügbaren im Strafprozeß.

Im Rahmen einer Rasterfahndung könnten Daten von den Strafverfolgungsbehörden herangezogen werden, die von den Betroffenen in anderem Zusammenhang aufgrund einer gesetzlichen Erklärungspflicht und somit unter Zwang preisgegeben worden sind. Diese Erklärungspflichten könnten sich bei Durchführung einer Rasterfahndung in "antizipierte aktive Mitwirkungspflichten im Rahmen eines Strafprozesses" umwandeln[42]. Darin könnte ein Verstoß gegen den nemo-tenetur-Grundsatz gesehen werden.

Teilweise wird dies bereits mit der Begründung verworfen, daß die von einer Rasterfahndung Betroffenen weder Verdächtige noch Beschuldigte seien und daher nicht vom Schutzbereich des nemo-tenetur-Grundsatzes erfaßt würden[43]. Dem ist jedoch entgegenzuhalten, daß der Betroffene eines Schutzes vor Selbstbelastung unabhängig davon bedarf, in welcher prozessualen Rolle er sich

---

38 *Kühl*, JuS 1986, 117; ders. StV 1986, 190 f.; *Stürner* NJW 1981, 1757 f.; *Dingeldey*, JA 1984, 408; *Rogall*, Der Beschuldigte als Beweismittel gegen sich selbst, S. 180 ff.

39 BVerfGE 56, 37 ff.

40 BVerfGE 56, 41 f.

41 BVerfGE 56, 49.

42 *Wanner*, S. 71.

43 So *Wanner*, S. 246.

befindet. Ansonsten würde sich der Unverdächtige durch erzwungene Selbstbezichtigungen zum Verdächtigen beziehungsweise Beschuldigten machen. Dann würde er zwar in den Schutzbereich des nemo-tenetur-Grundsatzes fallen, was für ihn jedoch irrelevant geworden wäre, da er sich der belastenden Äußerungen bereits begeben hätte. Es fällt daher jeder, der aufgrund Gesetzes zu Auskünften herangezogen wird, unter das Verbot des Selbstbelastungszwanges[44].

Das Verbot des Selbstbelastungszwanges bezieht sich nicht nur auf Aussagen im Strafprozeß, sondern beansprucht allgemeine Geltung[45]. Dem nemo-tenetur-Gundsatz sind zwar als Abwehrrecht unmittelbar nur alle staatlichen Organe verpflichtet[46], doch begehen auch Private eine Persönlichkeitsrechtsverletzung, wenn sie jemanden zu einer strafrechtlich relevanten Selbstbelastung zwingen. Da es eine erneute Persönlichkeitsrechtsverletzung darstellen würde, wenn staatliche Organe so gewonnene Information verwenden würden, ist deren Verwertung für strafrechtliche Zwecke verboten[47]. Daten, die eine unter gesetzlicher Erklärungspflicht staatlichen Organen oder Privaten gegenüber geäußerte Selbstbezichtigung dokumentieren, dürfen daher nicht in eine Rasterfahndung einbezogen werden.

Dies gilt allerdings nur für Daten, die im Zeitpunkt ihrer Erhebung auch Selbstbezichtigungen darstellen. Steht bei der Datenerhebung noch gar nicht fest, ob und von wem gegebenenfalls eine Straftat begangen wird, befindet sich der Betroffene auch nicht in der Zwangslage, sich einer Straftat zu bezichtigen.

Bei Rasterfahndungen werden die fahndungsrelevanten Kriterien erst festgelegt, wenn die Straftat bereits begangen worden ist, das heißt die Daten sind nicht bei ihrer Erhebung ermittlungsrelevant, sondern sie werden es erst nachträglich. Der Betroffene bringt die Datenerhebung regelmäßig selbst in keine Verbindung zur Straftat. Menschenunwürdig und deshalb ein Verstoß gegen das Verbot des Selbstbelastungszwanges ist es aber nur, jemanden in eine Situation zu bringen, in der er unter Zwang bewußt und aktiv an seiner eigenen Überführung mitwirkt. Solange noch kein Beteiligter bei der Datenerhebung eine Ver-

---

[44] Im Ergebnis ebenso SK-StPO-*Rogall*, vor § 133 Rn. 155.

[45] SK-StPO-*Rogall*, § 133 Rn. 142.

[46] SK-StPO-*Rogall*, vor § 133 Rn. 156.

[47] SK-StPO-*Rogall*, vor § 133 Rn. 157.

bindung zu einer Straftat herstellen kann, ist der nemo-tenetur-Grundsatz auch nicht berührt.

D. Verbot von Ausforschungsermittlungen

Gemäß § 152 Abs. 2 StPO besteht für die Staatsanwaltschaft die Verpflichtung zur Strafverfolgung, "wenn zureichende tatsächliche Anhaltspunkte" für eine Straftat vorliegen. Ohne die Voraussetzungen des § 152 Abs. 2 StPO ist die Aufnahme von Ermittlungen dagegen unzulässig[48]. Strafprozessuale Ermittlungen müssen daher von vornherein auf die Klärung eines bestimmten Tatverdachts gerichtet sein. Ausforschungsermittlungen, also Ermittlungen ohne Bezug zu einem konkreten Verdachtsfall, sind unzulässig. Bei Rasterfahndungen besteht zwar regelmäßig ein solcher Bezug, doch steigt durch die Tatsache, daß diese Massenfahndungsmethode eine Vielzahl von unverdächtigen Dritten mit einbezieht, die Wahrscheinlichkeit, auch auf Anhaltspunkte über gänzlich andere Straftaten zu stoßen. Da dies auch von vornherein absehbar ist, bekommen solche Ermittlungen den Charakter von Ausforschungsermittlungen. Um dies zu verdeutlichen, sei noch einmal auf den bereits zu Beginn der Untersuchung beschriebenen Anwendungsfall einer Rasterfahndung hingewiesen. Bei der Suche nach einem RAF-Mitglied wurden in Frankfurt aus einer Datei der Elektrizitätswerke, welche die personenbezogenen Daten von 18.000 Barzahlern enthielt, durch aufeinanderfolgende Löschungsläufe sämtliche überprüfbaren Personendaten gelöscht, so daß als Rest nur noch illegale Personendaten, daß heißt Träger von Falschidentitäten übrig blieben. Dies waren zum einen der gesuchte Terrorist Rolf Heißler, zum anderen aber auch ein international gesuchter Rauschgifthändler mit falschem Paß[49]. Der ehemalige Präsident des BKA, Horst Herold, stellte hierzu fest: "Besteht der Restbestand, wie bei der Suche nach Terroristen, aus Falschnamensträgern, so kann es sein, daß sich darunter kein Tatverdächtiger der konkreten Straftat befindet. Falschnamen

---

48 *Walder*, ZStW 95 (1983), 863; *Fincke*, ZStW 95 (1983), 924; *Bottke*, S. 47; *Keller-Griesbaum*, NStZ 1990, 418; *Hund*, ZRP 1991, 463.

49 *Herold*, RuP 1985, 91.

begründen jedoch stets den Verdacht illegalen Handelns und legen eine Überprüfung nach § 163 StPO" nahe[50].

Da Rasterfahndungen einen Tatverdacht erst auf verdächtige Personen hin konkretisieren sollen und deshalb notwendigerweise breiter gestreut sind[51], bringen die Ermittlungen mit hoher Wahrscheinlichkeit eine Vielzahl von Erkenntnissen hervor, die mit dem Verdachtsfall nichts zu tun haben. Somit werden Rasterfahndungen zwar durch einen konkreten Verdachtsfall ausgelöst, sie beschränken sich jedoch regelmäßig nicht auf diesen Verdachtsfall. Hierbei wird die Gefahr deutlich, daß Rasterfahndung nicht nur zur Beweisgewinnung in einem konkreten Verdachtsfall dient, sondern zu einer allgemeinen Ausforschung ausarten kann. Bei der Verwertung von Erkenntnissen, die mit dem konkreten Verdachtsfall nichts zu tun haben[52], ist die Ermittlungsmaßnahme Rasterfahndung nicht ultima ratio, sondern begründet häufig den Anfangsverdacht eines neuen Ermittlungsverfahrens.

Um Rasterfahndungen nicht schon deshalb als schlechthin unzulässig zu bewerten, müssen die Folgen für die Unbeteiligten kompensiert werden[53]. Dies könnte in der Weise geschehen, daß nur solche Erkenntnisse von den Strafverfolgungsbehörden weiter verfolgt werden, die zur Aufklärung des ursprünglichen Verdachtsfalles dienen[54]. Bei dem oben beschriebenen Anwendungsfall einer Rasterfahndung in Frankfurt hätte dies die Konsequenz, daß der international gesuchte Rauschgifthändler mit falschem Paß unbehelligt geblieben wäre. Ein so weitgehendes Verwertungsverbot, welches bereits die Weiterverfolgung der gewonnenen Spuren und Erkenntnisse im Rahmen eines Ermittlungsverfahrens untersagt, wäre kaum mit dem Auftrag eines rechtsstaatlichen Gemeinwesens vereinbar, schwere Straftaten wirksam zu bekämp-

---

[50] *Herold*, RuP 1985, 93.

[51] *Rogall*, GA 1985, 17 spricht von durchkämmen "auf gut Glück"; *Dästner*, RuP 1988, 34 von einem Ermittlungsverfahren, welches einem "Glücksspiel nicht unähnlich" sei.

[52] Der Begriff "Zufallsfund", welcher bei der Parallelproblematik im Rahmen der Durchsuchung und Telefonüberwachung verwendet wird, soll hier vermieden werden, da von der Zufälligkeit der Erkenntnis bei Rasterfahndung kaum gesprochen werden kann.

[53] Vgl. *Amelung*, NJW 1979, 1687 f., 1692.

[54] So *Weßlau*, S. 282.

fen[55]. Zwar ist seit Beling eine Wandlung in dem Verständnis eingetreten, daß grundsätzlich nicht mehr alle Mittel zur Aufklärung der Wahrheit zulässig sind[56]. Diese Entwicklung entspricht der Änderung des Verhältnisses von Bürger und Staat. Mit steigendem Stellenwert des einzelnen und Stärkung seiner Individualrechte hat auch der staatliche Strafverfolgungsanspruch Einschränkungen erfahren und seinen bis dahin absoluten Vorrang verloren. Der vielzitierte Satz des Bundesgerichtshofs, wonach es "keinen Grundsatz in der StPO gebe, die Wahrheit um jeden Preis erforschen zu müssen"[57], ist Ausdruck dafür. Dies bedeutet aber nur eine Stärkung der Individualinteressen, entbindet jedoch nicht von einer Abwägung zwischen dem Grundrechtsschutz des einzelnen und den Strafverfolgungsbelangen. Diese einander widerstreitenden Interessen sind in praktische Konkordanz zu bringen. Dabei ist zu berücksichtigen, daß das Bedürfnis nach einer wirksamen Strafrechtspflege insbesondere die Aufklärung schwerer Straftaten umfaßt[58]. Dies ist der Grund, warum Rasterfahndungen unter noch zu erarbeitenden grundrechtssichernden Verfahrensvorschriften überhaupt als zulässig angesehen werden können. Ein Unbeteiligter kann dem gesuchten Täter daher nur gleichgestellt werden, wenn die gewonnenen Erkenntnisse eine Straftat betreffen, die für sich bereits die Anordnung einer Rasterfahndung gerechtfertigt hätte. Desweiteren muß sichergestellt sein, daß es sich nicht um eine zu Zwecken der Ausforschung durchgeführte Maßnahme handelt und der Schutz vor Mißbrauch auch verfahrensmäßig abgesichert ist[59].

Zu berücksichtigen ist jedoch, daß die Verwertung von Erkenntnissen sich gegenüber ihrer Erlangung als eine selbständig bewertbare Intensivierung des Grundrechtseingriffs darstellt[60]. Da die Rasterfahndung in einem konkreten Ermittlungsverfahren der Beweisermittlung dient, wobei die rechtmäßige An-

---

55 BVerfGE 33, 383; BverfGE 34, 248 f; BVerfGE 44, 374 u. 378; vgl. auch 3. Kap. B.I.

56 *Beling*, S. 37.

57 BGHSt 14, 358.

58 BVerfGE 29, 194.

59 Ähnlich die Rspr. und h.M. zum Problem der Verwertung von Zufallsfunden bei der Telefonüberwachung vgl. *Fezer*, Strafprozeßrecht II, Fall 16, Rz. 90; *Knauth*, NJW 1977, 1510; ders. NJW 1978, 741; *Maiwald*, JuS 1978, 379 f.; *Rieß* JR 1979, 165 f.; ders. JR 1983, 125; *Joecks*, JA 1983, 59 f.; *Welp*, S. 225; BGHSt 26, 303; BGHSt 32, 68 und schließlich § 100b Abs. 5 StPO.

60 *Prittwitz*, StV 1984, 310 m.w.N.

ordnung auch die Verwertung als weiteren Eingriff deckt, können vom rechtmäßigen Anordnungsbeschluß im Hinblick auf die Verwertbarkeit nur Erkenntnisse erfaßt sein, die sich auf das konkrete Ermittlungsverfahren beziehen. Soweit gesetzlich keine abweichende Regelung getroffen ist, darf im Hinblick auf die grundrechtlich geschützten Positionen mit den erlangten Beweismitteln nur im Rahmen des Zweckes verfahren werden, der mit dem Eingriff verfolgt wurde und für den dieser zugelassen ist[61]. Kommt dem Verwertungseingriff aber eine eigenständige, grundrechtstangierende Qualität zu und rechtfertigt der Anordnungsbeschluß einer Rasterfahndung nur die Verwertung von Erkenntnissen, welche sich auf den konkreten Verdachtsfall beziehen, so bedarf die Verwertung von Erkenntnissen, die sich nicht auf den konkreten Verdachtsfall beziehen als staatlicher Eingriff in grundrechtlich geschützte Positionen einer gesetzlichen Grundlage. Diese gesetzliche Regelung müßte, um der Güterabwägung zu entsprechen, sich auf die Verwertung von solchen Daten beschränken, die benötigt werden, um eine Straftat aufzuklären, derentwegen eine Rasterfahndung hätte angeordnet werden können. Grundrechte dürfen nämlich nicht weiter eingeschränkt werden, als es zur Erreichung des gesetzgeberischen Zwecks unbedingt notwendig ist. Notwendig soll die Rasterfahndung jedoch im jeweiligen Fall nur zur Bekämpfung besonders genannter schwerer Straftaten sein. Daraus ergibt sich, daß die Benutzung zufällig erlangter Beweismittel nur zur Erforschung und Verfolgung von Katalogtaten gestattet sein darf[62].

Die Verwertung von Erkenntnissen, die sich auf eine andere Katalogtat beziehen, könnte aber gegen das vom Bundesverfassungsgericht postulierte Zweckbindungsprinzip verstoßen[63]. Danach ist die Verwendung der Daten auf den gesetzlich bestimmten Zweck begrenzt. Der Zweck kann jeweils weiter oder enger bestimmt werden; er ist relativ zur Position des Datenverwenders[64]. Angesichts der Grundrechtsrelevanz und der massenhaften Einbeziehung von Nichtverdächtigen, was letztlich auch zur Gefahr von Ausforschungsermittlungen führt, wäre eine Normierung der Rasterfahndung nur akzeptabel, wenn auch eine enge Zweckbindung auf das Strafverfahren, dessentwegen die Raster-

---

61 *Prittwitz* a.a.O.; *Hassemer*, KJ 1992, 71.

62 *Welp*, Jura 1981, 476; *Kühl*, NJW 1987, 743; *Riegel*, RiA 1988, 148.

63 Vgl. BVerfGE 65, 46.

64 *Rogall*, Informationseingriff, S. 65; *Ehmann*, AcP 188 (1988), 318 ff.

fahndung angeordnet worden ist, vorgenommen wird. Zweck der Datenverarbeitung ist die Aufklärung eines Einzelfalles. Wird ein anderer Fall (selbst von gleicher Schwere) miteinbezogen, so ist dies von dem Zweck der ursprünglichen Datensammlung nicht mehr gedeckt. Jedoch ist die Zweckbindung nicht ohne Ausnahme aufrechtzuhalten[65]. Durchbrechungen des Zweckbindungsprinzips bedürfen aber einer gesetzlichen Grundlage und dürfen mit dem ursprünglichen Zweck zumindest nicht unvereinbar sein[66]. Die Verfolgung der Anlaßtat zu § 98a StPO und die Aufklärung anderer Katalogdelikte sind jedoch keine einander zuwiderlaufenden Zwecke. Sie sind vielmehr ein- und derselben Staatsaufgabe der Strafverfolgung zuzuordnen.

Weitere Voraussetzung für die Zulässigkeit der Durchbrechung der Zweckbindung ist, daß die Notwendigkeit der Zweckentfremdung gegenüber dem Grundrecht auf informationelle Selbstbestimmung des einzelnen eindeutig überwiegt[67]. Dies wird man wie bei der Anlaßtat im Ergebnis nur annehmen können, wenn es gelingt, die Eingriffsintensität der Rasterfahndung durch begleitende Verfahrensvorschriften abzumildern und das Strafverfolgungsinteresse auf die Verfolgung von schwerer organisierter Kriminalität zu beschränken.

Sofern die Verwertung von Erkenntnissen, die mit dem konkreten Verdachtsfall nichts zu tun haben, nur unter den genannten einschränkenden Voraussetzungen zugelassen wird, läßt sich ein Verstoß gegen das Verbot von Ausforschungsermittlungen nicht feststellen.

E. Geheimnisschutz

Aus einer Reihe von Vorschriften ergibt sich die Achtung von Geheiminteressen bestimmter Prozeßbeteiligter. So findet der strafrechtliche Geheimnisschutz in den Schweigepflichten des § 203 StGB eine materiellrechtliche und in den Weigerungsrechten der §§ 52 ff. sowie in dem Beschlagnahmeverbot des

---

[65] AK-GG-*Bull*, Art. 35 Rn. 29; *Kniesel/Tegtmeyer/Vahle* Rn. 446.

[66] AK-GG-*Bull*, Art. 35 Rn. 29.

[67] *Kniesel/Tegtmeyer/Vahle* Rn. 449.

§ 97 StPO eine prozessuale Grundlage. Die Heranziehung von Daten zeugnis- und aussageverweigerungsberechtigter Dritter zum Zweck der Rasterfahndung könnte mit dem Geheimnisschutz kollidieren.

Aufgabe des Geheimnisschutzes im Rahmen des § 53 StPO ist, daß sich der Patient - oder Klient - darauf verlassen kann, daß die einem Mitglied der in § 53 StPO aufgeführten Berufsgruppen anvertrauten Tatsachen auch vor einer zufälligen Offenbarung geschützt werden[68]. § 53 StPO fällt eine generalisierte Entscheidung darüber, bei welchen Berufen der Schutz des Vertrauensverhältnisses dem Allgemeininteresse an der Aufklärung von Straftaten vorgeht. Nach der Rechtsprechung des Bundesverfassungsgerichts gehört es zu einem unabweisbaren Lebensbedürfnis, die Vertreter dieser Berufsgruppen konsultieren zu dürfen, ohne befürchten zu müssen, daß die ihnen anvertrauten Tatsachen Dritten zugänglich werden[69]. Daten der in § 53 StPO genannten Berufsgruppen dürfen daher nicht für Rasterfahndungen herangezogen werden.

Im Volkszählungsurteil weist das Bundesverfassungsgericht desweiteren darauf hin, daß solche Informationen einem gesetzlich normierten Datenzugriff nicht zugänglich sind, welche "für den Betroffenen die Gefahr sozialer Abstempelung hervorrufen können"[70]. Damit soll sichergestellt werden, daß Bürger bestimmte, besonders den Sozial, Gesundheits- und Fürsorgebereich betreffende staatliche Einrichtungen nutzen, ohne befürchten zu müssen, daß die dort gemachten Angaben anderen zugänglich gemacht werden[71]. Die Erfüllung insbesondere sozialstaatlicher und gesundheitspolitischer Aufgaben setzt die Mitwirkung der Bürger voraus. Diese Mitwirkung wäre aber in Frage gestellt, wenn Bürger fürchten müßten, daß der Staat solche Erkenntnisse gegen sie verwerten wird. Das heißt, die Funktionsfähigkeit bezüglich des primär verfolgten Zwecks würde in Frage gestellt, wenn der auskunftspflichtige Bürger nicht darauf vertrauen könnte, daß die Daten vor einer Zweckentfremdung geschützt sind, da dadurch die Bereitschaft, wahrheitsgemäße Angaben zu machen, schwindet. Aus diesem Grund unterliegen bestimmte personenbezogene Daten einem gesteigerten Schutz, wie zum Beispiel dem Steuer, Sozial, Post- oder Fernmelde-

---

[68] Vgl. *Rudolphi*, S. 451.

[69] BVerfGE 33, 367.

[70] BVerfGE 65, 48.

[71] Vgl. *Wanner*, S. 217 f.

geheimnis. Damit dieser Schutz nicht ausgehöhlt wird, müßte eine Normierung der Rasterfahndung, welche massenhaft in die Rechte Unverdächtiger eingreift, die bestehenden Geheimnisschutzvorkehrungen berücksichtigen[72].

F. Grundsatz der Verhältnismäßigkeit

Jeder Eingriff in Grundrechte steht unter dem rechtsstaatlichen Gebot der Verhältnismäßigkeit des Mittels[73]. Das gewählte Mittel und der gewollte Zweck müssen in einem vernünftigen Verhältnis zueinander stehen[74]. Der Eingriff muß geeignet und erforderlich sein, um den gewollten Zweck zu erreichen und er darf den Betroffenen nicht übermäßig belasten, muß diesem also zumutbar sein[75]. Der Verhältnismäßigkeitsgrundsatz ist in erster Linie an den Gesetzgeber gerichtet und verlangt von diesem, die gesetzlichen Ermächtigungen für die Strafverfolgungsorgane so zu gestalten, daß sie nur solche Maßnahmen zulassen, die sich auch im konkreten Einzelfall noch als verhältnismäßig erweisen[76].

I. Die Geeignetheit

Ausgangspunkt einer Verhältnismäßigkeitsprüfung ist das Kriterium der Geeignetheit des Mittels. Geeignet ist ein Mittel dann, wenn das angestrebte Ziel mit seiner Hilfe erreicht werden kann[77]. Rasterfahndungen sind danach geeignet, wenn sie dazu dienen können, Straftaten aufzuklären und Straftäter zu ergreifen. Ob Rasterfahndungen bisher zu nennenswerten Erfolgen geführt haben, ist zweifelhaft. Das soweit ersichtlich einzige Beispiel, in dem mit Hilfe der Rasterfahndung ein der Bildung einer terroristischen Vereinigung verdäch-

---

[72] Vgl. auch BGHSt 36, 337.
[73] BVerfGE 37, 185.
[74] BVerfGE 35, 410.
[75] BVerfGE 63, 144.
[76] SK-StPO-*Rudolphi*, vor § 94 Rn. 68; vgl. auch BVerfGE 65, 44.
[77] BVerfGE 33, 187, st. Rspr.

tiger Täter gefaßt werden konnte, ist der bereits beschriebene Fall des Terroristen Rolf Heißler[78].

Der mutmaßliche Mörder des MTU-Vorsitzenden Zimmermann wurde aufgrund der Auswertung des Datenmaterials beim Verfassungsschutz immerhin identifiziert. Davon abgesehen verläuft die Fahndung nach Terroristen seit Jahren ergebnislos. Nur die positive Rasterfahndung nach bekannten Tätern erzielt durch die quantitativen Möglichkeiten Erfolge[79].

Die Behauptung des ehemaligen BKA-Präsidenten Herold, die Methode der Rasterfahndung nach einem unbekannten Täter werde seit 1979 nicht mehr angewendet, spricht im übrigen auch für einen nur sehr eingeschränkten Nutzen der Rasterfahndung für die Strafverfolgung[80]. Es spricht somit einiges dafür, der Rasterfahndung bereits die Geeignetheit zur Aufklärung von Straftaten abzusprechen. So hat Baumann sich angesichts der Magerkeit der Ergebnisse gegen eine Legalisierung der Rasterfahndung ausgesprochen[81].

Ist man jedoch mit dem Bundesverfassungsgericht der Auffassung, daß eine Maßnahme bereits dann als geeignet angesehen werden kann, wenn mit ihrer Hilfe das gewünschte Ziel gefördert werden könne[82], so würden die zwar mageren aber immerhin vorhandenen Erfolge ausreichen, um die Geeignetheit der Rasterfahndung für die Strafverfolgung anzunehmen. Ausreichend ist es danach nämlich bereits, daß eine Maßnahme zum einen nur teilweise zur Realisierung des gesteckten Zieles führt und zum anderen nicht die tatsächliche Förderung, sondern lediglich die Möglichkeit oder Wahrscheinlichkeit der Förderung des verfolgten Zweckes erwarten läßt[83]. Da bei Rasterfahndungen durchaus Fälle denkbar sind, in denen zumindest die Möglichkeit der Identifizierung eines

---

78 Vgl. auch *Simon/Taeger*, Rasterfahndung, S. 23 m.w.N. und dem Hinweis, daß der Geheimdienst mehr Erfolg mit Rasterfahndungen erziele.

79 *Wanner*, CR 1986, 220 mit Zahlenangaben.

80 *Herold*, RuP 1985, 91. Er begründet den Verzicht auf Rasterfahndungen zwar damit, daß diese rechtlich umstritten seien. Dies Argument hätte die Polizei dann aber auch vom Einsatz der ebenso umstrittenen V-Leute abhalten müssen, was aber nicht geschehen ist. Vgl. auch *Weßlau*, S. 270, Fn 132.

81 *Baumann*, StV 1986, 496.

82 Vgl. *Degener*, S. 27 unter Hinweis auf BVerfGE 20, 213; 30, 316; 33, 187.

83 Vgl. *Degener*, a.a.O.

Straftäters besteht, sind Rasterfahndungen zumindest nicht von vornherein pauschal ungeeignet, bei der Aufklärung von Straftaten förderlich zu sein.

II. Die Erforderlichkeit

Erforderlich ist eine Maßnahme, wenn zur Erreichung desselben Zieles andere, den Bürger weniger belastende Mittel nicht zur Verfügung stehen[84]. Es stellt sich somit bezogen auf die Rasterfahndung die Frage, ob die Strafverfolgung überhaupt den massenhaften Zugriff auf die personenbezogenen Daten Unverdächtiger zwecks Verdachtsermittlung erfordert oder ob dafür nicht schon die herkömmlichen Ermittlungsmethoden ausreichen.

Im Bereich der Waffen- und Drogenkriminalität handelt es sich vielfach um Straftaten ohne privates Opfer und vor allem um Delikte ohne Anzeigenerstatter[85]. Werden bei den herkömmlichen Straftaten die Strafverfahren zu ca. 90 % durch private Anzeigen überwiegend der Opfer selbst in Gang gesetzt[86], so knüpft die Ermittlungsarbeit bei organisierter Kriminalität an den Verdacht einer Straftat, nicht an einen angezeigten Straftatverdächtigen an. Offene Ermittlungsmaßnahmen gegenüber Beschuldigten und Verdächtigen - wie Durchsuchungen, Beschlagnahmen, Vernehmungen - versagen. Hinzu kommt, daß sich diese "modernen" Straftäter gegenüber ihrer Umwelt unauffällig verhalten. Nach Auffassung des BKA bedarf es daher neuer Fahndungsmethoden, um diese Straftäter aus der Masse der Unverdächtigen herauszufiltern[87]. Diese Darlegungen lassen die Notwendigkeit im Bereich der organisierten Kriminalität, unverdächtige Personen in irgendeiner Weise in die Fahndung einzubeziehen, nachvollziehbar werden. Da lediglich informatorische Befragungen von Unverdächtigen nur beschränkt möglich sind, stellen diese keine echte Alternative dar. Dies ist jedoch eine Frage des Einzelfalles. Abstrakt gesehen ist die Erforderlichkeit der Rasterfahndung bei organisierter Kriminalität also gegeben. Zu wählen ist jedoch stets die am wenigsten eingriffsintensive Form von Raster-

---

[84] Vgl. zum Beispiel BVerfGE 30, 316; 79, 270 f.

[85] *Blum*, DRiZ 1987, 87.

[86] KKW-*Heinz*, S. 29.

[87] *Ermisch*, S. 66.

fahndung[88]. Das heißt, es ist zunächst zu prüfen, ob eine negative Rasterfahndung mit einer Ausgangsdatei, die bereits zu Strafverfolgungszwecken rechtmäßig angelegt wurde, erfolgversprechend ist. Sofern dies nicht der Fall ist, kommt eine negative Rasterfahndung mit einer Fremddatei als Ausgangsdatei in Betracht. Erst wenn auch dies nicht erfolgversprechend erscheint, darf auf die eingriffsintensivste Form, nämlich die positive Rasterfahndung nach unbekannten Tätern zurückgegriffen werden.

III. Die Angemessenheit

Der Grundrechtseingriff muß sich schließlich als angemessenes Mittel erweisen, das heißt, er darf wegen seines Umfangs und seiner Intensität nicht außer Verhältnis zu dem verfolgten Strafverfolgungsinteresse stehen[89].

Dazu bedarf es einer umfassenden Abwägung der widerstreitenden Interessen. Hierbei ist es wichtig, die für die Entscheidung bedeutsamen Kriterien zu ermitteln, anhand derer die Abwägung erfolgen kann. Ausgangspunkt bei der Abwägung nach dem Verhältnismäßigkeitsprinzip bilden grundsätzlich das vorhandene Strafverfolgungsinteresse, daß heißt, die Intensität des Verdachts sowie die Schwere der Straftat, auf die er sich bezieht, und die zu erwartende Ergiebigkeit der beabsichtigten Maßnahme[90].

1. Die Intensität des Verdachts

Die Nachprüfung von Anknüpfungstatsachen, welche auf die Person von Tatverdächtigen verweisen, kann immer erst erfolgen, nachdem sich der Verdacht, daß eine Straftat überhaupt begangen worden ist, bestätigt hat. Erst das Wissen um eine tatsächlich begangene Straftat darf Ermittlungen auslösen, die sich

---

[88] Vgl. hierzu 2. Kap. B.

[89] Zum Beispiel BVerfGE 20, 187; 27, 352.

[90] *Degener*, S. 146 ff.

gegen Personen richten[91]. Da Rasterfahndungen für die Betroffenen sogar mit Grundrechtseingriffen verbunden sind, müssen besonders starke Anhaltspunkte für eine Straftat vorliegen. Lediglich die Möglichkeit, daß nach kriminalistischer Erfahrung eine verfolgbare Straftat vorliegen könnte, genügt nicht[92]. Grundsätzlich wird für die Zulässigkeit grundrechtsbeschränkender Maßnahmen jedoch immer auch ein bestimmter Verdachtsgrad gegen den durch sie belasteten Bürger verlangt. Ein konkreter Verdacht besteht gegen die von Rasterfahndungen Betroffenen jedoch regelmäßig nicht[93]. Der Verdachtsbegriff im Rahmen einer die Rasterfahndung legalisierenden Norm kann sich daher nur darauf beziehen, ob überhaupt eine Straftat begangen wurde. Infolgedessen eignet sich der Tatverdacht als Abwägungskriterium hier nur sehr eingeschränkt.

2. Die Schwere der Straftat

Um die Proportionalität der Rasterfahndung dennoch begründen zu können, sind entsprechend gesteigerte Anforderungen an das Gewicht der aufzuklärenden Straftaten zu stellen[94].

Die Notwendigkeit heimlicher Informationseingriffe, wie sie die Rasterfahndung darstellt, wird mit den Anforderungen an die Bekämpfung der organisierten Kriminalität begründet[95]. Daher dürfen auch nur solche Straftaten eine Rasterfahndung auslösen, die typischerweise in organisierter Form begangen werden und die den Rechtsfrieden besonders empfindlich stören. Je gewichtiger die Straftat und ihre Folgen sind und je offensichtlicher es ist, daß zur Aufklärung der Straftat wegen ihrer organisierten Begehungsweise die althergebrachten Mittel im wesentlichen untauglich sind, desto eher ist die Anwendung der Rasterfahndung angemessen[96]. Die Fahndungsmethode ist daher nicht generell

---

91 *Kühne*, Lehrbuch, Rn. 147.

92 Vgl. *Hege*, JA 1976, 381.

93 S.o. 4. Kap. A.I.

94 Vgl. *Walder*, ZStW 95 (1983, 888.

95 *Caesar*, ZRP 1991, 241 f.

96 Vgl. SK-StPO-*Wolter*, vor § 151 Rn. 41.

zulässig, sondern kann nur beim Vorliegen bestimmter Katalogtaten gerechtfertigt sein.

3. Die Ergiebigkeit der Maßnahme

Die Schwere einer Straftat ist allein nicht geeignet, die Verhältnismäßigkeit eines Grundrechtseingriffs zu begründen[97]. Da das Kriterium des Tatverdachts für die Beurteilung der Proportionalität der Rasterfahndung nur von sehr eingeschränkter Relevanz ist, müßte der Ergiebigkeit der Maßnahme, daß heißt, der Möglichkeit, daß die jeweilige Straftat durch den Einsatz einer Rasterfahndung aufgeklärt werden kann, umso größere Bedeutung zukommen. Es wäre aber überzogen, von den Strafverfolgungsbehörden zu verlangen, die Erfolgsaussichten im Einzelfall genau zu quantifizieren. Dies wäre häufig reine Spekulation, zumal es an plausiblen Maßstäben für die Einstufung des Erkenntniswertes fehlt[98]. Bei schweren Verbrechen kann bereits eine nur geringe Aufklärungswahrscheinlichkeit genügen[99].

Im Einklang mit anderen in Grundrechte Unverdächtiger eingreifenden strafprozessualen Maßnahmen (§§ 81c, 100a StPO) darf eine Rasterfahndung aber erst dann durchgeführt werden, wenn die Aufklärung der Tat auf andere Weise aussichtslos oder wesentlich erschwert wäre. Rasterfahndungen können daher nur bei einem Ermittlungsnotstand als ultima ratio gerechtfertigt sein.

4. Grundrechtsschutz durch Verfahrenssicherungen

Sowohl der Tatverdacht als auch die Ergiebigkeit der Maßnahme haben sich im Rahmen der Rasterfahndung als eher ungeeignete Abwägungskriterien erwiesen.

---

97 *Kleinknecht/Meyer-Goßner*, § 112 Rn. 37.

98 Vgl. *Degener*, S. 111.

99 Vgl. für körperliche Untersuchungen nach § 81a StPO: LR-*Dahs*, § 81a Rn. 27; für Durchsuchungen nach § 102 StPO: LR-*G. Schäfer*, § 102 Rn. 38; für die Anordnung der Untersuchungshaft: KK-*Boujong*, § 112 Rn. 45, 47.

Die Schwere einer Straftat allein ist aber nicht geeignet, die Verhältnismäßigkeit eines strafprozessualen Grundrechtseingriffs zu begründen. Die deshalb bestehenden Bedenken hinsichtlich der Angemessenheit der Rasterfahndung könnten jedoch unbegründet sein, wenn die Maßnahme nur von geringer Eingriffsintensität ist. Die Eingriffsintensität könnte durch Verfahrensregelungen minimiert werden. Diese sind als Schutzvorkehrungen gedacht und sollen die Abwehrrechte des Betroffenen stärken, rechtliches Gehör vorbereiten und vorgezogenen Rechtsschutz gewähren[100].

Aus dem Verhältnismäßigkeitsprinzip folgt die Pflicht des Gesetzgebers, Verfahrenssicherungen vorzusehen, welche eine Beschränkung des Rechts auf informationelle Selbstbestimmung flankieren und die Eingriffsintensität vermindern. Dies ist hier von besonderer Bedeutung, weil Unverdächtige in Anspruch genommen werden sollen. Unverdächtige dürfen aber nur ausnahmsweise und nur geringfügigen Grundrechtseingriffen ausgesetzt werden[101]. Dabei steigen die Anforderungen an die Geringfügigkeit des Eingriffs, beziehungsweise an die Proportionalität zwischen dem Strafverfolgungsinteresse und dem individuellen Grundrechtsschutz, wenn die Unverdächtigen wie bei der Rasterfahndung noch nicht einmal in einer konkreten Beziehung zur aufzuklärenden Tat stehen[102]. Wegen dieser fehlenden konkreten Beziehung der einzelnen von einer Rasterfahndung Betroffenen ist die Wahrscheinlichkeit, daß der jeweilige Betroffene isoliert betrachtet einen Beitrag zur Aufklärung der Tat leisten kann, nur gering. Teilweise wird die Rasterfahndung daher auch als einem Glücksspiel nicht unähnlich charakterisiert[103]. Um dennoch Grundrechtseingriffe gegen völlig unbeteiligte Dritte rechtfertigen zu können, müssen organisatorische und verfahrensrechtliche Vorkehrungen getroffen werden, welche die Eingriffsintensität für die Betroffenen derart abmildern, daß ihr annähernd Bagatellcharakter zukommt.

---

[100] BVerfGE 65, 46; SK-StPO-*Wolter*, vor § 151 Rn. 91 m.N.

[101] S.o. 4. Kap. A.II.3. m.w.N.

[102] S.o. 4. Kap. A.III.a.E.

[103] *Dästner*, RuP 1988, 34; *Rogall*, GA 1985, 17.

a) Verwendung unsensibler Daten

Der Abgleich personenbezogener Daten könnte sich als geringfügiger Grundrechtseingriff darstellen, wenn nur unsensible Daten herangezogen werden dürften.

Es wurde bereits festgestellt, daß das Recht auf informationelle Selbstbestimmung, in welches bei Rasterfahndungen eingegriffen wird, einen Bereich hat, der am Menschenwürdeschutz des Art. 1 Abs. 1 GG teilnimmt und daher abwägungsfest ist[104].

Dementsprechend sind "unzumutbare intime Daten" sowie Daten der Selbstbezichtigung dem Zugriff der Strafverfolgungsbehörden entzogen. Einem legislativen Akt nicht zugänglich ist auch die Zusammenfügung nichthöchstpersönlicher Informationen, die in ihrer Gesamtheit Rückschlüsse auf den Kern der privaten Persönlichkeit erlauben.

Der darunterliegende nur relativ geschützte Bereich des Rechts auf informationelle Selbstbestimmung umfaßt aber noch personenbezogene Daten, die nicht als unsensibel gelten können. Nach dem BDSG beispielsweise gelten Daten über gesundheitliche Verhältnisse, strafbare Handlungen, Ordnungswidrigkeiten, religiöse und politische Anschauungen und arbeitsrechtliche Rechtsverhältnisse als sensibel[105]. Nach einem Urteil des Bundesverwaltungsgerichts unterliegen die den einzelnen in seinem sozialen Verhalten betreffenden Daten weniger strengen Schranken, da sie sich seiner ausschließlichen Verfügungsbefugnis entziehen. Zu solchen sozialen und damit relativ unsensiblen Daten sollen danach auch die aus strafrechtlich relevanten Verhaltensweisen gewonnenen gehören[106].

Sämtliche Versuche zur Einteilung in sensible und unsensible Daten scheitern jedoch spätestens dort, wo personenbezogene Daten automatisch verarbeitet werden. Die Sensibilität eines Datums hängt immer von seiner Verwendungsmöglichkeit ab. Daten, die isoliert betrachtet die Persönlichkeit des Be-

---

[104] S.o. 3. Kap. B.IV.

[105] Vgl. § 28 Abs. 2 Nr. 1b Satz 2 BDSG.

[106] BVerwG, NJW 1990, 2769 f.

troffenen in keiner Weise zu tangieren scheinen, können mit Daten verknüpft werden, die ihrerseits ohne Persönlichkeitsrelevanz sind. Der Informationsgehalt des durch die Verknüpfung entstandenen neuen Datums ist regelmäßig höher als derjenige der Ausgangsdaten. Das Bundesverfassungsgericht hat deshalb im Volkszählungsurteil festgestellt, daß es belanglose, also unsensible Daten unter den Bedingungen automatischer Datenverarbeitung nicht mehr gibt[107]. Angesichts dessen erscheint eine am Sphärengedanken orientierte Abstufung der Eingriffsintensität wenig erfolgversprechend[108].

Sinnvoller ist es, die Übermittlung von Daten generell auf Namen, Anschrift und Geburtsdatum der betreffenden Personen zu beschränken[109]. In Kombination mit den der Übermittlung zugrundeliegenden Auswahlkriterien ist dann immer noch ein Informationsgehalt vorhanden, der einerseits noch so gehaltvoll ist, daß eine Rasterfahndung nicht von vornherein als sinnlos erscheint und der andererseits auch die Gefahr, daß durch die Verknüpfung von Daten Persönlichkeitsbilder entstehen, minimiert. Soweit jedoch personenbezogene Daten betroffen sind, die durch bestehende Geheimnisschutzvorkehrungen besonders geschützt sind, stehen auch Name, Anschrift und Geburtsdatum der Betroffenen einer Rasterfahndung nicht zur Verfügung[110]. So fällt § 53 StPO eine generalisierte Entscheidung darüber, bei welchen Berufen der Schutz des Vertrauensverhältnisses dem Allgemeininteresse an der Aufklärung von Straftaten vorgeht. Desweiteren ist die Erfüllung insbesondere sozialstaatlicher und gesundheitspolizeilicher Aufgaben von der Mitwirkung der Bürger abhängig. Um diese Mitwirkung zu sichern, unterliegen bestimmte personenbezogene Daten einem gesteigerten Schutz (zum Beispiel Steuer, Sozial- und Fernmeldegeheimnis). Durch diese Schutzvorkehrung hat der Gesetzgeber selbst zum Ausdruck gebracht, daß es sich um sensible Daten handelt, die bereits isoliert betrachtet, das heißt ohne mit anderen Daten verknüpft zu sein, von besonderer Persönlichkeitsrelevanz sind.

Doch selbst wenn die Übermittlung auf Identitätsdaten beschränkt wird und bestehende Geheimnisschutzvorkehrungen beachtet werden, bleiben angesichts

---

107 BVerfGE 65, 45.

108 AK-GG-*Podlech*, Art. 2, Abs. 1 Rn. 40; *Pieroth/Schlink*, Rn. 435; *Simitis*, NJW 1984, 402; *Schlink*, Der Staat 1986, 241

109 So auch die Entwürfe von *Riegel*, ZRP 1980, 306 und *Rogall*, GA 1985, 20.

110 S.o. 4. Kap. E.

einer Vielzahl von Suchläufen mit unterschiedlichen Auswahlkriterien immer noch gewisse Gefahren, in Teilbereichen sich dem Persönlichkeitskern zu nähern.

Angesichts der unüberwindbaren Schwierigkeiten, die Rasterfahndung bereits tatbestandlich ausreichend zu begrenzen, kommt den Verfahrensregelungen entscheidende Bedeutung zu.

b) Begrenzte Aufbewahrungsdauer der Daten

Die Begrenzung der Aufbewahrungsdauer von zu Zwecken der Rasterfahndung herangezogenen Daten mildert die Eingriffsintensität der Maßnahme ab. Die Löschung von übertragenen Daten sowie die Rückgabe von Datenträgern an die betreffenden Behörden beziehungsweise privaten Institutionen nach Beendigung des Abgleichs verhindert, daß die personenbezogenen Daten für andere Strafverfolgungszwecke verwendet werden.

Ausgeklammert werden soll hier die Frage, ob die Daten nicht vor ihrer Löschung beziehungsweise Rückgabe bereits mißbräuchlich in andere Systeme oder für andere Verfahren übernommen worden sind.

Die Löschung von übertragenen Daten und die Rückgabe von Datenträgern konkretisiert die Verpflichtung, die personenbezogenen Daten auf das zum Erreichen des angegebenen Ziels erforderliche Minimum zu beschränken[111]. Es muß durch den Gesetzgeber sichergestellt werden, daß keine massenhafte Vorrats-Datensammlung entsteht[112].

---

111 BVerfGE 65, 46.

112 *Benda-Maihofer-Vogel*, S. 1324 ff.

c) Zweckbindung

Im Volkszählungsurteil hat das Bundesverfassungsgericht ausgeführt: "Die Verwendung der Daten ist auf den gesetzlich bestimmten Zweck begrenzt. Schon angesichts der Gefahren der automatischen Datenverarbeitung ist ein - amtshilfefester - Schutz gegen Zweckentfremdung durch Weitergabe- und Verwertungsverbote erforderlich"[113]. Jede Weiterleitung von personenbezogenen Daten entgegen dem bei der Datenerhebung verfolgten Zweck schränkt das Recht auf informationelle Selbstbestimmung ein. Grund für diese Zweckbindung ist die Erkenntnis, daß Datenverarbeitung nur soweit tolerierbar ist, soweit dies für die Erfüllung der konkret der datenverarbeitenden Stelle zugewiesenen Aufgabe erforderlich ist[114]. Der Begriff der datenverarbeitenden Stelle ist streng funktional definiert[115]. Wird die speichernde Stelle über ihre Funktion definiert, so ist jede Weitergabe von Personendaten an eine andere Behörde oder innerhalb derselben Behörde außerhalb der Zweckbindung eine Übermittlung. Eine solche Übermittlung und damit jede Durchbrechung der informationellen Gewaltenteilung bedarf einer gesetzlichen Grundlage[116].

Für die Rasterfahndung bedeutet dies, daß die den Strafverfolgungsbehörden übermittelten personenbezogenen Daten nur der mit der Aufklärung der Straftat betrauten datenverarbeitenden Stelle zugänglich sein dürfen. Insoweit fordert das Bundesverfassungsgericht sogar ausdrückliche Weitergabe- und Verwertungsverbote[117], obwohl bereits durch das Fehlen einer gesetzlichen Ermächtigungsgrundlage sowohl die Weitergabe als auch die zweckfremde Verwertung verboten sind. Im Blick darauf, daß jede Änderung im Nutzungszweck von Daten eine neue Einschränkung des Rechts auf informationelle Selbstbestimmung ist, bedarf nämlich jede Zweckänderung einer verfassungsmäßigen gesetzlichen Grundlage. Daß die Zweckentfremdung von Informationen einen Grundrechtseingriff darstellt, der einer Ermächtigungsgrundlage bedarf, begründet gleichzeitig die Zweckbindung. Eine Weiterverarbeitung von Informationen ist erst

---

113 BVerfGE 65, 46.

114 *Scholz/Pitschas*, S. 113 f.

115 *Simitis*, NJW 1986, 2800.

116 *Simitis*, NJW 1986, 2801.

117 BVerfGE 65, 46.

möglich, wenn der Gesetzgeber dies ausdrücklich in Form einer einen Grundrechtseingriff legitimierenden Zweckentfremdungsermächtigung gestattet hat.

d) Begrenzte Verwertung der anfallenden Erkenntnisse

Bei Massenfahndungen wie der Rasterfahndung wird im Gegensatz zu den typischen strafprozessualen, einzelfallbezogenen Ermittlungshandlungen so ungezielt vorgegangen, daß sich zwangsläufig nicht nur Erkenntnisse über den ursprünglichen Verdachtsfall ergeben. Die Befugnis, Rasterfahndungen durchführen zu dürfen, könnte daher auf eine Umgehung des Verbots von Ausforschungsermittlungen hinauslaufen. Es ist aus diesem Grund geboten, wenigstens nachträglich die Verwertung der Ermittlungsergebnisse zu beschränken, um der Rasterfahndung den Ausforschungscharakter zu nehmen[118]. Dabei steht eine nur eingeschränkte Verwertung der Erkenntnisse, die über den konkreten die Rasterfahndung auslösenden Verdachtsfall hinausgehen, mit dem Legalitätsprinzip durchaus im Einklang. Daß es nämlich nicht möglich ist, die Verwertung jeglicher, gleichgültig auf welche Weise erlangter Erkenntnisse zu begründen, zeigen schon die Entscheidungen zur Verwertbarkeit der bei der Telefonüberwachungen zutage geförderten Zufallserkenntnisse sowie die umfangreiche Rechtsprechung zur Verwertung von Tagebuchaufzeichnungen[119] und heimlichen Tonbandaufnahmen[120]. Eine Wahrheitserforschung "um jeden Preis" verbietet sich[121], wie schon § 136a StPO zeigt. Stets erforderlich ist daher die Abwägung von staatlichem Interesse an der Verfolgung der aufgedeckten Tat mit der Bedeutung des durch die Ermittlungsmaßnahme beeinträchtigten Grundrechts. Das Legalitätsprinzip befreit somit nicht vom Erfordernis der Gewichtung der in Rede stehenden Interessen. Es fordert deshalb auch nicht die Verwertung sämtlicher angefallener Erkenntnisse.

Um nicht gegen das Verbot von Ausforschungsermittlungen zu verstoßen und um die Eingriffsintensität der Rasterfahndung abzumildern, ist daher die Ver-

---

[118] S.o. 4. Kap. D.

[119] Zum Beispiel BVerfGE 18, 146; 80, 367.

[120] BVerfGE 34, 238; BGHSt 14, 358.

[121] BGHSt 14, 365; 31, 309; *Roxin*, § 24 D II.1.

wertung der angefallenen Erkenntnisse grundsätzlich auf den Verdachtsfall zu beschränken. Der Grundrechtsschutz ist wiederum mit dem Legalitätsprinzip in praktische Konkordanz zu bringen. Dies kann dadurch erreicht werden, daß die Verwertung von Erkenntnissen, die über den konkreten Verdachtsfall hinausgehen, insoweit zu gestatten ist, als Erkenntnisse hinsichtlich einer Straftat, die für sich die Anordnung einer Rasterfahndung gerechtfertigt hätte, gewonnen werden.

e) Eingeschränkte Anordnungsbefugnis - Richtervorbehalt

Eine verfahrensrechtliche Sicherung von durch Strafverfolgungsmaßnahmen bedrohten Grundrechten ist die einschränkende Anordnungsbefugnis für solche Eingriffe durch einen Richtervorbehalt. Zwar gibt es anders als in den Regelungen der Art. 13, 104 GG bei Eingriffen in das Recht auf informationelle Selbstbestimmung aus Art. 2 Abs. 1 i.V.m. Art. 1 Abs. 1 GG keinen ausdrücklichen verfassungsrechtlichen Richtervorbehalt, aber ein solcher kann sich aus der Verpflichtung des Gesetzgebers, für einen hinreichenden verfahrensrechtlichen Schutz von Grundrechten zu sorgen, ergeben. Gerade der Richtervorbehalt wird als wichtige Komponente des Grundrechtsschutzes durch Verfahren angesehen[122]. Er soll sicherstellen, daß der von den Strafverfolgungsbehörden vorgenommene Grundrechtseingriff kontrollierbar bleibt[123]. Dies ist von besonderer Relevanz, soweit strafprozessuale Grundrechtseingriffe überraschend und ohne die an sich nach Art. 103 Abs. 1 GG vorgeschriebene vorherige Anhörung der Betroffenen erfolgen. Da ein nachträglicher Rechtsschutz die bereits bewirkten Grundrechtsbeeinträchtigungen nicht oder nur unvollkommen beseitigen könnte, soll durch die Einschaltung eines neutralen und unabhängigen Richters verhindert werden, daß Bürger rechtswidrigen Grundrechtseingriffen der Staatsanwaltschaft und ihrer Hilfsbeamten ausgesetzt sind. Die Aufgabe des Richters ist es also, die Interessen der nicht ausreichend gehörten Beteiligten zu berücksichtigen[124]. Da bei Rasterfahndungen die jeweiligen Betroffenen die Überprüfung ihrer personenbezogenen Daten zu Fahndungszwecken nicht

---

[122] BVerfGE 42, 220; *Alberts*, ZRP 1990, 149 m.w.N.

[123] BVerfG a.a.O.

[124] BVerfGE 9, 97; *Nelles*, S. 54.

bemerken, die Überprüfung somit für diese überraschend und ohne vorherige Anhörung erfolgt, besteht insoweit auch ein Bedarf an präventivem Rechtsschutz durch Richtervorbehalt. Dies gilt umso mehr, als sich der Eingriff gegen unverdächtige Dritte richtet.

Zuständig für die Anordnung ist als Ermittlungsrichter regelmäßig der Richter am Amtsgericht (§ 162 Abs. 1 StPO). In den Fällen des § 169 Abs. 1 StPO wird statt seiner entweder der Ermittlungsrichter beim Oberlandesgericht oder beim Bundesgerichtshof tätig.

Dies führt dazu, daß eine Vielzahl fachlich auf die Besonderheiten der EDV-gestützten Fahndung nicht vorbereiteter Ermittlungsrichter mit den teilweise technisch komplizierten Anwendungsfragen überfordert sein dürften, so daß ein anwendungsbegrenzender Einfluß kaum erwartet werden könnte. Aus diesem Grund wird teilweise das Erfordernis einer Kollegialentscheidung, zum Beispiel durch einen Strafsenat beim Oberlandesgericht, erwogen[125]. Teilweise wird auch gefordert, daß ein besonders ausgebildeter "Datenschutzrichter" zuständig sein soll[126].

Neben dem vielfach fehlenden technischen Verständnis liegt ein weiteres Problem in der Entscheidungsgrundlage. Der Richter ist regelmäßig gezwungen, seine Entscheidung auf das von der Polizei oder der Staatsanwaltschaft vorgetragene Tatsachenmaterial zu stützen. In Anbetracht der Besonderheit, daß die Anordnung einer Rasterfahndung ohne Anhörung der Betroffenen gefaßt werden muß, bleibt die Entscheidungsgrundlage notwendig einseitig. Diese Konstellation ist ein maßgeblicher Grund dafür, überhaupt die Anrufung eines Richters zu fordern[127]. Zwar ist grundsätzlich davon auszugehen, daß die Staatsanwaltschaft und die Polizei den Richter nicht bewußt falsch informieren, doch liegt es häufig in der Natur der Sache, die eigene Situation anders darzustellen, als sie in Wirklichkeit ist[128]. Der die richterliche Anordnung Beantragende wird im allgemeinen nicht bemüht sein, eine solche Darstellung zu geben, die alle für und gegen den Eingriff sprechenden Aspekte aufführt. Vielmehr wird er den Ermittlungsrichter von der Zulässigkeit der beabsichtigten

---

[125] *Dästner*, RuP 1988, 36; *Weichert*, S. 205.

[126] *Herold* in: v. Schoeler, Informationsgesellschaft, S. 94 f.

[127] *Nelles*, S. 53.

[128] Vgl. dazu *Amelung*, ZZP 88 (1975), 84.

Maßnahme überzeugen wollen. Diese Problematik tritt im Fall einer richterlichen Entscheidung über die Zulässigkeit einer Rasterfahndung verstärkt zutage. Die Sachdarstellung der Strafverfolgungsbehörde, auf welcher die richterliche Entscheidung notwendig basieren muß, ist wesentlich abstrakterer Natur als in Ermittlungsfällen gegen konkrete Personen. Rasterfahndungen zielen nicht auf ein konkretes Individuum, sondern auf unbekannte Personen. Zur Zeit der Anordnung einer Rasterfahndung ist aber nicht nur unbekannt, wer der Maßnahme unterworfen sein wird, sondern es ist noch nicht einmal abzusehen, wieviele Personen davon betroffen sein werden. Aufgrund der Struktur der Maßnahme kann dem Richter oftmals nur eine polizeiliche Lage unterbreitet werden, aufgrund derer der Einsatz der Rasterfahndung für zweckmäßig gehalten wird.

Die vorstehenden Darlegungen machen Zweifel an dem anwendungsbegrenzenden Einfluß einer richterlichen Entscheidung deutlich. Jedoch sind die Ausführungen nicht als Plädoyer gegen den Richtervorbehalt zu interpretieren. Die Kontrolle und Begrenzung der Befugnisse der Ermittlungsbehörden sind rechtsstaatlich geboten und sinnvoll. Eine verfahrensmäßige Gestaltung, mittels derer die Kontroll- und Begrenzungsfunktion besser gewährleistet werden könnte als durch den Richtervorbehalt, ist neben der Beteiligung eines Datenschutzbeauftragten[129] nicht erkennbar. Allerdings kann man Einwände gegen die Angemessenheit der Rasterfahndung nicht allein unter Hinweis auf den Richtervorbehalt entkräften.

Von wenigen Ausnahmen abgesehen (§ 81 StPO: Unterbringung zur Beobachtung eines Beschuldigten, § 81c StPO: körperliche Untersuchung anderer Personen bei fehlender Einwilligung, § 98 Abs. 1, S. 2 StPO: Beschlagnahme gegenüber der Presse, § 111a StPO: vorläufige Entziehung der Fahrerlaubnis, § 114 StPO: Haftbefehl, § 132a StPO: vorläufiges Berufsverbot) sind bei Gefahr im Verzug auch die Staatsanwaltschaft oder die Staatsanwaltschaft und ihre Hilfsbeamten zur Anordnung einzelner strafprozessualer Grundrechtseingriffe befugt. Diese Eilkompetenz soll verhindern, daß durch die zeitraubende Einholung der richterlichen Entscheidung die Erfolgsaussichten des jeweiligen strafprozessualen Grundrechtseingriffs verloren gehen[130].

---

[129] Vgl. 4. Kap. F.III.4.g).

[130] SK-StPO-*Rudolphi*, vor § 94 Rn. 77.

Ob die Einräumung einer solchen Eilkompetenz bei der Rasterfahndung gerechtfertigt werden kann, ist fraglich. Da die Anordnung einer positiven wie einer negativen Rasterfahndung das Vorhandensein von Rastermerkmalen (Auswahlkriterien) voraussetzt, die eine sorgfältige vorangegangene Untersuchung erfordern, ist der Fall eines besonderen Eilbedürfnisses, das die Einholung einer richterlichen Entscheidung nicht zulassen würde, kaum vorstellbar[131].

f) Benachrichtigung der Betroffenen

Der Eingriffscharakter der Rasterfahndung wurde unter anderem mit der Heimlichkeit dieser Ermittlungsmethode begründet[132]. Gerade die Heimlichkeit verhindert, daß die betroffenen Bürger erkennen können, "wer was wann und bei welcher Gelegenheit über sie weiß". Rasterfahndung bedeutet massenhafte heimliche Zweckentfremdung von personenbezogenen Daten Unverdächtiger. Diese Art von Datenverarbeitung würde wenigstens im Nachhinein etwas transparenter, wenn die davon betroffenen Bürger im Anschluß an die Maßnahme davon unterrichtet würden.

Da der Gesetzgeber verpflichtet ist, organisatorische und verfahrensrechtliche Vorkehrungen zu treffen, die die Eingriffsintensität eines Grundrechtseingriffs abmildern, hat er sämtliche zumutbaren Maßnahmen zu normieren, die das Recht auf informationelle Selbstbestimmung schützen. Dazu gehört eine Benachrichtigungspflicht. Diese ist auch deshalb notwendig, weil den Betroffenen wenigstens nachträglich rechtliches Gehör zu verschaffen ist, um ihnen die Möglichkeit zu eröffnen, zumindest nachträglichen Rechtsschutz zu erlangen[133]. Aus dem Verhältnismäßigkeitsprinzip ist daher als kompensatorische Regelung zwecks gerichtlicher Prüfung der Rechtmäßigkeit von Eingriffen nach Art. 19 Abs. 4 GG die Verpflichtung zur nachträglichen Unterrichtung der Betroffenen von Amts wegen abzuleiten[134]. Diese Auffassung wird auch durch das

---

[131] *Dästner*, RuP 1988, 36; *Weichert*, S. 207.

[132] S.o. 2. Kap. A.VI.5 und B.

[133] Vgl. KK-*Nack*, § 101 Rn. 1 zur Benachrichtigungspflicht im Rahmen der Telefonüberwachung.

[134] VG Frankfurt, DVR 1984, 273 ff.

Volkszählungsurteil bestätigt, wonach die Verpflichtung zur Benachrichtigung der Betroffenen nur "einstweilen zurückzustellen (ist), um unaufschiebbare Maßnahmen im Interesse des allgemeinen Wohls rechtzeitig in die Wege zu leiten"[135].

g) Beteiligung eines Datenschutzbeauftragten

Eine weitere Form verfahrensrechtlicher Absicherung des Grundrechts auf informationelle Selbstbestimmung ist die unabhängige Kontrolltätigkeit von Datenschutzbeauftragten.

Die Besonderheiten der EDV-gestützten Datenverarbeitung mit ihren speziellen Gefahren für die Privatsphäre auch völlig unbeteiligter Bürger stellen einen hinreichenden Grund dar, zur Wahrung des Grundrechts auf informationelle Selbstbestimmung die für diese Probleme eingerichteten besonderen Kontrollinstanzen auch im Justizbereich miteinzubeziehen.

Wegen der für den Bürger bestehenden Undurchsichtigkeit der Speicherung und Verwendung von Daten unter den Bedingungen elektronischer Datenverarbeitung und im Interesse eines vorgezogenen Rechtsschutzes durch rechtzeitige Vorkehrungen ist die Beteiligung unabhängiger Datenschutzbeauftragter auch nach Auffassung des Bundesverfassungsgericht von erheblicher Bedeutung für einen effektiven Schutz des Rechts auf informationelle Selbstbestimmung[136]. Für das Bundesverfassungsgericht ist die Arbeit der Datenschutzbeauftragten ein notwendiges Element des Grundrechtsschutzes. Bei der Bestimmung der Aufgaben und Befugnisse der Datenschutzbeauftragten hat der Gesetzgeber daher zu berücksichtigen, daß er über die Effektivität der Grundrechtssicherung entscheidet. Die Grundrechtssicherung ist um so effektiver, je früher Datenschutzbeauftragte beteiligt werden und je umfangreicher ihre Kontrollbefugnis ist[137].

---

135 BVerfGE 65, 71.

136 BVerfGE 65, 46.

137 *Baumann, R.*, DVBl 1984, 619.

Bezogen auf die Rasterfahndung bedeutet dies, daß Datenschutzbeauftragte beteiligt werden müssen, und zwar regelmäßig vor der Durchführung der Maßnahme, damit sie noch rechtzeitig auf die Einhaltung der datenschutzrechtlichen Vorschriften hinweisen können. Allerdings ist einzuräumen, daß auch bei der Handhabung datenschutzrechtlich besonders sensibler strafverfahrensrechtlicher Bestimmungen Doppelzuständigkeiten vermieden werden müssen, die die Kompetenzen zwischen Justiz- und allgemeinen Verwaltungsbehörden verwischen und die Datenschutzbeauftragten zur Oberinstanz für justitielle Entscheidungen bestellen. Die Datenschutzbeauftragten haben daher nicht die strafprozessuale Rechtmäßigkeit der Rasterfahndung im Einzelfall zu prüfen, da dies bereits die Aufgabe des Richters ist (Richtervorbehalt). Die Besonderheiten der EDV-Fahndung sind aber Grund genug, den besonderen Sachverstand der Datenschutzbeauftragten auch im Justizbereich durch begleitende Kontrolle zur Geltung zu bringen. Dies könnte in der Weise geschehen, daß die Datenschutzbeauftragten vor jeder richterlichen Anordnung einer Rasterfahndung um eine Stellungnahme gebeten werden. Das würde etwa der Regelung entsprechen, die der Gesetzgeber auch in § 80 Abs. 1 oder § 246a StPO im Hinblick auf ärztliche Sachverständige gewählt hat. Desweiteren kann die Beteiligung der Datenschutzbeauftragten zur strengen Beachtung insbesondere der Löschungsvorschriften wirksam beitragen.

h) Zusammenfassung

- Die Durchführung einer Rasterfahndung ist nur dann ein angemessenes Mittel zur Aufklärung von Straftaten, wenn es sich um besonders schwere Straftaten handelt, die typischerweise in organisierter Form begangen werden und andere Fahndungsmethoden nicht erfolgversprechend erscheinen.
- Zu Zwecken der Rasterfahndung herangezogene Daten sind außer auf die Rastermerkmale auf die reinen Identitätsdaten zu beschränken. Bei Daten, die durch besondere Geheimnisschutzvorkehrungen wie Amtsgeheimnisse geschützt sind, dürfen auch reine Identitätsdaten nicht für Rasterfahndungen herangezogen werden.
- Die herangezogenen reinen Identitätsdaten dürfen längstens bis zur Beendigung der Maßnahme aufbewahrt werden. Danach sind sie an die entsprechenden Stellen zurückzugeben beziehungsweise zu vernichten.
- Die Identitätsdaten dürfen nur der datenverarbeitenden Stelle innerhalb der Strafverfolgungsbehörden zugänglich sein. Dies erfordert der Grundsatz der

informationellen Gewaltenteilung und das Zweckbindungsprinzip.

- Um eine allgemeine Ausforschung zu vermeiden, dürfen die bei einer Rasterfahndung anfallenden Erkenntnisse grundsätzlich nur für den die Fahndung auslösenden Fall verwertet werden. Eine Ausnahme gilt für Delikte, bei denen die Anordnung einer Rasterfahndung berechtigt gewesen wäre.
- Die von einer Rasterfahndung Betroffenen sind nach Beendigung der Maßnahme davon zu unterrichten.
- Ein Richtervorbehalt und die Kontrolle durch unabhängige Datenschutzbeauftragte sind im Interesse eines vorgezogenen Rechtsschutzes als Ausgleich für unzureichenden nachträglichen Rechtsschutz der Betroffenen vorzusehen.

Fünftes Kapitel

Die Rasterfahndung mit polizei-externen Dateien

Der Gesetzgeber hat bei der Normierung der Rasterfahndung unterschieden zwischen dem Abgleich personenbezogener Daten, die - für andere Zwecke als Strafverfolgung erhoben - in Dateien anderer Stellen als Strafverfolgungsbehörden gespeichert sind (§§ 98a und 98b StPO) und dem Abgleich personenbezogener Daten, die die Strafverfolgungsbehörden durch die in der StPO geregelten Ermittlungsmaßnahmen (zum Beispiel über Auskünfte §§ 161, 163 StPO, Beschlagnahme §§ 94, 110 StPO oder Kontrollstellen §§ 111, 163d StPO) gewonnen haben (§ 98c StPO). Nach § 98c StPO ist desweiteren der Abgleich solcher Daten mit Präventivdaten (zum Beispiel mit präventivpolizeilichen Fahndungsdateien) zulässig. Da die Rasterfahndung mit polizei-externen Daten in den §§ 98a und 98b StPO differenziert geregelt und von diversen Anordnungsvoraussetzungen abhängig gemacht worden ist, während die Rasterfahndung mit polizei-internen Daten in § 98c StPO pauschal für zulässig erklärt worden ist, sollen beide Arten der Rasterfahndung getrennt voneinander untersucht werden.

A. Die einzelnen Anordnungsvoraussetzungen des § 98a Abs. 1 StPO

Bereits aus dem Wortlaut des § 98a Abs. 1 StPO ergibt sich, daß die danach zulässigen Maßnahmen - Abgleich "polizei-externer" Dateien - detaillierte Voraussetzungen haben: den Anfangsverdacht hinsichtlich einer Katalogtat, welche von erheblicher Bedeutung sein muß und die Subsidiarität der Maßnahmen.

I. Der Verdacht einer Straftat

Die Anordnung einer Rasterfahndung ist nach § 98a Abs. 1 S. 1 StPO erst zulässig, wenn zureichende tatsächliche Anhaltspunkte dafür vorliegen, daß eine Katalogtat begangen worden ist. Die Formulierung der Verdachtslage entspricht § 152 Abs. 2 StPO. Zureichende tatsächliche Anhaltspunkte liegen vor, wenn ein gewisser Anfangsverdacht gegeben ist[1]. Die Möglichkeit, daß nach kriminalistischer Erfahrung eine verfolgbare Straftat vorliegt, genügt für den Anfangsverdacht[2]. Bloße Vermutungen genügen nicht[3]. Dies ergibt sich bereits aus dem Bezug auf zureichende Tatsachen. Die Strafverfolgungsbehörden dürfen daher nicht von sich aus ohne konkrete Anhaltspunkte nach strafbaren Handlungen suchen. Kriminalistische Hypothesen, die auf allgemeiner Erfahrung beruhen, genügen deshalb nicht. Es müssen vielmehr Anhaltspunkte im Einzelfall vorliegen; der Hinweis auf eine statistische Häufigkeit reicht nicht aus.

Die weitere Frage, wann tatsächliche Anhaltspunkte zureichend sind, ist letztlich die Frage nach dem Wahrscheinlichkeitsgrad, der für die Begehung einer Straftat bestehen muß. Sofern aber überhaupt Tatsachen vorliegen, die auf die Begehung einer Straftat hindeuten, werden diese Anhaltspunkte regelmäßig auch zureichend sein, da nach allgemeiner Ansicht auch eine noch geringe Wahrscheinlichkeit für die Begründung eines Anfangsverdachts genügt[4].

Wie § 69 Abs. 1 S. 2 StPO zeigt, muß sich der Anfangsverdacht gemäß § 152 Abs. 2 StPO nicht notwendig bereits gegen eine konkrete Person richten. In diesen Fällen wird das Ermittlungsverfahren zunächst gegen Unbekannt geführt[5]. Demnach genügt für die Anordnung einer Rasterfahndung nach § 98a StPO bereits eine geringe Wahrscheinlichkeit, daß eine Katalogtat begangen

---

[1] *Kleinknecht/Meyer-Goßner* § 152 Rn. 4; LR-*Rieß*, § 152 Rn. 21 f.; KK-*Schoreit*, § 152 Rn. 28.

[2] KK-*Schoreit*, a.a.O.; BGH NJW 1989, 96 f.

[3] *Kleinknecht/Meyer-Goßner*, a.a.O; KK-*Schoreit*, § 152 Rn. 31; LR-*Rieß*, § 152 Rn. 22.

[4] LR-*Rieß*, § 152 Rn. 23 m.w.N. zum Ganzen ausführlich *Kühne*, Lehrbuch, Rn. 145 ff. und NJW 1979, 622.

[5] LR-*Rieß*, a.a.O.; *Walder*, ZStW 95 (1983), 868.

worden ist. Verdächtig ist danach also nicht eine Person, sondern nur eine Situation. Auf einen personenbezogenen Verdacht wird verzichtet[6].

Im Gegensatz dazu verlangen Normierungen in der StPO, die zur Vornahme bestimmter Grundrechtseingriffe berechtigen (zum Beispiel zur körperlichen Untersuchung nach § 81a StPO, zu erkennungsdienstlichen Maßnahmen nach § 81b StPO, zur Überwachung des Fernmeldeverkehrs nach § 100a StPO, zur Durchsuchung von Räumen nach § 102 StPO oder zur Identitätsfeststellung nach § 163b StPO) neben einem über dem Anfangsverdacht liegenden Verdachtsgrad, daß sich dieser Verdacht auch gegen eine bestimmte Person richtet. Lediglich die Kontrollstellenregelung in § 111 StPO und die im Anschluß daran getroffene Regelung der Schleppnetzfahndung verzichten auf einen personenbezogenen Verdachtsgrad. Doch liegt der hierfür erforderliche reine tatbezogene Verdachtsgrad über dem für eine Rasterfahndung erforderlichen Verdachtsgrad. So setzen sowohl die Kontrollstellenregelung wie auch die Regelung der Schleppnetzfahndung voraus, daß "bestimmte Tatsachen" den Verdacht begründen. Im Vergleich zu den "zureichenden tatsächlichen Anhaltspunkten", die für eine Rasterfahndung vorliegen müssen, bezeichnen "Tatsachen" im Sprachgebrauch der StPO einen genaueren Erkenntnisstand über die Sachlage[7].

Als Ergebnis bleibt festzuhalten, daß der in § 98a StPO geforderte Verdacht nicht individualisiert ist und es danach ausreicht, wenn es nach kriminalistischer Erfahrung möglich erscheint, daß eine Katalogtat begangen wurde[8]. Bloße Vermutungen genügen jedoch nicht[9]. Insgesamt liegt der die Rasterfahndung

---

[6] Vgl. dazu RiStBV Anl. E Nr. 6: "Die Aufklärung und wirksame Verfolgung der organisierten Kriminalität setzt daher voraus, daß Staatsanwaltschaft und Polizei von sich aus im Rahmen ihrer gesetzlichen Befugnisse Informationen gewinnen oder bereits erhobene Informationen zusammenführen, um Ansätze zu weiteren Ermittlungen zu erhalten (Initiativermittlungen). Liegt ein Sachverhalt vor, bei dem nach kriminalistischer Erfahrung die wenn auch geringe Wahrscheinlichkeit besteht, daß eine verfolgbare Straftat begangen worden ist, besteht ein Anfangsverdacht (§ 152 Abs. 2 StPO). (...) Es ist nicht notwendig, daß sich der Verdacht gegen eine bestimmte Person richtet".

[7] Vgl. KK-*Schoreit*, § 163d Rn. 9.

[8] Vgl. *Kleinknecht/Meyer-Goßner*, § 152 Rn. 4; KK-*Schoreit*, § 152 Rn. 28; *Roxin*, § 37 B I.

[9] *Kleinknecht/Meyer-Goßner*, a.a.O.; KK-*Schoreit*, a.a.O. Rn. 31.

auslösende Verdachtsgrad damit niedriger als bei allen anderen Ermittlungsmaßnahmen mit grundrechtsrelevanter Wirkung.

Da von Rasterfahndungen massenhaft Unverdächtige ohne konkrete Beziehung zur aufzuklärenden Tat betroffen sind, setzt die Zulässigkeit dieser Fahndungsmethode voraus, daß der damit verbundene Grundrechtseingriff durch enge Anordnungsvoraussetzungen auf ein Minimum beschränkt wird[10]. Ein Fahndungsmittel, das es zuläßt, daß bereits die nur geringe Möglichkeit, daß nach kriminalistischer Erfahrung eine verfolgbare Straftat vorliegen könnte, ausreichen läßt, kann kaum als Minimum bezeichnet werden. Vielmehr darf erst das Wissen um eine tatsächlich begangene Straftat Ermittlungen auslösen, die sich gegen Personen richten[11]. Da Rasterfahndungen für die Betroffenen mit Grundrechtseingriffen verbunden sind, müssen besonders starke Anhaltspunkte für eine Straftat vorliegen, so daß wenigstens der in § 111 und § 163d verwendete Verdachtsgrad zu fordern ist. Jedenfalls reicht die von § 98a StPO lediglich geforderte Möglichkeit, daß nach kriminalistischer Erfahrung eine verfolgbare Straftat vorliegen könnte, nicht aus[12].

II. Der Katalog der Anlaßtaten

Nach § 98a Abs. 1 S. 1 StPO ist die Rasterfahndung nur zulässig bei schwerwiegenden, in einem generalisierten Katalog erfaßten Straftaten. Dieses sind

Straftaten "von erheblicher Bedeutung

---

[10] Vgl. oben 4. Kap. A. III a.E.

[11] *Kühne*, Rn. 147.

[12] Vgl. *Hege*, JA 1976, 381; nach einem Beschluß des BVerfG vom 5.7.1995 - 1 BvR 2226/94 - der die Befugnis des Bundesnachrichtendienstes zur Verwertung und Weitergabe von Daten betrifft, die er bei der Überwachung des Fernmeldeverkehrs aufgrund der sogenannten verdachtslosen Rasterfahndung erlangt hat, genügen tatsächliche Anhaltspunkte, daß jemand Straftaten plant, begeht oder begangen hat, nicht für die Verwertung und Weitergabe nach dem Verbrechensbekämpfungsgesetz, vielmehr müssen bestimmte Tatsachen einen solchen Verdacht begründen (NJW Heft 31/1995, S. XVI).

1. auf dem Gebiet des unerlaubten Betäubungsmittel- oder Waffenverkehrs, der Geld- oder Wertzeichenfälschung,
2. auf dem Gebiet des Staatsschutzes (§§ 74 a, 120 GVG),
3. auf dem Gebiet der gemeingefährlichen Straftaten,
4. gegen Leib oder Leben, die sexuelle Selbstbestimmung oder die persönliche Freiheit,
5. gewerbs- oder bandenmäßig oder
6. von einem Bandenmitglied oder in anderer Weise organisiert" begangen.

Durch Nr. 1 werden im wesentlichen die in § 100a Abs. 1 S. 1 Nr. 3 und 4 StPO aufgeführten Straftatbestände sowie die §§ 146 - 152a StGB erfaßt, durch Nr. 2 die in §§ 74 a, 120 GVG genannten, also insbesondere §§ 129, 129a StGB. Nr. 3 meint §§ 306 - 323c StGB. Nr. 4 umfaßt §§ 174 - 184a StGB sowie §§ 211 - 241a StGB. Durch die Nr. 5 und 6 werden letzten Endes sämtliche sonstigen Straftaten, die sich durch gewerbs, gewohnheits- oder bandenmäßige sowie organisierte Begehungsweise auszeichnen, miteinbezogen.

1. Die Verweisungstechnik

In § 98a StPO wird unter anderem auf Bestimmungen des GVG verwiesen und von dort weiter auf Vorschriften diverser Gesetze. Die in Bezug genommenen Vorschriften verweisen ihrerseits zum Teil auf andere Vorschriften des jeweils gleichen Gesetzes weiter. So wird von § 98a Abs. 1 S. 1 Nr. 2 StPO auf die §§ 74 a, 120 GVG verwiesen, die unter anderem auf § 129a StGB verweisen. § 129a StGB enthält wiederum seinerseits einen Katalog weiterer Straftaten, was den Kreis der genannten Straftaten nicht nur kompliziert, sondern auch wesentlich erweitert. Diese Verweisungstechnik, die vom Gesetzgeber aus Gründen der Gesetzesökonomie gewählt wird[13], beeinträchtigt die Anschaulichkeit des § 98a StPO und kollidiert mit der gesetzgebungstechnischen Regel, daß jeder Rechtssatz eine Gedankeneinheit bilden soll[14]. Berücksichtigt man weiter, daß über § 98a Abs. 1 S. 1 Nr. 5 und 6 StPO sämtliche

---

[13] *Karpen*, S. 121.

[14] *Karpen*, S. 11.

Straftaten miteinbezogen werden, sofern sie nur gewerbs-, gewohnheits-, bandenmäßig oder organisiert begangen werden, so kommen Zweifel auf, ob diese Art der generalisierten und verschachtelten Verweisungstechnik unter dem Gesichtspunkt der Normenklarheit verfassungsrechtlich noch tolerierbar ist[15].

Anders als in § 100a StPO werden die den einzelnen Straftaten zuzuordnenden Gesetzesparagraphen nicht bezeichnet. So ist aufgrund dieses Kataloges kaum noch überschaubar, welche Straftaten der Regelung unterfallen. Es sind auch keine gemeinsamen Merkmale der bezeichneten Straftaten erkennbar. Weder handelt es sich ausschließlich um Verbrechen noch werden ähnliche Rechtsgüter gefährdet.

Eine Beschränkung erfährt die Rasterfahndung nur dadurch, daß die einbezogenen Straftaten von "erheblicher Bedeutung" sein müssen. Dieser Begriff wird wie folgt umschrieben:

> "Unter dem Begriff der Straftat mit erheblicher Bedeutung sind solche Taten zu verstehen, die den Rechtsfrieden empfindlich stören und geeignet sind, das Gefühl der Rechtssicherheit der Bevölkerung erheblich zu beeinträchtigen. Danach muß es sich bei der Anlaßtat um ein Delikt handeln, das mindestens der mittleren Kriminalität zuzurechnen ist. In den Fällen der mittleren Kriminalität ist dabei das besondere Maß des Unrechts nach Lage des konkreten Einzelfalles entscheidend, wobei es nicht so sehr auf den abstrakten Charakter des Straftatbestandes, sondern auf Art und Schwere der jeweiligen konkreten Tat gemäß der Verdachtslage bei Anordnung der Maßnahme ankommt. Die Beeinträchtigung des Rechtsfriedens oder der Rechtssicherheit kann sich etwa daraus ergeben, daß durch die Straftat bedeutsame Rechtsgüter, wie zum Beispiel Leib, Leben, Gesundheit oder fremde Sachen von bedeutendem Wert verletzt werden".

Dieses Konglomerat von unbestimmten Rechtsbegriffen bedarf dann weiterer Erläuterungen, die schließlich zu dem Schluß führen,

> "nach Lage des Einzelfalles können auch Eigentums- oder Vermögensdelikte mittlerer Kriminalität die genannten Voraussetzungen erfüllen, insbesondere wenn es sich um Straftaten mit Seriencharakter und entsprechend erheblichem (Gesamt-)Schaden für die Allgemeinheit handelt"[16].

---

15 Zweifelnd auch *Hassemer*, 31. Sitzung des Rechtsausschusses (22.01.92), Protokoll Nr. 31, S. 128.

16 So der Entwurf eines Strafverfahrensänderungsgesetzes 1989, auf den im Bundesratsentwurf der 11.Legislaturperiode Bezug genommen wurde und auf den in der

Was eine Straftat von erheblicher Bedeutung ist, bleibt demnach der Abwägung im Einzelfall vorbehalten, ohne daß das Gesetz den Kreis der fallrelevanten Umstände definiert[17].

Damit besteht eine Unbestimmtheit und Unsicherheit bei der Frage der Anwendbarkeit des § 98a StPO: statt wie bisher üblich die Zulässigkeit der Maßnahme wie zum Beispiel in § 100a StPO an den Verdacht der Verwirklichung eines bestimmten Straftatbestandes zu knüpfen, wird nunmehr eine "Generalklausel mit katalogartigen Grenzen" geschaffen, deren Anwendbarkeit auf Straftaten von erheblicher Bedeutung beschränkt wird. Wann von "erheblicher Bedeutung" gesprochen werden kann, läßt sich jedoch nur schwer bestimmen und ob dieses Merkmal erfüllt ist, wird sich vielfach erst im Lauf der Ermittlungen ergeben[18].

Zusammenfassend läßt sich festhalten, daß bei der Regelung der Rasterfahndung auf die begrenzende Wirkung eines präzisen Katalogs verzichtet wird und diese letztlich für sämtliche Straftaten außerhalb der Bagatell- und Kleinkriminalität verfügbar wird. Damit wird das Gewollte nicht hinreichend deutlich, denn die durch das OrgKG in die StPO eingefügten neuen Ermittlungsmaßnahmen sollten nur der Bekämpfung schwerwiegender organisierter Kriminalität dienen[19]. Anhand dieses unbestimmt formulierten Kataloges ist weder für einen Betroffenen, noch ohne weitere Wertung und einen damit verbundenen Verlust an Rechtssicherheit für den zuständigen Richter nachvollziehbar, unter welchen Voraussetzungen eine Rasterfahndung angeordnet werden darf. Die Entscheidung darüber, welche Taten noch als von erheblicher Bedeutung anzusehen sind, wird ebenfalls dem Richter oder in Eilfällen der Staatsanwaltschaft überlassen, obwohl es angesichts der Eingriffsintensität der Rasterfahndung ohnehin schwerer Straftaten bedarf, so daß solche hätten abschließend aufgezählt werden können und müssen[20].

---

geltenden Fassung zurückgegriffen worden ist.

17 Kritik an diesem Merkmal auch bei *Bottke*, S. 43.

18 *Kleinknecht/Meyer-Goßner*, § 98a Rn. 5.

19 BT-Dr. 12/989, S. 21.

20 *Kruse*, S. 174.

Die unpräzise Verweisungstechnik verstößt daher gegen den Grundsatz der Normenklarheit[21].

2. *Die Anlaßstraftaten*

Der Katalog von Anlaßstraftaten, die eine Rasterfahndung auslösen können, hat die Funktion, die Eingriffe in grundrechtlich geschützte Bereiche auf die Bekämpfung von schwerwiegender organisierter Kriminalität zu begrenzen.

Die Eingriffe müssen verhältnismäßig sein, das heißt, es muß im Bereich des Erforderlichen vorgegangen werden. Erforderlich ist wiederum nur etwas, was tauglich ist. Der Straftatenkatalog darf daher nur solche Delikte umfassen, die tauglich sind, um organisierte Kriminalität zu bekämpfen[22]. Um den Straftatenkatalog des § 98a StPO daraufhin überprüfen zu können, muß zunächst der Begriff der organisierten Kriminalität definiert werden. Die wohl auch dem heutigen OrgKG zugrundeliegende Definition der organisierten Kriminalität wurde Anfang 1990 durch eine von der Justiz- und Innenministerkonferenz eingesetzte "Gemeinsame Arbeitsgruppe Justiz/Polizei zur Strafverfolgung organisierter Kriminalität" entwickelt. Die Arbeitsgruppe beschreibt organisierte Kriminalität als eine "von Gewinn- oder Machtstreben bestimmte planmäßige Begehung von Straftaten, die einzeln oder in ihrer Gesamtheit von erheblicher Bedeutung sind, wenn mehr als zwei Beteiligte auf längere oder unbestimmte Dauer arbeitsteilig

a) unter Verwendung gewerblicher oder geschäftsähnlicher Strukturen,

b) unter Anwendung von Gewalt oder anderer zur Einschüchterung geeigneter Mittel oder

c) unter Einflußnahme auf Politik, Medien, öffentliche Verwaltung, Justiz und Wirtschaft

zusammenwirken"[23].

---

21 Im Ergebnis ebenso *Krey/Haubrich*, JR 1992, 312.

22 Vgl. 4. Kap. F.II.; III.2.

23 Gemeinsame Richtlinien der Justizminister/-senatoren und der Innenminister/-senatoren der Länder über die Zusammenarbeit von Staatsanwaltschaft und Polizei bei der

Diese Definition bemüht sich, alle in Betracht kommenden Wesensmerkmale zu erfassen, dies führt jedoch zu großer Unbestimmtheit. Es wird nämlich nicht deutlich, welche Merkmale unbedingt gegeben sein müssen und welche fehlen können, um noch von organisierter Kriminalität sprechen zu können. Eine Abgrenzung zwischen organisierter Kriminalität, Wirtschaftskriminalität und legalem wirtschaftlich-organisiertem Handeln ist schwierig. Denn die meisten Kriterien beziehungsweise Indikatoren, die bislang zur Kennzeichnung der organisierten Kriminalität genannt werden - Gewinnstreben, Arbeitsteilung, Verwendung gewerblicher oder geschäftsähnlicher Strukturen, Ausnutzung moderner Infrastrukturen, Einflußnahme auf Politik, Medien, öffentliche Verwaltung u.s.w. - verweisen auf legales wirtschaftliches Handeln, ebenfalls die Kriterien "Machtaufbau und Machterhalt"[24]. Letztlich verbleibt die Begehung von Straftaten als einziges Unterscheidungsmerkmal. Wobei die "Begehung von Straftaten" nicht etwa das Ziel der organisierten Kriminalität ist, sondern maximaler Profit. Strafbare Handlungen sind lediglich die Mittel zur Erreichung dieses Zweckes[25]. Organisierte Kriminalität wird demnach primär begangen, um Gewinne zu erzielen, nicht hingegen, um bestimmte Rechtsgüter anzugreifen. Insofern läßt sich die organisierte Kriminalität auch schwer auf die Begehung weniger bestimmter Straftaten begrenzen, da alles, was Gewinn verspricht, ausgeschöpft wird. Unter den Begriff der organisierten Kriminalität läßt sich eine bestimmte Erscheinungsform einer größeren Anzahl unterschiedlicher Straftatbestände fassen. Es ist aber im Rahmen dieser Arbeit nicht möglich festzustellen,

---

Verfolgung der organisierten Kriminalität, RiStBV Anlage E Nr. 2.1.

24 Vgl. den Definitionsansatz in der OrgKG-Begründung, S. 24.

25 Vgl. *Eisenberg/Ohder*, JZ 1990, 576:"Organisiertes Verbrechen läßt sich nur unvollständig durch das Studium seiner Erscheinungsformen erfassen. Mit der Zuordnung dieses Phänomens zu bestimmten Straftatbeständen beziehungsweise Ausgestaltungen derselben mag zudem der Eindruck gefördert werden, das Ziel organisierten Verbrechens sei die Begehung von Straftaten. Tatsächlich ist die Straftat aus der Perspektive einer solchen Gruppierung insofern gewissermaßen unerheblich, als sie lediglich ein Instrument zur Verfolgung in erster Linie materieller Ziele darstellt, die zu erreichen sich die Gruppierung - sofern Gelegenheiten dazu bestehen - auch legaler Mittel bedient. Hieraus ergibt sich eine Affinität nicht nur bezüglich der Ziele legaler und illegaler Organisationen, sondern auch eine partielle Überschneidung der zur Anwendung gebrachten Mittel. Erleichtert werden hierdurch Verquickungen zwischen beiden Systemen, aber auch Übertritte einzelner Personen. So ist nicht unwahrscheinlich, daß viele derjenigen, die die einschlägigen Gewinne aus Straftaten erzielen, einem Tätertypus zuzuordnen sind, der nicht mehr nur die Rolle des seriösen Geschäftsmannes spielt, sondern in vielerlei Hinsicht das seriöse Geschäftsleben verkörpert."

welche Delikte nach dem oben Gesagten als Anlaßtaten zu § 98a StPO in Betracht kommen. Hierzu fehlt es an detaillierten Erkenntnissen über Begehungs- und Aufklärungsformen der einzelnen Delikte. Dies unter Heranziehung kriminologischer beziehungsweise kriminalistischer Erkenntnisse zu untersuchen, wäre Aufgabe des Gesetzgebers gewesen. Eine solche Untersuchung hat aber offensichtlich nicht stattgefunden.

In Ermangelung von Möglichkeiten für eine exakte Bestimmung der Aktivitätsfelder der organisierten Kriminalität, bleibt nur der Versuch, eine Liste von organisationsverdächtigen Kriminalitätsbereichen vorzustellen und sie darauf zu prüfen, ob sie Anhaltspunkte für ein organisiertes Handeln zeigen[26].

Als besonders typische Straftaten werden in den Gemeinsamen Richtlinien[27] die folgenden aufgeführt:

- Rauschgifthandel und -schmuggel
- Waffenhandel und -schmuggel
- Kriminalität im Zusammenhang mit dem Nachtleben (vor allem Zuhälterei, Prostitution, Menschenhandel, illegales Glücks- und Falschspiel)
- Schutzgelderpressung
- unerlaubte Arbeitsvermittlung und Beschäftigung
- illegale Einschleusung von Ausländern
- Warenzeichenfälschung (Markenpiraterie)
- Goldschmuggel
- Kapitalanlagebetrug
- Subventionsbetrug und Eingangsabgabenhinterziehung
- Fälschung und Mißbrauch unbarer Zahlungsmittel
- Herstellung und Verbreitung von Falschgeld
- Verschiebung von hochwertigen Kraftfahrzeugen, Lkw, Container- und Schiffsladungen
- Betrug zum Nachteil von Versicherungen

---

26 *Hamacher*, S. 21.

27 Vgl. Fn 23.

- Einbruchsdiebstahl in Wohnungen mit zentraler Beuteverwertung
- illegale Entsorgung von Abfall
- illegaler Technologietransfer[28].

Prüft man nun den - uferlosen - Straftatenkatalog des § 98a StPO unter dem Aspekt organisationstypischer Straftaten und orientiert sich dabei an der Aufzählung in den Gemeinsamen Richtlinien, so fällt auf, daß teilweise Straftatbestände mit einbezogen wurden, die untauglich sind, um organisierte Kriminalität zu bekämpfen. So umfaßt beispielsweise § 98a Abs. 1 S. 1 Nr. 3 StPO die gemeingefährlichen Straftaten der §§ 306323c StGB. Als Anknüpfungspunkt für eine Rasterfahndung kommen demnach auch Straßenverkehrsdelikte in Betracht, obwohl es kaum vorstellbar ist, daß ein Täter aus dem Bereich der organisierten Kriminalität ausgerechnet durch eine solche Straftat auffällig werden will; denn die organisierte Kriminalität ist gerade so geprägt, möglichst unauffällig zu sein. Offensichtlich ist auch, daß Straftaten wie zum Beispiel Vollrausch (§ 323a StGB), Gefährdung einer Entziehungskur (§ 323b StGB) oder unterlassene Hilfeleistung (§ 323c StGB) sich kaum mit organisierter Kriminalität in Verbindung bringen lassen.

Der Straftatenkatalog des § 98a StPO verstößt somit nicht nur gegen das verfassungsrechtliche Gebot der Normenklarheit, sondern umfaßt auch Straftatbestände, die nicht tauglich sind, organisierte Kriminalität zu bekämpfen. Ein so umfangreicher Straftatenkatalog geht über den Bereich des Erforderlichen hinaus und ist deshalb nicht mehr verhältnismäßig.

III. Die Subsidiaritätsklausel

Nach § 98a Abs. 1 Satz 2 StPO darf eine Rasterfahndung nur angeordnet werden, wenn die Erforschung des Sachverhalts oder die Ermittlung des Aufenthaltsortes des Täters auf andere Weise weniger erfolgversprechend oder wesentlich erschwert wäre. Die hierdurch zum Ausdruck gebrachte Subsidiarität[29] der Rasterfahndung gegenüber konkurrierenden Maßnahmen[30], ist Ausfluß

---

[28] RiStBV Anlage E Nr. 2.3.

[29] Vgl. 4. Kap. F.III.3.

des Verhältnismäßigkeitsprinzips, das dem Rechtsstaatsgedanken entspringt und Verfassungsrang besitzt[31]. In seiner Ausprägung der Erforderlichkeit gebietet der Grundsatz der Verhältnismäßigkeit, daß unter mehreren Maßnahmen diejenige zu wählen ist, die bei gleicher Erfolgseignung den Betroffenen am wenigsten belastet[32].

§ 98a Abs. 1 Satz 2 StPO verwendet als Subsidiaritätsbedingung die Formel, daß die Erreichung des Ermittlungsziels auf andere Weise "erheblich weniger erfolgversprechend" oder "wesentlich erschwert" sei.

Als "erheblich weniger erfolgversprechend" ist die Aufklärung auf andere Weise dann anzusehen, wenn noch andere Ermittlungsmaßnahmen zur Verfügung stehen, aber eine Prognose zum Ergebnis hat, daß mit Hilfe dieser anderen Maßnahmen die vollständige Aufklärung der Straftat nicht in demselben Maße erreicht werden kann, wie es bei einem Einsatz der Rasterfahndung möglich erscheint[33]. Daß möglicherweise das Ermittlungsergebnis auch auf andere Art gewonnen werden könnte, steht somit der Rasterfahndung nur entgegen, wenn der andere Weg einen im wesentlichen gleichartigen Erfolg verspricht[34].

Vergleicht man die Formulierung der Subsidiaritätsklausel in § 98a Abs. 1 Satz 2 StPO mit derjenigen in § 100a Abs. 1 Satz 1 StPO ("aussichtslos oder wesentlich erschwert"), so fällt auf, daß zwischen den erfolgsorientierten Begriffen "aussichtslos" und "erheblich weniger erfolgversprechend" ein graduelles Verhältnis dergestalt besteht, daß die zweite Formulierung ein deutlich geringeres Maß an fehlender Erfolgswahrscheinlichkeit der vorrangigen Maßnahme verlangt[35]. Aussichtslosigkeit der Aufklärung durch andere Ermittlungsmaßnahmen wird dann angenommen, wenn die anderen Aufklärungsmittel keine Aussicht auf Erfolg versprechen oder deren Erfolgsaussichten wesentlich

---

30 Diese werden generalisierend mit der dem § 100a Abs. 1 Satz 1 StPO entlehnten Wendung "auf andere Weise" bezeichnet.

31 Vgl. LR-*K. Schäfer*, Einl. Kap. 6 Rn. 10; *Kleinknecht/Meyer-Goßner*, Einl. Rn. 20 SK-StPO-*Rudolphi*, vor § 94 Rn. 68 f.

32 Vgl. KK-*Pfeiffer*, Einl. Rn. 30; *Kleinknecht/Meyer-Goßner*, a.a.O.; LR-*K. Schäfer*, a.a.O.

33 BT-Dr. 12/989 S. 37.

34 *Kleinknecht/Meyer-Goßner*, § 98a Rn. 3.

35 *Rieß* in Meyer Gedächtnisschrift, S. 384; Vgl. auch *Hilger*, NStZ 1992, 460.

geringer zu veranschlagen sind[36]. Die Anforderungen an den Begriff "erheblich weniger erfolgversprechend" an anderer Stelle desselben Gesetzes müssen also unterhalb derjenigen an den Begriff "aussichtslos" liegen. Dementsprechend soll für die "weichere" Subsidiaritätsklausel in § 98a Abs. 1 Satz 2 StPO (erheblich weniger erfolgversprechend) bereits jede Erhöhung der Aufklärungswahrscheinlichkeit durch zusätzliche Anwendung der Rasterfahndung genügen[37]. Dann wäre die Rasterfahndung nicht mehr ultima ratio. Da von Rasterfahndungen aber massenhaft Unverdächtige ohne konkrete Beziehung zur aufzuklärenden Tat betroffen sind, ist diese Fahndungsmethode nur akzeptabel, wenn ein Ermittlungsnotstand besteht, also als ultima ratio. Die "weiche" Subsidiaritätsklausel, die den Strafverfolgungsbehörden beträchtliche Beurteilungsspielräume eröffnet, genügt dem nicht, wie ein Vergleich mit der "harten" Subsidiaritätsklausel in § 100a Abs. 1 Satz 1 StPO deutlich macht. Vielmehr darf auch eine Rasterfahndung erst zulässig sein, wenn andere Ermittlungsmaßnahmen "aussichtslos" sind. Eine solche Subsidiaritätsklausel erlaubt es dann nur, daß die jeweils vorgenommene Maßnahme abgestuft einzeln zum Einsatz kommt, falls sich herausstellt, daß die jeweils andere Ermittlungsmethode eine erfolgversprechende Durchführung der Ermittlung nicht mehr gewährleistet. Auf diese Weise könnte verhindert werden, daß ein Bündel von Überwachungsmaßnahmen gegen Personengruppen eingesetzt wird[38].

Problematisch ist, welche Bedeutung dem zusätzlichen Subsidiaritätsmerkmal "wesentlich erschwert" zukommt. Die bisherigen Auslegungsbemühungen haben insbesondere die zeitliche Verzögerung bei ausschließlicher Verwendung der vorrangigen Maßnahmen hervorgehoben[39]. Der Zeitfaktor könnte jedoch auch dem Ermittlungserfolg zugeordnet werden, so daß dem Merkmal "wesentlich erschwert" neben dem am Ermittlungserfolg orientierten Merkmal "erheblich weniger erfolgversprechend" keine selbständige Bedeutung zukommt.

---

[36] SK-StPO-*Rudolphi*, § 100a Rn. 13.

[37] Vgl. *Rieß* a.a.O. S. 387.

[38] *Meertens*, ZRP 1992, 207.

[39] *Kleinknecht/Meyer-Goßner*, § 100a Rn. 7; LR-*G. Schäfer*, § 100a Rn. 13; teilweise wird auch der erforderliche Ermittlungsaufwand anerkannt, während die Kosten nach h.M. keine Rolle spielen dürfen. vgl. insbesondere *Rieß*, a.a.O., S. 385.

B. Art, Inhalt und Umfang der verwendeten Daten

§ 98a Abs. 1 StPO verleiht die Befugnis, "personenbezogene Daten" von verschiedenen Speicherstellen herauszuverlangen und mit anderen Daten maschinell abzugleichen. Der Begriff "personenbezogene Daten" wird dabei nicht näher umschrieben, sondern bleibt vielmehr unpräzise[40]. Grund für diese unpräzise Formulierung dürfte die Einschätzung des Gesetzgebers gewesen sein, daß eine exaktere Festlegung der Art der zu verwendenden Daten nur nach Lage des Einzelfalles möglich sei. Es ist schwierig, bereits in der gesetzlichen Regelung zu beurteilen, welche Informationen über eine Person im einzelnen Fall aufklärungsrelevant sein können, denn dies ist in erster Linie eine ermittlungstaktische Frage. Grundsätzlich darf der Gesetzgeber deshalb auch Generalklauseln zur Regelung von Lebensbereichen verwenden, die infolge ihrer Dynamik oder Vielgestaltigkeit im voraus nicht überschaut und daher durch inhaltlich präzise Regelungen befriedigend nicht geregelt werden können[41]. Dennoch muß sich der Gesetzgeber um soviel Normenklarheit bemühen, wie dies aus der Natur der zu regelnden Sachverhalte möglich ist. Dies folgt für die Rasterfahndung aus dem hohen Rang des allgemeinen Persönlichkeitsrechts aus dem das informationelle Selbstbestimmungsrecht abgeleitet wird und dem hohen Gefährdungspotential von Datenabgleichen unter den modernen Bedingungen der Datenverarbeitungstechnik[42].

Die gesetzliche Formulierung birgt das Risiko einer zu extensiven Auslegung des Begriffs "personenbezogene Daten". Durch die fehlende Eingrenzung der personenbezogenen Daten besteht die Gefahr, daß durch die Verwendung von sensiblen Daten beziehungsweise die Verknüpfung von für sich gesehen weniger sensiblen Daten Persönlichkeitsbilder entstehen. Bereits eine diesbezügliche Unsicherheit hat Grundrechtsrelevanz, wie das Bundesverfassungsgericht bei der Herleitung des informationellen Selbstbestimmungsrechts

---

[40] Vgl. die Formulierung in § 3 Abs. 1 BDSG, wonach personenbezogene Daten pauschal als Einzelangaben über persönliche oder sachliche Verhältnisse einer bestimmten oder bestimmbaren natürlichen Person beschrieben werden.

[41] Vgl. zu diesem Problem *Benda*, Eigentumspositionen im Arbeitskampf, S. 78 m.N. der Rspr. des BVerfG.

[42] Vgl. BVerfGE 65, 44, mit Hinweis auf BVerfGE 45, 420 m.w.N.

ausgeführt hat[43]. Deshalb wäre der Gesetzgeber in der Pflicht gewesen, selbst zu entscheiden, welche Daten für Rasterfahndungszwecke herangezogen werden dürfen. Dies gilt umso mehr, als es hier um eine Datenverarbeitung geht, zu der die davon betroffenen Personen selbst, außer dem zufälligen Vorliegen bestimmter Suchmerkmale, keine Veranlassung gegeben haben, und die Daten in Zusammenhang mit der Begehung schwerer Straftaten gebracht werden.

Die pauschale Erlaubnis zur Verarbeitung "personenbezogener Daten" verstößt daher gegen den Bestimmtheitsgrundsatz. Vielmehr hätte die Übermittlung von Daten zu Rasterfahndungszwecken, wie in den Entwürfen von Riegel[44] und Rogall[45] vorgeschlagen, auf Namen, Anschrift und Geburtsdatum der betreffenden Personen beschränkt werden sollen[46], allerdings ergänzt um die Prüfungsmerkmale.

C. Der automatische Datenabgleich

Die §§ 98a ff. StPO normieren lediglich den Abgleich von Daten, nicht jedoch die einem Abgleich vorhergehende Erhebung und Speicherung. Im Rahmen dieser Untersuchung soll daher nicht auf die Problematik der rechtlichen Grundlagen für die Datenerhebung und -speicherung eingegangen werden[47].

---

[43] BVerfGE 65, 43.

[44] ZRP 1980, 306.

[45] GA 1985, 20.

[46] Vgl. 4. Kap. F. III. 4. a.

[47] Die ursprünglich vorgesehenen §§ 474 ff, die ebenfalls durch das OrgKG in die StPO eingeführt werden sollten und zumindest die Vorgangsverwaltung, also Speicherung, Veränderung und Nutzung personenbezogener Daten für die Aktenbearbeitung durch die Geschäftsstellen der Staatsanwaltschaft regelten, wurden auf Kritik der Bundesregierung gestrichen, vgl. dazu BT-Dr. 11/7663, S. 45; BT-Dr. 12/989, S. 45 f., 60.

I. Die Art des Abgleichs

Nach § 98a Abs. 1 S. 1 ist nur der automatisierte Abgleich von Daten zulässig. Damit wird jede Technik des maschinellen Abgleichs von Daten aus Dateien aller Art erfaßt, während ein manueller Abgleich von Hand als einfacher Ermittlungsvorgang bereits nach §§ 161, 163 StPO zulässig ist[48]. Von § 98a StPO nicht betroffen ist auch die elektronische Erfassung und Aufarbeitung der nach §§ 94, 110, 161, 163 StPO gewonnenen Daten, wie zum Beispiel über Auskünfte zu speziellen Täter-Daten, ohne rastergeordneten Einsatz von Daten einer Vielzahl Tatunbeteiligter[49]. Von §§ 98a ff. werden nur automatisierte Datenabgleiche mit dem Ziel erfaßt, aus einer Vielzahl überwiegend tatunbeteiligter Personen diejenigen herauszufiltern, die das "Verdächtigenprofil" des Falles erfüllen[50].

II. Die Abgleichstelle

Vom Gesetz ist nicht ausdrücklich geregelt, wer den automatischen Datenabgleich vornimmt, wer also die Abgleichstelle ist. Dies könnte sich jedoch aus dem Sinnzusammenhang ergeben. Die für den Abgleich erforderlichen Daten dürfen nach § 98a Abs. 2 StPO ausschließlich den Strafverfolgungsbehörden übermittelt und gemäß § 98b Abs. 3 S. 3 StPO nur für bestimmte Strafverfolgungszwecke verwendet werden. Daraus ergibt sich, daß auch nur eine Strafverfolgungsbehörde die entsprechenden Daten verwalten darf.

Bei der Rasterfahndung handelt es sich um eine Maßnahme, die regelmäßig im Ermittlungsverfahren angesiedelt ist. Es kommen daher nur die Staatsanwaltschaft und die strafverfolgend tätige Polizei als Abgleichstellen in Betracht. Was das Verhältnis von Staatsanwaltschaft und Polizei betrifft, geht die Strafprozeßordnung davon aus, daß die Staatsanwaltschaft die Ermittlungen leitet und die Polizei nur zu deren Unterstützung tätig wird. Der Staatsanwaltschaft steht im Rahmen der § 152 GVG, § 161 StPO ein Weisungsrecht gegen-

---

48 *Hilger*, NStZ 1992, 460.

49 KK-*Nack*, § 98a Rn. 4.

50 *Kleinknecht/Meyer-Goßner*, § 98a Rn. 8.

über der Polizei zu. Daher trägt die Staatsanwaltschaft die tatsächliche und rechtliche Verantwortung für sämtliche Ermittlungen[51]. Eine Zuständigkeit der Polizei kann sich somit nur ergeben, wenn sie im Einzelfall einen Ermittlungsauftrag der Staatsanwaltschaft ausführt[52]. Der Abgleich von Daten ist daher unter der Verantwortung der Staatsanwaltschaft vorzunehmen[53]. Diese Verantwortung kann die Staatsanwaltschaft aber nur übernehmen, wenn sie auch faktisch Einfluß auf die Datenverarbeitungsvorgänge nehmen kann.

III. Das faktische Verhältnis von Staatsanwaltschaft und Polizei beim Einsatz EDV-gestützter Ermittlungsmethoden

In der Verfahrenswirklichkeit wird die Sachverhaltsaufklärung und Informationsbeschaffung annähernd ohne Beteiligung der Staatsanwaltschaft allein durch die Polizei vorgenommen[54]. Grund hierfür ist die personell stärkere und sachlich modernere Ausstattung der Polizei[55]. Diese bessere Ausstattung macht sich besonders beim Einsatz EDV-gestützter Ermittlungsmethoden bemerkbar. In der Praxis ist dies nämlich allein Sache der Polizei, denn anders als die Staatsanwaltschaft verfügt sie über die dazu notwendigen Datenverarbeitungsanlagen und das entsprechende know-how[56]. Dabei kommt dem EDV-Einsatz wachsende Bedeutung zu. Das zeigt sich gerade auch an der Normierung der Rasterfahndung, einer Fahndungsmethode, die ohne Computereinsatz überhaupt nicht realisierbar ist. Will die Staatsanwaltschaft die Polizei im Ermittlungsverfahren ernsthaft kontrollieren, muß sie die Möglichkeit haben, Datenverarbeitungsvorgänge selbst vorzunehmen[57]. Möglichkeiten und Grenzen der EDV-gestützten Fahndung kann nämlich nur abschätzen, wer selbst auf die Daten zugreifen kann und so deren Verknüpfungs- und Kombinationspotentiale

---

51 *Peters*, S. 168; *Straßer*, S. 38 f.

52 *Schoreit*, StV 1989, 450.

53 KK-*Nack*, § 98a Rn 26.

54 AK-StPO-*Schöch*, vor § 158 Rn. 25; *Beulke*, Rn. 106; *Ranft*, § 15 A II 2; *Roxin*, § 10 Rn. 34; *Rüping*, Das Strafverfahren, S. 36; ders. ZStW 95 (1983), 899.

55 *Lilie*, ZStW 106 (1994), 626; *Schroeder*, Rn. 90.

56 *Wolter*, GA 1988, 57; *Simon/Taeger*, Rasterfahndung, S. 15; *Merten*, DÖV 1985, 521.

57 *Schoreit*, StV 1989, 450.

kennt[58]. Es ist beispielsweise nicht nachzuvollziehen, wie ein Staatsanwalt oder Richter, der selbst von diesem Informationsmaterial ausgeschlossen ist, beurteilen soll, ob andere Fahndungsmittel oder Ermittlungsformen erfolgversprechender sind als eine Rasterfahndung. So wird in der Regel ein Staatsanwalt oder Richter eine entsprechende Behauptung der Polizei, daß es keine Ermittlungsalternative gebe, kaum entkräften können. Damit wird deutlich, daß beim Einsatz ermittlungstechnischer Hilfsmittel, über die die Staatsanwaltschaft nicht verfügt und die zu kontrollieren sie nicht in der Lage ist, die gesetzlich der Staatsanwaltschaft zugeschriebene Sachleitungsbefugnis keine Verfahrensrealität ist. Die Richtern und Staatsanwälten zustehenden Anordnungsbefugnisse verlieren so ihre kontrollierende und damit auch limitierende Funktion[59].

Um das beschriebene Defizit an tatsächlicher Verfahrensherrschaft nicht größer werden zu lassen, sind die Staatsanwaltschaften personell und sachlich so auszustatten, daß sie den Datenabgleich im Rahmen einer Rasterfahndung selbst vornehmen beziehungsweise hinreichend kontrollieren können. Auf diese Weise wird die Staatsanwaltschaft in die Lage versetzt, selbständig die Möglichkeiten und Gefahren einer Rasterfahndung beurteilen zu können, die Polizeiarbeit in diesem Bereich kritisch zu begleiten und Fehlentwicklungen durch konkrete Anweisungen zu korrigieren.

D. Die Mitwirkungspflicht der Speicherstelle

Gemäß § 98a Abs. 2 StPO ist die private oder öffentliche Stelle, bei der die für den Abgleich benötigten Daten gespeichert sind, verpflichtet, diese Daten aus ihrem Datenbestand auszusondern und den Strafverfolgungsbehörden zu übermitteln. Die Übermittlungspflicht beschränkt sich auf Daten des bereits geführten Datenbestandes. Die Speicherstelle ist nicht etwa verpflichtet oder berechtigt, Daten zum Zweck der Rasterung erst zu erheben. Aus dem bereits geführten Datenbestand sind grundsätzlich auch nur die für den Datenabgleich erforderlichen Daten zu übermitteln. Eine Ausnahme von dem Grundsatz, daß nur der auf die erforderlichen Daten beschränkte Datensatz zu übermitteln ist,

---

[58] *Lilie*, ZStW 106 (1994), 632.

[59] *Lilie*, a.a.O.

ist nach Abs. 3 dann zulässig, wenn eine Selektion des benötigten Datenmaterials nicht möglich ist. In diesem Fall ist eine besondere Anordnung erforderlich. Außerdem sieht die Vorschrift ein Nutzungsverbot für das nicht erforderliche Datenmaterial vor. Ergibt sich nachträglich, daß auch dieses Datenmaterial für den Abgleich erforderlich ist und in diesen einbezogen werden sollte, so ist auch hierfür eine Anordnung nach § 98b StPO herbeizuführen, die dies zuläßt. Über die Aussonderungs- und Herausgabepflicht hinaus hat die Speicherstelle auf Anforderung der Staatsanwaltschaft die Abgleichstelle zu unterstützen. Unterstützungshandlung ist jede geeignete und zumutbare Hilfe, wobei insbesondere Bedienungshinweise, Paßwortfreigabe, aktive Mitwirkung von Personal, Nutzung von Programmen und Hardware der Speicherstelle in Betracht kommt[60]. Für ihre Mitwirkung kann die Speicherstelle nach § 17a Abs. 1 S. 1, Abs. 4, Abs. 5 ZSEG Entschädigung verlangen[61].

Der nach § 98a Abs. 5 StPO entsprechend geltende § 95 Abs. 2 StPO eröffnet die Möglichkeit, die Aussonderungs, Herausgabe- und Unterstützungspflicht der Speicherstelle bei deren Weigerung zwangsweise durchzusetzen.

Die Verfahrensstellung der Speicherstelle entspricht derjenigen eines Zeugen, denn deren Betreiber geben in einem nicht gegen sie selbst gerichteten Strafverfahren Auskunft über die Wahrnehmung von Tatsachen[62].

Im Ergebnis unterliegt die Regelung der Mitwirkungspflicht der Speicherstelle keinen Bedenken.

---

60 KK-*Nack*, § 98a Rn. 27.

61 Vgl. Art. 9 OrgKG; BT-Dr. 12/2720, S. 36.

62 Vgl. *Kleinknecht/Meyer-Goßner*, Vor § 48 Rn. 1

E. Die Verfahrensregelungen

I. Die Anordnungsbefugnis

1. Grundsätzlicher Richtervorbehalt

Nach § 98b Abs. 1 S. 1 StPO bedürfen sowohl der Abgleich der Daten als auch deren Übermittlung grundsätzlich einer richterlichen Anordnung. Zuständig ist gemäß § 162 Abs. 1 StPO der Ermittlungsrichter. Der Richter hat nur über die gesetzliche Zulässigkeit der Rasterfahndung zu entscheiden (§ 162 Abs. 3 StPO). Die Staatsanwaltschaft trifft dagegen in eigener Kompetenz die Entscheidung darüber, ob diese Maßnahme zweckmäßig ist. Zwar gibt es keine Klarheit über die Randbereiche des Begriffs der gesetzlichen Zulässigkeit im Sinne des § 162 Abs. 3 StPO[63], jedoch besteht Einigkeit darüber, daß der Richter die beantragte Handlung nicht ablehnen darf, weil er sie für ermittlungstaktisch unzweckmäßig hält[64].

a) Prüfungsumfang

Bei der Prüfung des Antrages auf Durchführung einer Rasterfahndung unterliegen der Kontrolle durch den Ermittlungsrichter:

- der Verdacht des Vorliegens einer Anlaßstraftat von erheblicher Bedeutung,
- die Prognose, daß mit Hilfe anderer Maßnahmen die Aufklärung nicht erreicht werden kann,
- die hinreichende Konkretisierung des zur Übermittlung Verpflichteten, also des Verantwortlichen der Speicherstelle (§ 98b Abs. 1 S. 5 StPO),

---

63 LR-*Rieß*, § 162 Rn. 37.

64 KK-*Wache*, § 162 Rn. 17; *Weiland*, S. 29.

- die hinreichende Konkretisierung des Datenbestandes, in dem recherchiert werden soll[65],
- die Festlegung der unbedingt benötigten Daten und der Rasterkriterien (§ 98b Abs. 1 S. 5 StPO).

Dabei sind die Festlegung der betreffenden Speicherstelle, des Datenbestandes und der Rasterkriterien auch ermittlungstaktische Gesichtspunkte. Insoweit kann der Richter den Umfang der Maßnahme nur einschränken, wenn sie die vom Übermaßverbot gezogenen Grenzen überschreitet, denn eine Zweckmäßigkeitskontrolle steht ihm nicht zu[66].

b) Heranzuziehende Daten

Aus dem Übermaßverbot ergibt sich unter anderem, daß für Zwecke der Rasterfahndung nur unsensible Daten herangezogen werden dürfen[67]. Da aber eine Einteilung in sensible und unsensible Daten angesichts der Möglichkeiten automatischer Datenverarbeitung kaum möglich erscheint, ist die Übermittlung von Daten zum Zwecke einer Rasterfahndung auf Namen, Anschrift und Geburtsdatum der betreffenden Personen zu beschränken[68]. Dies hat sich aus der richterlichen Anordnung zu ergeben.

c) Beachtung von Geheimnisschutzvorkehrungen

Nach § 98b Abs. 1 S. 6 StPO darf die Übermittlung von Daten, die einem gesteigerten Schutz unterliegen, wie zum Beispiel dem Steuer, Sozial, Post- oder Fernmeldegeheimnis (§ 30 Abs. 1 AO; § 51 BZRG; § 16 BStatG; § 35 SGB I; §§ 67 ff SGB X; § 5 PostG; § 10 FAG) überhaupt nicht angeordnet werden. Damit soll sichergestellt werden, daß Bürger bestimmte, besonders den Sozial-,

---

[65] KK-*Nack*, § 98b Rn. 3.

[66] LR-*Rieß*, § 162 Rn. 44; *Nelles*, S. 54.

[67] Vgl. 4. Kap. F.III.4.a.

[68] Vgl. 4. Kap. a.a.O.

Gesundheits- und Fürsorgebereich betreffende staatliche Einrichtungen wahrnehmen, ohne befürchten zu müssen, daß die dort gemachten Angaben anderen zugänglich gemacht werden[69].

§ 98 Abs. 1 S. 7 StPO erklärt zusätzlich die Beschlagnahmeverbote der §§ 96, 97 StPO für entsprechend anwendbar. Das heißt, in den Fällen, in denen aufgrund der §§ 96, 97 StPO eine Beschlagnahme unzulässig wäre, darf auch keine Datenübermittlung zum Zwecke einer Rasterfahndung angeordnet werden. Das Beschlagnahmeverbot umfaßt personenbezogene Daten im Gewahrsam von zeugnisverweigerungsberechtigten Familienangehörigen und Berufsgeheimnisträgern sowie den in § 96 StPO genannten Stellen. Aufgabe dieses Geheimnisschutzes ist es in erster Linie, das Vertrauensverhältnis zwischen dem Zeugnisverweigerungsberechtigten und dem Beschuldigten zu wahren. Insbesondere gilt das für Daten des Arztes oder Verteidigers (§ 97 Abs. 1 i.V.m. § 53 Abs. 1 StPO). Der Patient oder Klient soll sich darauf verlassen können, daß die einem Mitglied der in § 53 StPO aufgeführten Berufsgruppen anvertrauten Tatsachen auch vor einer zufälligen Offenbarung geschützt werden[70]. Deswegen dürfen entgegen einer in der Literatur geäußerten Ansicht[71] auch freiwillig herausgegebene Daten, die einem Beschlagnahmeverbot unterliegen, nicht für Rasterfahndungen verwendet werden. Die von der herrschenden Meinung vertretene Auffassung, daß das Einverständnis des Zeugnisverweigerungsberechtigten die Beschlagnahmefreiheit entfallen läßt[72], überzeugt im Hinblick auf § 203 StGB schon nicht im Beschlagnahmerecht, ist aber schon gar nicht auf die Rasterfahndung übertragbar. Bei der Rasterfahndung besteht die Besonderheit, daß es sich um eine Form der Massendatenverarbeitung handelt, bei der regelmäßig die Daten einer Vielzahl von Unbeteiligten verarbeitet werden und bei der viele Unbeteiligte anschließend in den strafrechtlichen Kontrollprozeß geraten können. Dies ist auch der Grund dafür, daß sensible Daten nicht für Rasterfahndungszwecke verwendet werden dürfen. Die Daten der Zeugnisverweigerungsberechtigten sind aber regelmäßig sensibel. Dies hat der Gesetzgeber durch die Geheimnisschutzvorkehrung Zeugnisverweigerungsrecht selbst zum Ausdruck gebracht. Die Daten werden auch nicht unsensibel da-

---

69 Vgl. 4. Kap. E.

70 Vgl. 4. Kap. E.

71 KK-*Nack*, § 98a Rn. 30 f.

72 KK-*Nack*, § 97 Rn. 5; KMR-*Müller*, § 97 Rn. 24; LR-*G. Schäfer*, § 97 Rn. 33.

durch, daß derjenige, der das Geheimnis schützen soll, diesen Schutz nicht ausüben möchte.

Die Einbeziehung von nach § 96 StPO gesperrten und nach § 97 StPO beschlagnahmefreien Daten darf demnach unter keinen Umständen angeordnet werden.

§ 98b Abs. 2 StPO stellt im übrigen klar, daß die nach § 98a Abs. 5 iVm § 95 Abs. 2 StPO erlaubte Festsetzung von Ordnungs- und Zwangsmitteln, wenn die Übermittlung, Aussonderung oder Mitwirkung beim Datenabgleich von der Speicherstelle zu Unrecht verweigert wird, grundsätzlich vom Richter angeordnet wird.

2. Eilkompetenz der Staatsanwaltschaft

§ 98b Abs. 1 Satz 1 StPO behält die Anordnung einer Rasterfahndung nur grundsätzlich dem Richter vor. Bei Gefahr im Verzug kann die Maßnahme auch von der Staatsanwaltschaft angeordnet werden. Unter "Gefahr im Verzug" versteht man die naheliegende Möglichkeit, daß der mit einer strafprozessualen Maßnahme bezweckte Erfolg durch die mit der Anrufung des Richters verbundene Verzögerung vereitelt oder in Frage gestellt würde[73]. Die Anordnung einer positiven wie einer negativen Rasterfahndung setzt das Vorhandensein von Rastermerkmalen voraus, die eine sorgfältige vorangegangene Untersuchung erfordern[74]. Anschließend haben die verschiedenen Speicherstellen die Daten auszusondern. Mit Aussondern ist gemeint, daß die jeweilige Speicherstelle die Datensätze oder Dateien, die herausgefiltert wurden, zu einer separaten Datei zusammenfaßt. Diese separate Datei wird den Strafverfolgungsbehörden dann auf einem Datenträger übermittelt. Damit die Strafverfolgungsbehörden den maschinellen Abgleich technisch bewerkstelligen können, wird es häufig noch nötig sein, die Daten in ein kompatibles Format zu übersetzten. Diese Arbeitsschritte kosten Zeit, zumal meist mehrere Speicherstellen mitwirken müssen. Da somit eine Rasterfahndung ohnehin nicht ad hoc durchgeführt werden kann,

---

[73] BGH, JZ 1962, 610; LR-*G. Schäfer*, § 98 Rn. 35; KMR-*Müller*, § 98 Rn. 4; SK-StPO-*Rudolphi*, § 98 Rn. 10; KK-*Nack*, § 98 Rn. 13.

[74] Vgl. 4. Kap. III. 4.f. am Ende.

sondern eine gewisse Vorlaufzeit benötigt, ist der Fall eines besonderen Eilbedürfnisses, das die Einholung einer richterlichen Entscheidung nicht zulassen würde, schwer vorstellbar.

Die Tatsache, daß § 98b StPO eine Eilkompetenz der Staatsanwaltschaft bei "Gefahr im Verzug" vorsieht, könnte jedoch unschädlich sein, wenn die Voraussetzungen von "Gefahr im Verzug" faktisch ohnehin nicht vorliegen können. Die Rechtsprechung geht davon aus, daß sich die Annahme von Gefahr im Verzug richterlicher Nachprüfung völlig entziehe[75]. Letztlich könne nur derjenige, dem die Anordnung bei Gefahr im Verzug anvertraut ist, entscheiden, ob der mit der Anrufung des Richters einhergehende Zeitverlust den Erfolg beeinträchtige oder nicht[76]. Aus dieser Weigerung, das Vorliegen von Gefahr im Verzug überhaupt nachzuprüfen, folgt zwangsläufig, daß die fehlerhafte Annahme dieser Voraussetzung keinerlei Einfluß auf die Verwertung eines so erlangten Beweismittels hat. Dadurch wird es der Strafverfolgungsbehörde geradezu erleichtert, Gefahr im Verzug anzunehmen. Die mit der Schaffung der Eilkompetenz verbundene Lockerung der Begrenzungsfunktion des Richtervorbehalts ist demnach auch dann gegeben, wenn tatsächlich die Situation von Gefahr im Verzug nicht vorstellbar ist, denn die fehlerhafte Annahme dieser Voraussetzung bleibt folgenlos.

Die Eilkompetenz der Staatsanwaltschaft schränkt die durch den Richter erwünschte Rechtsschutz- und Kontrollfunktion unnötig ein. Da die Rechtsschutz- und Kontrollfunktion des Richtervorbehalts eine wichtige verfahrensrechtliche Vorkehrung ist, die die Eingriffsintensität für die von einer Rasterfahndung Betroffenen abmildern soll, sind Einschränkungen des Richtervorbehalts allenfalls dann in Erwägung zu ziehen, wenn ein zwingendes Bedürfnis dafür vorliegt. Dies ist hier nicht der Fall, so daß das Prinzip der bestmöglichen Grundrechtsschonung einen uneingeschränkten Richtervorbehalt für die Rasterfahndung gebietet.

---

[75] RGSt 23, 335; BGHSt 3, 243; BGH, JZ 1964, 72.

[76] So erstmals RGSt 23, 334 f.; zustimmend KK-*Nack*, § 98 Rn. 19; *Kleinknecht/Meyer-Goßner*, § 98 Rn. 17; KMR-*Müller*, § 98 Rn. 4.

3. Richterliche ex-post-Kontrolle

Im Fall einer staatsanwaltschaftlichen Anordnung hat die Staatsanwaltschaft gemäß § 98b Abs. 1 S. 2 StPO unverzüglich die richterliche Bestätigung der Anordnung zu beantragen. Wird die Anordnung nicht binnen drei Tagen[77] von dem Richter bestätigt, so tritt sie außer Kraft, § 98b Abs. 1 S. 3 StPO. Der Vorgang wird demnach obligatorisch dem Richter vorgelegt. Um prüfen zu können, ob dadurch die richterliche Entscheidung die erhoffte Wirkung noch entfalten kann, ist genauer auf die ex-post-Kontrolle einzugehen.

Da die richterliche Entscheidung zwar unverzüglich zu beantragen ist, aber erst spätestens nach drei Tagen ergehen muß, könnte in der Zeit zwischen Antrag und Entscheidung bereits eine Vielzahl von Daten möglicherweise unrechtmäßig übermittelt und sogar abgeglichen worden sein.

Wenn der Richter in seiner Entscheidung die Bestätigung versagt, weil die Voraussetzungen für die Anordnung der Fortdauer der Maßnahme nicht mehr gegeben sind[78], so taucht das Problem der Wirksamkeit der Eilanordnung und der Verwertbarkeit der durch die Maßnahme erlangten Erkenntnisse auf. Das Gesetz berührt diesen Problemkreis insoweit, als es das Außerkrafttreten der staatsanwaltschaftlichen Anordnung vorsieht, wenn keine richterliche Bestätigung erfolgt. Nach Ablauf der Drei-Tages-Frist wird demnach eine ursprünglich rechtmäßige Anordnung ipso jure rechtswidrig. Fraglich ist aber, ob eine wegen Ablauf der Drei-Tages-Frist auslaufende Anordnung als von Anfang an rechtswidrig gilt oder ob sie durch Überschreitung der Frist nur für die Zukunft rechtswidrig wird. Dies ist durch Auslegung zu ermitteln. Der Wortlaut der Norm ("... tritt außer Kraft..." und nicht etwa "...ist unwirksam ...") spricht dafür, daß das Außerkrafttreten der staatsanwaltschaftlichen Anordnung nicht zurückwirkt und die zwischenzeitlich erlangten Erkenntnisse auch verwertbar

---

[77] Für die Fristberechnung gilt § 42 StPO, d.h., der Tag der Anordnung ist nicht mitzuzählen.

[78] Für die Beurteilung der Rechtmäßigkeit einer grundrechtsbeschränkenden Maßnahme kommt es auf den Zeitpunkt der richterlichen Entscheidung an, vgl. LR-*Schäfer*, § 98 Rn. 53; KK-*Wache*, § 98 Rn. 19; *Krekeler*, NJW 1977, 1420; *Rieß/Thym*, GA 1981, 199; *Schneke*, NJW 1976, 1820 ff; *Jorzig/Kunze*, Jura 1990, 297.

bleiben[79]. Das bedeutet natürlich nicht, daß eine richterlich nicht bestätigte Eilanordnung der Staatsanwaltschaft auch unbeschränkt verwertbar wäre, wenn sie rechtswidrig war, weil die Voraussetzungen für eine Anordnung von Anfang an nicht vorlagen. Spätestens der Tatrichter befindet in der Hauptverhandlung aufgrund allgemeiner Grundsätze darüber, ob die erlangten Beweismittel zur Beweisführung herangezogen werden dürfen[80].

Festzuhalten bleibt aber, die Übermittlung und der Abgleich von Daten aufgrund staatsanwaltschaftlicher Anordnung werden nicht rechtswidrig, wenn die richterliche Bestätigung ausbleibt oder versagt wird.

Die richterliche ex-post-Kontrolle kann schon deshalb die durch die staatsanwaltschaftliche Eilkompetenz bedingte Einschränkung der Rechtsschutz- und Kontrollfunktion des Richtervorbehalts nicht kompensieren, so daß es bei der bereits festgestellten Verfassungswidrigkeit der Eilkompetenz verbleibt.

II. Begrenzte Aufbewahrungsdauer der Daten

Gemäß § 98b Abs. 3 S. 1 StPO sind die erhaltenen Datenträger nach Beendigung des Abgleichs unverzüglich an die betreffenden Speicherstellen zurückzugeben.

Falls Daten auf andere Datenträger übertragen worden sind (eigene Kopien der Ermittlungsbehörden), so sind diese unverzüglich zu löschen, sobald sie für das Strafverfahren nicht mehr benötigt werden, § 98b Abs. 3 S. 2 StPO[81]. Damit gilt für das Löschen übertragener Daten ein späterer Zeitpunkt als für die Rückgabe der Datenträger. Während die Rückgabe der Datenträger sofort "nach Beendigung der Abgleichs" zu erfolgen hat, sind übertragene Daten erst zu löschen, wenn sie "für das Strafverfahren nicht mehr benötigt werden".

---

[79] Im Ergebnis ebenso für vergleichbare Gesetzesformulierungen: LR-*G. Schäfer*, § 98 Rn. 45, § 100 Rn. 29; *Peters*, § 48 A.III.4; *Schnarr*, NStZ 1991, 214 f.; BGH, NJW 1995, 2237 f. zu § 110b Abs. 2 S. 2 und 3 StPO.

[80] *Schnarr*, NStZ 1991, 215.

[81] Vgl. 4. Kap. F.III.4.b.

Grund für diese Differenzierung ist, daß die übertragenen, das heißt herausgerasterten Daten, möglicherweise zur Beweisführung benötigt werden[82].

Die Rückgabe beziehungsweise Löschung von Daten ist eine besondere Form der Folgenbeseitigung bei Eingriffen in das Recht auf informationelle Selbstbestimmung[83]. Damit kommt der Gesetzgeber seiner Pflicht nach, eine massenhafte Vorrats-Datensammlung zu verhindern[84]. Die Rückgabe- beziehungsweise Löschungspflichten sind so präzise wie möglich zu regeln. Dies gilt besonders für Daten, die - wie hier - zu Strafverfolgungszwecken genutzt wurden, da der Bürger wegen der erhöhten Eingriffsintensität in verstärktem Maße darauf vertrauen können muß, daß seine Daten nach Erfüllung der Zweckbestimmung entfernt werden[85].

Die Rückgabe- beziehungsweise Löschungsregelung in § 98b Abs. 3 StPO genügt diesen Anforderungen. Erhaltene Datenträger sind unverzüglich, also "ohne vermeidbare Verzögerung"[86] sofort nach Beendigung des Abgleichs zurückzugeben. Übertragene Daten sind unverzüglich zu löschen, sobald sie für das Strafverfahren nicht mehr benötigt werden. Benötigt werden die Daten eventuell zur Beweisführung im Hauptverfahren, so daß spätestens mit rechtskräftigem Abschluß des Strafverfahrens die Daten zu löschen sind.

In der Literatur wird dagegen zum Teil die Auffassung vertreten, daß das Datenmaterial auch nach Urteilsrechtskraft noch benötigt und deshalb nicht zu vernichten ist, damit es gegebenenfalls für ein Wiederaufnahmeverfahren zur Verfügung steht[87]. Dem ist jedoch entgegenzuhalten, daß nach rechtskräftigem Abschluß eines Strafverfahrens die Persönlichkeitsbelange das Aufbewahrungsinteresse regelmäßig überwiegen. Allein die abstrakte Möglichkeit der

---

82 Die Kombination der Prüfungsmerkmale (Merkmalswahrscheinlichkeit) kann bei der Beweisführung unter Umständen in eine Belastungswahrscheinlichkeit übertragen werden, vgl. BGH, NStZ 1992, 554; BGH, NStZ 1992, 601.

83 *Weichert*, S. 169.

84 Vgl. *Benda/Maihofer/Vogel*, S. 1324 f.

85 *Weichert*, S. 169.

86 *Kleinknecht/Meyer-Goßner*, § 100b Rn. 6; vgl. die Legaldefinition in § 121 BGB: "ohne schuldhaftes Zögern".

87 KK-*Nack*, § 98b Rn. 8 unter Hinweis auf *Kleinknecht/Meyer-Goßner*, § 100b Rn. 7.

Nützlichkeit von Daten in einem Wiederaufnahmeverfahren rechtfertigt keine zeitlich unbegrenzte Aufrechterhaltung des Eingriffs in das Grundrecht auf informationelle Selbstbestimmung.

Soweit in der Literatur zudem vertreten wird, daß es zulässig sei, mit der Rückgabe der Datenträger an die Speicherstellen trotz der gesetzlichen Regelung bis zur Beendigung des Strafverfahrens zuzuwarten[88], unterliegt diese Ansicht ebenfalls Bedenken. Der Wortlaut des Gesetzes legt eindeutig den Zeitpunkt unmittelbar nach Beendigung des Abgleichs fest. Sollen die Datenträger über diesen Zeitpunkt hinaus aufbewahrt werden, so kann den §§ 98a ff. StPO insoweit keine Ermächtigungsgrundlage entnommen werden. Da aber die weitere Aufbewahrung der Datenträger eine Aufrechterhaltung des Eingriffs in das informationelle Selbstbestimmungsrecht darstellt, fehlt hierfür die verfassungsrechtlich erforderliche gesetzliche Grundlage. Eine Aufbewahrung über den gesetzlich normierten Zeitpunkt hinaus ist daher rechtswidrig.

Eine zusätzliche Problematik stellt sich bei den weitreichend zugelassenen Zufallsfunden. So enthält § 98b StPO keine Löschungsvorschrift für den Fall, daß die Zufallsfunde in einem anderen Strafverfahren nicht mehr benötigt werden. Da die Verwendung von personenbezogenen Daten in einem anderen Strafverfahren als in dem, für das deren Nutzung angeordnet worden ist, im Hinblick auf das informationelle Selbstbestimmungsrecht eine Intensivierung des Grundrechtseingriffs darstellt, wäre eine Löschungsvorschrift auch insoweit erforderlich.

III. Die Behandlung der Zufallsfunde

Die Nutzung der durch den Abgleich erlangten personenbezogenen Daten ist durch § 98b Abs. 3 S. 3 StPO grundsätzlich auf das Strafverfahren beschränkt, dessentwegen die Rasterfahndung eingeleitet worden ist. Nicht statthaft sind danach sogenannte unkontrollierte Suchläufe, das heißt, eine weitergehende

---

[88] So KK-*Nack*, § 98b Rn. 8.

Auswertung der Daten mit dem Ziel, andere Straftaten aufzuklären (Ausforschung)[89].

§ 98b Abs. 3 S. 3 StPO trifft insbesondere eine Bestimmung über die Behandlung von Zufallsfunden. Zufallsfunde sind Beweismittel oder Spuren, die bei Gelegenheit einer Ermittlungsmaßnahme gefunden werden und auf die Verübung einer Straftat hindeuten, die in keiner Beziehung zu der Untersuchung steht[90]. Nur wenn sich "bei Gelegenheit der Auswertung" in dem Strafverfahren, dessentwegen die Rasterfahndung eingeleitet worden ist, Erkenntnisse ergeben, die zur Aufklärung einer in § 98a Abs. 1 StPO bezeichneten Straftat benötigt werden, dürfen die durch den Abgleich erlangten personenbezogenen Daten auch insoweit zu Beweiszwecken genutzt werden. Grund hierfür ist, daß der Betroffene sonst wegen einer Nichtkatalogtat mit Hilfe eines Rechtsinstituts überführt wird, das dafür ausdrücklich nicht vorgesehen ist[91]. Sofern die Daten jedoch nicht zu Beweiszwecken, sondern lediglich als Ermittlungsansatz genutzt werden, ist eine Beschränkung auf Katalogtaten nicht vorgesehen. Diese Regelung orientiert sich an der vom Bundesverfassungsgericht nicht beanstandeten Rechtsprechung des Bundesgerichtshofes zur Verwertbarkeit der Erkenntnisse aus einer Telefonüberwachung nach § 100a StPO[92]. Wegen der systematisch und rechtspolitisch vergleichbaren Lage ist die entsprechende Regelung der Verwertung von Zufallsfunden im Rahmen der Rasterfahndung genauso zu bewerten[93].

Hingewiesen werden soll jedoch auf das Bestehen einer Mißbrauchsgefahr: In die Massenfahndungsmethode Rasterfahndung wird typischerweise eine Vielzahl von unverdächtigen Dritten einbezogen. Je allgemeiner die Festlegung der Suchinformationen (Raster) ist, desto größer ist die Wahrscheinlichkeit, daß diese sich auf dem Ergebnisband wiederfinden. Die Menge der herausgerasterten personenbezogenen Daten und damit die Anzahl der "Zufallsfunde" hängt somit maßgeblich von dem für die Recherche erstellten Programm ab. Auf diese Weise können Zufallsfunde schon durch das gewählte Programm planmäßig

---

[89] Vgl. 4. Kap. D.; F.III.4.d.

[90] Vgl. hierzu *Rieß*, JR 1979, 167; *Rogall*, NStZ 1986, 392.

[91] *Wolter*, StV 1989, 368.

[92] Vgl. BT-Dr. 12/989, S. 38 und die dort zitierte Rechtsprechung.

[93] Vgl. 4. Kap. D. und F.III.4.d.; teilweise wird die umfassende Nutzung der Erkenntnisse als Ermittlungsansatz auch kritisiert, vgl. SK-StPO-*Rudolphi*, § 100 Rn. 32.

erzeugt werden. Die dadurch entstehende Gefahr der Ausforschung soll durch die eingeschränkte Verwertungsbefugnis der Zufallsfunde begrenzt werden[94]. Daß Zufallsfunde nur hinsichtlich Katalogtaten als Beweismittel genutzt werden können, dürfte jedoch nur von geringer praktischer Relevanz sein. Regelmäßig ist die im Rahmen der Rasterfahndung durchgeführte Datenverarbeitung nur ein Hilfsmittel zur Auswertung alter und neuer Informationen, das kaum eigenständige Beweise hervorbringt, sondern vorliegende Beweismittel erschließt, verknüpft und auswertet[95]. Rasterfahndung hat vielmehr das Ziel, einen Ermittlungsansatz überhaupt aufzuspüren. Die Weiterverfolgung von so entdeckten Spuren ist aber ohne Einschränkung möglich. Damit wird der Polizei letztlich ein Instrument zur Verfügung gestellt, das verbotene Ausforschungsermittlungen zumindest möglich macht, die nur schwer kontrollierbar sind. Um dieser Gefahr entgegenzutreten, sollten die Staatsanwaltschaften personell und sachlich so ausgestattet werden, daß sie den Datenabgleich im Rahmen einer Rasterfahndung selbst vornehmen können[96]. In diesem Zusammenhang ist aber auch daran zu erinnern, daß bei der Würdigung und Auslegung von gesetzlichen Bestimmungen die Möglichkeit des rechts- und verfassungswidrigen Mißbrauchs eine Regelung noch nicht verfassungswidrig macht. Vielmehr ist in einer freiheitlichen und rechtsstaatlichen Demokratie davon auszugehen, daß sie korrekt und fair angewendet wird[97].

IV. Die Benachrichtigungspflichten

§ 98b Abs. 4 S. 1 iVm § 163d Abs. 5 StPO statuiert die Pflicht zur nachträglichen Unterrichtung der Personen, gegen die nach Abgleich der Daten weitere Ermittlungen geführt worden sind. Absatz 4 S. 2 schreibt ferner eine Unterrichtung des zuständigen Datenschutzbeauftragten nach Beendigung der Rasterfahndung vor.

---

[94] Dies entspricht den im 4. Kap. D.; F.III.4.d. entwickelten Zulässigkeitskriterien.

[95] *Weichert*, S. 222.

[96] Vgl. 5. Kap. C.III.

[97] BVerfGE 22, 265; 30, 27.

1. Benachrichtigung von Betroffenen

Informiert werden von allen Betroffenen nur diejenigen, gegen die nach Auswertung der Rasterfahndung "weitere Ermittlungen" geführt worden sind. Die weiteren Ermittlungen in diesem Sinn sind Ermittlungshandlungen herkömmlicher Art, wie die Vernehmung dieser Personen, Durchsuchungen, Nachforschungen in ihrem Umfeld oder bloße Einholung von Auskünften über sie[98]. Somit fallen alle übrigen Betroffenen, deren personenbezogene Daten ebenfalls in die Rasterfahndung einbezogen waren, aus der Benachrichtigungspflicht heraus. In dieser personellen Beschränkung der Benachrichtigungspflicht wird teilweise eine Mißachtung des grundrechtlichen Anspruchs auf effektiven Rechtsschutz (Art. 19 Abs. 3 GG) und des Gebots verfahrensrechtlicher Schutzvorkehrungen durch gesetzliche Aufklärungs- und Auskunftspflichten gesehen[99]. Der Umfang der Benachrichtigungspflicht muß sich jedoch aus dem Zweck der Regelung bestimmen, der darin besteht, das rechtliche Gehör nachzuholen, aber auch das Recht auf informationelle Selbstbestimmung zu schützen[100]. Es wurde bereits festgestellt, daß Personen, die von den Informationsverarbeitungsvorgängen im Zuge einer Rasterfahndung betroffen sind, in ihrem Recht auf informationelle Selbstbestimmung unterschiedlich intensiv beeinträchtigt werden[101]. Diejenigen, die als Merkmalsträger nach mehreren Suchläufen herausgerastert worden sind, sind intensiver betroffen als diejenigen, die sich auf Datenträgern befinden, ohne zur Kenntnis genommen zu werden. Erst für denjenigen, der aus Datenträgern herausgefiltert wird, kommt es unmittelbar zu einer Gefährdung, während für alle übrigen nur die mittelbare Gefahr besteht, überhaupt zur Kenntnis genommen zu werden. Diese mittelbare Gefahr, überhaupt zur Kenntnis genommen zu werden, würde sich aber realisieren, wenn auch diejenigen, die nicht als Merkmalsträger herausgerastert worden sind, benachrichtigt werden müßten. In diesem Fall müßten nämlich allein zu Benachrichtigungszwecken Name und Adresse ausgedruckt werden, was sonst unnötig wäre. Dies hätte zur Folge, daß die Ausdehnung der Benachrichtigungspflicht auf Nichtmerkmalsträger für diese im Hinblick auf das Recht auf informationelle Selbstbestimmung eher von Schaden als von Nutzen wäre. Da-

---

98 BT-Dr. 12/989, S. 38; LR-*Rieß*, § 163d Rn. 79.

99 AK-StPO-*Achenbach*, § 163d Rn. 29.

100 Vgl. 4. Kap. F.III.4.e.

101 Vgl. 2. Kap. B.

gegen entsteht für die herausgerasterten Merkmalsträger durch die Benachrichtigung keine zusätzliche Gefahr, weil sie den Strafverfolgungsbehörden ohnehin bekannt geworden sind. Die nachträgliche Benachrichtigung sollte daher grundsätzlich alle herausgerasterten Merkmalsträger einschließen.

Dem wird teilweise entgegengehalten, daß dies bei der großen Zahl der einzubeziehenden Merkmalsträger nur schwer realisierbar sei[102]. Aus dem Recht auf informationelle Selbstbestimmung ergibt sich jedoch, daß der Bürger grundsätzlich Kenntnis davon haben muß, über welche ihn betreffenden Informationen staatliche Stellen verfügen. In den Bereichen, in denen die Datenverarbeitung nicht offen aufgrund freiwillig gemachter Angaben betrieben wird, hängt diese Kenntnis ausschließlich von der Auskunftserteilung ab. Von dieser Erkenntnis ausgehend hat das Bundesverfassungsgericht als verfahrensrechtliche Schutzvorkehrung insbesondere die Normierung von Auskunftspflichten verlangt[103]. Angesichts dieser Bedeutung der Benachrichtigungspflicht ist auch ein gewisser damit verbundener Aufwand hinzunehmen. Der die Ermittlungsbehörden damit treffende Verwaltungsaufwand hätte dann auch den selbstdisziplinierenden Effekt, Rasterfahndungen nur in den allernötigsten Fällen anzuwenden[104]. Im übrigen ist es aber fraglich, ob der Verwaltungsaufwand, den die Unterrichtung aller herausgerasterten Merkmalsträger verursacht, wirklich so erheblich ist. Ziel einer jeden Rasterfahndung ist es, eine Vielzahl personenbezogener Daten durch verschiedene Rasterläufe auf eine überschaubare Anzahl von Merkmalsträgern zurückzuführen, die dann auf herkömmliche Weise abgeklärt werden[105]. Wenn es aber prinzipiell als möglich erscheint, die Merkmalsträger alle konventionell zu überprüfen, dann muß es erst recht zu realisieren sein, diese von ihrer Einbeziehung in eine Rasterfahndung zu unterrichten. Dies gilt insbesondere, als sämtliche für eine Benachrichtigung nötigen Informationen wie Name und Anschrift bekannt sind. Daher müßte die grundsätzliche Unterrichtung jedes herausgerasterten Merkmalsträgers bereits ohne großen zusätzlichen Aufwand beispielsweise per Computerausdruck möglich sein.

---

[102] *Rogall*, NStZ 1986, 392; *Benfer*, S. 282.

[103] BVerfGE 65, 46.

[104] *Dästner*, RuP 1988, 37.

[105] Vgl. BT-Dr. 12/989, S. 36.

Inhaltlich muß die Benachrichtigung, damit sie ihrer Aufgabe gerecht werden kann, den betroffenen Merkmalsträgern mitzuteilen, wer was wann über sie weiß, folgendes enthalten: Zunächst die Tatsache, daß eine Rasterfahndung angeordnet und durchgeführt worden ist. Desweiteren ist mitzuteilen, bei welcher Speicherstelle Daten ausgesondert, welche Prüfungsmerkmale gerastert wurden und welche Stelle im Besitz der Daten war oder noch ist.

Festzuhalten bleibt, daß die personelle Beschränkung der Benachrichtigungspflicht auf diejenigen Merkmalsträger, gegen die weitere Ermittlungen geführt worden sind, zu weit geht. Damit wird die Benachrichtigungspflicht letztlich nicht durch die Rasterfahndung an sich ausgelöst, sondern erst durch die dadurch veranlaßte Vornahme weiterer Ermittlungen gegen diese Personen. Sie reduziert sich größtenteils auf die Personen, gegenüber denen der Gegenstand des Ermittlungsverfahrens ohnehin spätestens bei Beginn der ersten Vernehmung zu eröffnen ist[106]. Im Ergebnis bewirkt diese Bestimmung somit nicht sonderlich viel und wird ihrer Bedeutung als flankierende Schutzmaßnahme eines Eingriffs in das Recht auf informationelle Selbstbestimmung nicht gerecht.

Neben der personellen Beschränkung der Benachrichtigungspflicht sind auch noch zwei sachliche Einschränkungen vorgesehen. So dürfen die Ermittlungsbehörden auch den Personen, gegen die weiter ermittelt wurde, nichts von der Rasterfahndung bekanntgeben, wenn die Mitteilung den Zweck der Untersuchung gefährden würde, also wenn zu befürchten ist, daß dadurch die Erforschung des Sachverhalts in dem konkreten Verfahren beeinträchtigt werden würde. Die Benachrichtigung muß ferner unterbleiben, wenn durch sie eine Gefährdung der öffentlichen Sicherheit zu besorgen wäre, also wenn durch das Bekanntwerden solcher Ermittlungen präventive sicherheitsbehördliche Belange erheblich gestört würden[107].

Diese Vorbehalte sind insoweit unverständlich und im Hinblick auf das informationelle Selbstbestimmungsrecht bedenklich, als sie keine endgültige Frist vorsehen, nach der die Betroffenen auf jeden Fall informiert werden müssen[108].

---

[106] Vgl. § 136 StPO.

[107] LR-*Rieß*, § 163 d, Rn. 80.

[108] Vgl. *Kühne*, Lehrbuch, Rn. 274.3.

So könnte die Benachrichtigung nachgeholt werden, sobald die Einschränkungsgründe weggefallen sind[109].

2. *Unterrichtung des Datenschutzbeauftragten*

Gemäß § 98b Abs. 4 S. 2 StPO ist nach Abschluß der Rasterfahndung der zuständige Datenschutzbeauftragte zu unterrichten. Damit soll insbesondere die mangelnde Möglichkeit des einzelnen ausgeglichen werden, überaus komplexe administrative Zusammenhänge sowie hochtechnische Verarbeitungsprozesse zu durchschauen[110]. Diese mangelnde Transparenz der Datenverarbeitung besteht bei der Rasterfahndung vor allem für Betroffene, die nicht benachrichtigt werden. Die Datenschutzbeauftragten können insoweit eine adäquatere öffentliche Kontrolle ausüben als die Betroffenen. Dies gilt besonders, als gerade für die Nichtmerkmalsträger die Risiken, die bei der Massenfahndungsmethode Rasterfahndung bestehen, weniger im individuellen als im gesellschaftlichen Bereich anzusiedeln sind[111].

Eine effektive Kontrolle der Informationsverarbeitungsmaßnahmen im Rahmen einer Rasterfahndung ist aber ohne Vorabunterrichtung, Beratung und Begleitung nicht vorstellbar. Daher sollte dem zuständigen Datenschutzbeauftragten die begleitende Kontrolle der Rasterfahndung ermöglicht werden. Dieser hat allerdings nicht die strafprozessuale Rechtmäßigkeit der Rasterfahndung im Einzelfall zu prüfen - das ist Aufgabe der Gerichte , sondern die Einhaltung der datenschutzrechtlichen Vorschriften, auch soweit sie in der StPO stehen[112]. Die Überprüfung datenschutzrechtlicher Sicherheitsstandards, wie zum Beispiel Einhaltung der Löschungsvorschriften, läßt sich sinnvoll nur begleitend und nicht im Nachhinein durchführen[113]. Die zu § 98b Abs. 4 S. 2 StPO vorgesehene Unterrichtung des Datenschutzbeauftragten erst nach Beendigung der Maßnahme greift daher zu kurz.

---

109 Ebenso wie im Fall des § 101 StPO.

110 *Simitis*, NJW 1984, 403.

111 Vgl. *Weichert*, S. 149.

112 KK-*Nack*, § 98b Rn. 14.

113 Vgl. 4. Kap. F.III.4.g.

F. Zusammenfassung der wichtigsten Kritikpunkte

- Der die Rasterfahndung auslösende Verdachtsgrad liegt niedriger als bei allen anderen Ermittlungsmaßnahmen mit grundrechtsrelevanter Wirkung. Es reicht danach bereits die nur geringe Möglichkeit aus, daß nach kriminalistischer Erfahrung eine verfolgbare Straftat vorliegen könnte. Es darf aber erst das Wissen um eine tatsächlich begangene Straftat Ermittlungen auslösen, die sich gegen Personen richten.
- Der Katalog der Anlaßtaten ist unübersichtlich und unpräzise, so daß er eine begrenzende Wirkung kaum entfalten kann. Rasterfahndung wird danach letztlich für sämtliche Straftaten außerhalb der Bagatell- und Kleinkriminalität verfügbar und ist auch bei Straftatbeständen anwendbar, die nicht tauglich sind, organisierte Kriminalität zu bekämpfen.
- Der Straftatenkatalog des § 98a StPO verstößt gegen das verfassungsrechtliche Gebot der Normenklarheit und geht über den Bereich des Erforderlichen hinaus, so daß er nicht mehr verhältnismäßig ist.
- Die Subsidiaritätsklausel in § 98a Abs. 1 StPO erlaubt eine Anwendung der Rasterfahndung bereits dann, wenn auch nur eine Erhöhung der Aufklärungswahrscheinlichkeit durch deren zusätzliche Nutzung zu erwarten ist. Dann ist die Rasterfahndung aber nicht mehr ultima ratio. Eine Rasterfahndung darf wie eine Telefonüberwachung vielmehr erst zulässig sein, wenn andere Ermittlungsmaßnahmen "aussichtslos" sind. Die verwendete Subsidiaritätsklausel ist daher zu "weich".
- Art, Inhalt und Umfang der zu Rasterfahndungszwecken heranzuziehenden Daten ist im Gesetz nicht näher erläutert. Durch die fehlende Eingrenzung der personenbezogenen Daten besteht die Gefahr, daß durch Verwendung von sensiblen Daten beziehungsweise Verknüpfung von für sich gesehen weniger sensiblen Daten Persönlichkeitsbilder entstehen. Bereits eine diesbezügliche Unsicherheit hat Grundrechtsrelevanz. Deshalb wäre der Gesetzgeber in der Pflicht gewesen, selbst zu entscheiden, welche Daten für Rasterfahndungszwecke herangezogen werden dürfen. Die pauschale Erlaubnis zur Verarbeitung "personenbezogener Daten" verstößt gegen den Bestimmtheitsgrundsatz.

- Die praktische Durchführung der Rasterfahndung dürfte allein der Polizei zufallen, da diese im Gegensatz zur Staatsanwaltschaft über die dazu notwendigen Datenverarbeitungsanlagen und das entsprechende technische Fachwissen verfügt. Die Staatsanwaltschaft kann die ihr zugeschriebene Sachleitungsbefugnis deshalb insoweit kaum ausüben. Nur wenn auch die Staatsanwaltschaften personell und sachlich so ausgestattet sind, daß sie den Datenabgleich selbst vornehmen können, sind sie in der Lage, den Vorgang hinreichend zu kontrollieren.

- Das Prinzip der bestmöglichen Grundrechtsschonung gebietet einen uneingeschränkten Richtervorbehalt für die Rasterfahndung. Die vorgesehene Eilkompetenz der Staatsanwaltschaft schränkt die durch den Richter erwünschte Rechtsschutz- und Kontrollfunktion unnötig ein. Angesichts einer verhältnismäßig langen Vorlaufzeit für eine Rasterfahndung ist der Fall eines besonderen Eilbedürfnisses, das die Einholung einer richterlichen Entscheidung nicht zulassen würde, kaum vorstellbar.

- Im Hinblick auf die weitreichend zugelassenen Zufallsfunde fehlt es an einer Löschungsvorschrift für den Fall, daß die Zufallsfunde in einem anderen Strafverfahren nicht mehr benötigt werden.

- Daß Zufallsfunde nur hinsichtlich Katalogtaten als Beweismittel genutzt werden können, schützt nicht hinreichend vor Ausforschungsermittlungen. Da bei dieser Massenfahndungsmethode eine Vielzahl von unverdächtigen Dritten mit einbezogen wird, steigt die Wahrscheinlichkeit, auf Anhaltspunkte über andere Straftaten zu stoßen. Die Weiterverfolgung solcher Anhaltspunkte ist ohne Einschränkung möglich. Damit wird den Strafverfolgungsbehörden letztlich ein Instrument zur Verfügung gestellt, das verbotene Ausforschungsermittlungen zumindest möglich macht.

- Die personelle Beschränkung der Benachrichtigungspflicht auf diejenigen Merkmalsträger, gegen die weitere Ermittlungen geführt worden sind, ist zu eng. Im Hinblick auf das informationelle Selbstbestimmungsrecht sind vielmehr sämtliche herausgerasterten Merkmalsträger zu benachrichtigen. Desweiteren fehlt eine Formulierung dahingehend, daß bei Wegfall der genannten sachlichen Einschränkungen eine Benachrichtigung der Betroffenen wenigstens nachzuholen ist.

- Die Unterrichtung des zuständigen Datenschutzbeauftragten erst nach Beendigung einer Rasterfahndung erfolgt zu spät, um eine effektive Kontrolle der Informationsverarbeitungsmaßnahmen durchzuführen. Daher sollte dem Datenschutzbeauftragten die begleitende Kontrolle der Rasterfahndung ermöglicht werden.

Sechstes Kapitel

Die Rasterfahndung mit polizei-internen Dateien

A. Problemstellung

Nach § 98c StPO dürfen zur Aufklärung einer Straftat personenbezogene Daten aus einem Strafverfahren mit anderen zur Strafverfolgung oder Strafvollstreckung oder zur Gefahrenabwehr gespeicherten Daten maschinell abgeglichen werden. Unzulässig ist der Datenabgleich nach Satz 2 der Vorschrift nur, wenn ihm bundes- oder landesgesetzliche Verwendungsregeln entgegenstehen[1]. Verfahrensrechtliche Schutzvorkehrungen wie Richtervorbehalt, Straftatenkatalog, Subsidiaritätsklausel, Regelungen zur Rückgabe und Vernichtung von Daten, zur nachträglichen Unterrichtung der Betroffenen, zur Verwertung von Zufallsfunden und zur Mitwirkung von Datenschutzbeauftragten fehlen.

Wie bereits ausgeführt, handelt es sich bei Maßnahmen der Zweckentfremdung von Informationen um Grundrechtseingriffe. Diese sind nur rechtmäßig, wenn dafür eine gesetzliche Ermächtigungsgrundlage besteht, die verhältnismäßig ist und Schutzvorkehrungen sowie Beteiligungsrechte enthält[2]. Da § 98c StPO keine Schutzvorkehrungen und Beteiligungsrechte vorsieht, kann die Regelung nur dann mit der Verfassung im Einklang stehen, wenn sie keine Ermächtigung zur Zweckentfremdung von Informationen enthält. Dies wäre der Fall, wenn zwischen Daten zur Strafverfolgung, zur Strafvollstreckung und zur Gefahrenabwehr ein gemeinsamer Datenzweck besteht.

---

[1] Beispiele bei KK-*Nack*, § 98c StPO Rn. 3.

[2] BVerfGE 65, 45.

B. Das Zweckbindungsprinzip

Das Bundesverfassungsgericht hat im Volkszählungsurteil festgestellt: "Die Verwendung der Daten ist auf den gesetzlich bestimmten Zweck begrenzt. Schon angesichts der Gefahren der automatischen Datenverarbeitung ist ein - amtshilfefester - Schutz gegen Zweckentfremdung durch Weitergabe- und Verwertungsverbote erforderlich"[3]. Jede Weiterleitung von Daten entgegen dem bei der Datenerhebung verfolgten Zweck schränkt das Recht auf informationelle Selbstbestimmung ein, weil der Informationsumgang für den Betroffenen nicht mehr überschaubar ist. Die Informationsübermittlung beschwört so die vom Bundesverfassungsgericht formulierte Gefahr herauf, daß der Bürger nicht mehr wissen kann, wer was wann über ihn weiß[4]. Dagegen ist die weitere Verwendung von Daten innerhalb des Erhebungszwecks kein über die Erhebung der Information hinausgehender Grundrechtseingriff, da dies vom Gesetzgeber in Form der Datenerhebungsermächtigung legitimiert und deshalb für den Bürger voraussehbar ist. Für die Frage der Reichweite der Zweckbindung ist somit die Datenerhebungsermächtigung entscheidend. Das Bundesverfassungsgericht fordert insoweit bereichsspezifische und präzise Zweckbestimmung beziehungsweise -bindung[5]. Im folgenden sollen daher Datenerhebungsermächtigungen aus den Bereichen Strafverfolgung, Strafvollstreckung und Gefahrenabwehr auf ihre jeweilige Zweckbestimmung hin untersucht werden, um im Anschluß prüfen zu können, ob letztlich ein gemeinsamer Datenzweck besteht.

I. Reichweite der Zweckbestimmung von Strafverfolgungsdaten

Die Informationserhebungsermächtigungen für die Strafverfolgungsbehörden sind in der StPO geregelt.

Die §§ 48 bis 70 StPO regeln die Vernehmung von Personen, insbesondere von Zeugen. Zum Schicksal, zur Art und Weise sowie zum Umfang der weite-

---

[3] BVerfGE 65, 46.

[4] BVerfGE 65, 43.

[5] dazu *Schlink*, NVwZ 1986, 255.

ren Verarbeitung der so erlangten Erkenntnisse und insbesondere zur Frage, an wen sie gegebenenfalls weiter übermittelt werden dürfen, findet sich weder bei den genannten Bestimmungen noch sonst eine gesetzliche Aussage.

Die §§ 94 ff. StPO regeln schwerpunktmäßig Befugnisse zur Durchsuchung und Beschlagnahme (zu §§ 98a und 100a StPO siehe nachstehend). In welcher Weise und in welchem Umfang personenbezogene Erkenntnisse, die unter Einsatz der genannten Befugnisse gewonnen wurden, weitergeleitet werden dürfen, ergibt sich aus der StPO nicht. Eine Ausnahme ist lediglich § 108 StPO, der eine Verwertungsregelung für Zufallsfunde enthält. Diese erschöpft sich allerdings in pauschaler Nutzungsmöglichkeit.

Auch die in den §§ 81a - 81c und 163b und 163c StPO getroffenen Regelungen hinsichtlich Identitätsfeststellungen entsprechen nicht dem vom Bundesverfassungsgericht im Volkszählungsurteil postulierten datenschutzrechtlichen Standard. Zwar enthalten die §§ 163b und 163c sowie auch §§ 81a - 81c StPO einige Hinweise über die Art und Weise der Erhebung. § 163c Abs. 4 StPO bestimmt sogar eine Löschungspflicht hinsichtlich der Unterlagen über Nichtverdächtige. Hinsichtlich Möglichkeiten und Grenzen der Nutzung so erlangter Erkenntnisse enthält die StPO aber nicht den Ansatz einer Regelung.

Die Auskunftsregelung nach § 161 S. 1 StPO enthält keinerlei Präzisierung und erst recht keine Hinweise, wie und wo welche Informationen, die auf diese Weise erhoben wurden, weiter verarbeitet werden dürfen. Von "bereichsspezifisch, präzise und amtshilfefest" nach den Anforderungen des Bundesverfassungsgerichts im Volkszählungsurteil[6] kann hier jedenfalls nicht annähernd die Rede sein.

Als erste Regelung in der StPO erhielt § 163d StPO (Schleppnetzfahndung) eine ausdrückliche Zweckbindung. Nach Abs. 4 S. 4 und 5 der Vorschrift dürfen die gespeicherten personenbezogenen Daten nur für Strafverfahrenszwecke genutzt werden.

Durch das OrgKG wurde auch für die Telefonüberwachung eine ausdrückliche Zweckbindung in § 100b Abs. 5 StPO geschaffen, die mit derjenigen für die Rasterfahndung mit polizei-externen Dateien in § 98b Abs. 3 S. 3 StPO über-

---

6 BVerfGE 65, 46.

einstimmt. Sie lautet jeweils: Die durch die Maßnahme erlangten personenbezogenen Informationen dürfen in anderen Strafverfahren zu Beweiszwecken nur verwendet werden, soweit sich bei Gelegenheit der Auswertung Erkenntnisse ergeben, die zur Aufklärung einer Katalogtat benötigt werden. Damit wird inzident der Erhebungszweck grundsätzlich auf die Strafverfolgung für das die Erhebung auslösende Verfahren beschränkt. Die Ausnahme für Zufallsfunde hinsichtlich anderer Katalogtaten ist eine gesetzliche Regelung zur Zweckentfremdung[7].

Damit sind lediglich die Schleppnetzfahndung, die Telefonüberwachung und die Rasterfahndung mit polizei-externen Dateien mit ausdrücklichen Zweckbindungen versehen worden. Allen übrigen Informationserhebungsermächtigungen fehlt eine ausdrückliche Zweckbindung, so daß sie den Anforderungen des Bundesverfassungsgerichts nach "bereichsspezifischer und präziser" Zweckbindung nicht genügen. Insoweit ist jedoch zu berücksichtigen, daß diese Normen zum Teil lange vor der Entwicklung der elektronischen Datenverarbeitung geschaffen worden sind, als verfahrensrechtliche Schutzvorkehrungen zur Sicherung des informationellen Selbstbestimmungsrechts noch gar nicht diskutiert wurden. Dieses historisch bedingte Normierungsdefizit kann aber durch eine verfassungskonforme Auslegung kompensiert werden[8]. So führt eine Analyse des Sachzusammenhangs, wie auch des systematischen Zusammenhangs zu dem Ergebnis, daß hinsichtlich sämtlicher Informationserhebungsermächtigungen aus der Strafprozeßordnung eine Zweckbestimmung zur Strafverfolgung festzustellen ist[9].

---

[7] *Ernst*, S. 78 sieht in der Einbeziehung anderer Katalogtaten keine gesetzliche Regelung zur Zweckentfremdung, sondern will die Zweckbindung sogleich auf sämtliche Katalogtaten ausdehnen. Dem ist entgegenzuhalten, daß der Sinn des Grundsatzes der Zweckbindung darin liegt, gewonnene Daten allein zu demjenigen Zweck zu verarbeiten, zu dem sie erhoben worden sind. Zweck der Datenverarbeitung bei der Telefonüberwachung und Rasterfahndung ist die Aufklärung eines Einzelfalles. Bei Zufallsfunden ist regelmäßig keine gezielte Erhebung vorausgegangen, so daß insoweit gerade kein mit der konkreten Datenerhebung verfolgter Zweck erreicht werden kann. Die Einbeziehung der zufällig entdeckten Straftat ist von dem Zweck der ursprünglichen Datensammlung nicht mehr gedeckt.

[8] Hierzu mit Hinweisen auf die Rechtsprechung des BVerfG *Ernst*, S. 77.

[9] Vgl. *Ernst*, S. 77.

Grundsätzlich ist eine Übermittlung von Strafverfahren zu Strafverfahren daher keine Zweckänderung, da dies vom Gesetzgeber ersichtlich gewollt ist und die jeweiligen Betroffenen damit auch rechnen müssen. So ist die Staatsanwaltschaft aufgrund des Legalitätsprinzips gemäß §§ 152 Abs. 2, 160 Abs. 1 StPO prinzipiell verpflichtet, jede ihr bekanntgewordene Straftat zu verfolgen. Desweiteren zeigt auch die Regelung des § 108 StPO, daß es für Informationen, die im Bereich des Strafprozesses verbleiben, grundsätzlich keine Verwendungsbeschränkungen gibt. Etwas anderes gilt nur, wenn der Gesetzgeber aus Gründen der Verhältnismäßigkeit eine Ermächtigungsgrundlage mit einer besonders engen Zweckbindung ausstattet[10]. Der Erhebungszweck von Daten kann enger oder weiter gefaßt werden und unterliegt keinen festen Regeln[11]. Der StPO kann ein Zweckverbund Strafverfolgung entnommen werden, der in besonders genannten Fällen auf das konkrete Strafverfahren verengt wird.

Im Hinblick auf den Bereich Strafverfolgung bleibt festzuhalten, daß die Strafverfolgungsdaten einer Zweckbindung nur zur Verwendung für Zwecke des Strafverfahrens unterliegen.

II. Reichweite der Zweckbestimmung von Strafvollstreckungsdaten

Als Strafvollstreckung wird die Einleitung und generelle Überwachung der Urteilsdurchsetzung bezeichnet. Sie wird als Teil des Strafverfahrens angesehen, welches zum einen in das Erkenntnisverfahren, in dem über das Vorliegen einer Straftat entschieden und im Fall der Verurteilung die angemessene Sanktion festgesetzt wird, und zum anderen in das Vollstreckungsverfahren unterteilt[12]. Die Strafvollstreckung ist in den §§ 449 - 463d StPO geregelt und wird allgemein als letzter Teil des Strafverfahrens angesehen. Eine ausdrückliche Zweckbestimmung ist auch für Strafvollstreckungsdaten nicht aufzufinden. Eine solche ist daher durch Auslegung zu ermitteln. Vollstreckungsbehörde ist die Staatsanwaltschaft (§ 451 StPO). Die Staatsanwaltschaft ist auch Herrin des

---

[10] Z.B. § 98b Abs. 3 S. 3 und § 100b Abs. 5 StPO.

[11] *Rogall*, Informationseingriff, S. 78.

[12] *Roxin*, § 1 C.

Ermittlungsverfahrens, was einen wesentlichen Teil des Erkenntnisverfahrens ausmacht. Letztlich erscheint eine saubere Trennung zwischen Strafvollstreckung und Strafverfolgung im engeren Sinn (Erkenntnisverfahren) nicht möglich. Beides ist in der StPO geregelt, beides hängt miteinander zusammen, beides ist Strafverfahrensrecht und dient dazu, den Schuldigen zu überführen und anschließend der angemessenen Strafe zuzuführen[13].

Daten aus einem Strafverfahren und Daten, die zur Strafvollstreckung gespeichert sind, haben somit einen gemeinsamen Datenzweck: es geht in beiden Fällen um Strafverfahrensrecht.

III. Reichweite der Zweckbestimmung von Gefahrenabwehrdaten

Die meisten Landespolizeigesetze haben zwischenzeitlich eine ausdrückliche Zweckbindung von Daten aufgenommen. So lauten zum Beispiel § 39 Abs. 1 S. 1 des Nds. GefAG:

"Die Speicherung, Veränderung oder Nutzung von Daten zu einem anderen Zweck als dem, zu dem sie erlangt worden sind, ist nur zulässig, wenn

1. es sich um einen Zweck der Gefahrenabwehr handelt und die Daten hierfür erhoben werden dürfen oder
2. die betroffene Person eingewilligt hat."

Die Datenerhebungsermächtigung im Niedersächsischen Gefahrenabwehrgesetz lautet:

"Die Polizei kann über jede Person Daten erheben, soweit dies zur Abwehr einer Gefahr (...) erforderlich ist."[14]

---

[13] Vgl. *Krey/Haubrich*, JR 1992, 312.

[14] § 31 Abs. 1 S. 1 NdsGefAG.

Aus der Datenerhebungsermächtigung in Verbindung mit dem normierten Zweckbindungsgebot läßt sich entnehmen, daß die Zweckbestimmung von Gefahrenabwehrdaten eben auch auf den Bereich der Gefahrenabwehr begrenzt ist.

IV. Gesamtschau

Bei der Analyse der Datenerhebungsermächtigungen aus den drei Bereichen Strafverfolgung, Strafvollstreckung und Gefahrenabwehr wurde festgestellt, daß zwischen Strafverfolgung und Strafvollstreckung ein gemeinsamer Zweck schon deshalb besteht, weil die Strafvollstreckung lediglich ein Teilbereich der Strafverfolgung ist. Diese lassen sich datenschutzrechtlich nicht sinnvoll trennen, weil datenführende Behörde jeweils die gleiche Staatsanwaltschaft ist, bei der auch der ermittelnde Staatsanwalt die Vollstreckungsaufsicht führt.

Ob auch zwischen Strafverfolgung (unter Einbeziehung der Strafvollstreckung) und Gefahrenabwehr eine Zweckeinheit bejaht werden kann, hängt davon ab, wie weit man den Zweckbegriff ausweitet. Die jeweiligen Datenerhebungsermächtigungen geben keinen Hinweis auf eine Zweckeinheit. Trotzdem fehlt es nicht an Versuchen, eine solche zu konstruieren.

C. Zweckgemeinschaft von Strafverfolgung und Gefahrenabwehr?

I. Verbindendes

Insbesondere von polizeirechtlicher Seite wird die Auffassung vertreten, daß jede Strafverfolgung zur Entdeckung des Täters und damit zugleich der Verhinderung zukünftiger Straftaten dienen soll. Danach wäre die Strafverfolgung lediglich ein Unterfall der Gefahrenabwehr[15]. Dies gelte umso mehr, als alle Versuche gescheitert seien, gefahrenabwehrendes und strafverfolgendes poli-

---

[15] Vgl. die bei LR-*Rieß*, vor § 158 Rn. 12 zitierten Literaturhinweise.

zeiliches Handeln analytisch abzugrenzen. Häufig wüßten nicht einmal die handelnden Beamten, ob sie nach der einen oder anderen gesetzlichen Materie handeln.

Selbst vom Bundesverwaltungsgericht ist die Unterscheidung zwischen strafverfolgender und gefahrenabwehrender Tätigkeit der Polizei eingeebnet worden:

> "Die verfassungsrechtliche Legitimation für die Sammlung strafrechtsrelevanter Informationen durch die für die Bekämpfung der Kriminalität zuständigen Behörden folgt aus der rechtsstaatlich gebotenen Verfolgung von Straftaten. Eine wirksame Strafverfolgung und Verbrechensbekämpfung, die auch den Schutz zukünftiger Opfer von Straftaten einschließt, ist eine wesentliche Aufgabe des rechtsstaatlichen Gemeinwesens. Strafverfolgung ist dabei in einem umfassenden Sinne zu verstehen. Sie erschöpft sich nicht in der in Art. 74 Nr. 1 GG vorausgesetzten Schaffung von Straftatbeständen und der Verfolgung entsprechender Straftaten, sondern erfaßt ganz allgemein die Verbrechensbekämpfung (Art. 73 Nr. 10 GG), einschließlich der dazu erforderlichen Eigensicherung der Polizeibeamten und des Schutzes der von polizeilichen Maßnahmen betroffenen Personen, sowie das Bestehen und Funktionieren eines polizeilichen Auskunfts- und Nachrichtenwesens"[16].

Indem das Bundesverwaltungsgericht nicht klar zwischen Strafverfolgung und Gefahrenabwehr trennt, bewegt es sich in der Nähe einer Anerkennung einer einheitlichen Staatsaufgabe Sicherheit.

Auch unter dem Oberbegriff "Gewährleistung der inneren Sicherheit" werden beide Bereiche zusammengefaßt[17]. Die Vertreter eines sogenannten "Grundrechts auf Sicherheit" konstituieren für die gemeinsame Arbeit sämtlicher Sicherheitsbehörden ebenfalls einen einheitlichen Handlungszweck[18]. Diese Auffassung korrespondiert mit dem rechtlich nicht näher abgeleiteten "Grundsatz der Verfahrenseffizienz"[19], der die Basis für die Annahme einer Einheit der Verwaltung bildet, welche schließlich in eine "Informationseinheit"

---

16 BVerwG, JZ 1991, 473 f.

17 Vgl. *Ringwald*, S. 119.

18 *Scholz/Pitschas*, S. 123; vgl. auch 3. Kap. B.II.

19 *Scholz/Pitschas*, S. 119.

mündet[20]. Wolle man hier Trennungen vornehmen, so führe dies zu einer Verminderung der staatlichen Leistungsfähigkeit zu Lasten der Bürger[21].

Diejenigen, die zwischen Strafverfolgung und Gefahrenabwehr eine Zweckeinheit ausmachen, betrachten beide Bereiche aus einer höheren Warte. Der gemeinsame Zweck besteht danach darin, die Gesellschaft vor den Folgen unerwünschter Verhaltensweisen zu bewahren (Staatsaufgabe Sicherheit). Wird die "Sicherheit" als polizeiliche Aufgabe angesehen, so folgt daraus die Einheit der polizeilichen Aufgaben. Da alle Maßnahmen der Polizei irgendwie sicherheitsrelevant sind, wäre die Polizei berechtigt, Daten aus Gründen der Sicherheit zu erheben und zu speichern. Da dies die einzige Aufgabe der Polizei und als solche eine einheitliche wäre, wäre danach die Verarbeitung aller polizeilichen Daten zu allen polizeilichen Anliegen zulässig. Dem entspricht die Praxis: Die Polizei trennt nicht zwischen Informationen, die zu Gefahrenabwehr- und Strafverfolgungszwecken gewonnen worden sind. Vielmehr werden alle Daten zu allen Zwecken verarbeitet.

II. Trennendes

Den praktisch motivierten Bemühungen, Strafverfolgung und Gefahrenabwehr als Zweckeinheit darzustellen, ist entgegenzuhalten, daß es sowohl im Grundgesetz als auch auf gesetzlicher Ebene ein Geflecht von Aufgaben- und Befugnisnormen gibt, das gegenseitige Kontrolle vorsieht und dem proklamierten Einheitsgrundsatz entgegensteht[22].

Der Gesetzgeber hat aus einer langen rechtsstaatlichen Tradition heraus bewußt die Strafverfolgung durch die StPO als eine spezialgesetzliche Regelung aus dem Bereich der allgemeinen, der Polizei übertragenen Gefahrenabwehr herausgelöst[23]. Auf diese Weise sollte einem System der "Gesamtüberwachung" vorgebeugt werden, welches rechtsstaatlich nicht mehr kontrolliert wer-

---

20 *Scholz/Pitschas*, S. 114.

21 *Scholz/Pitschas*, S. 119; ähnlich *Hartleb*, DVR 1984, 103 f.

22 *Bull*, DÖV 1979, 691; *Denninger*, JA 1980, 284; *Merten*, Datenschutz, S. 181.

23 LR-*Rieß*, vor § 158 Rn. 13.

den kann[24]. Dabei wurden die Befugnisnormen in beiden Rechtsgebieten tatbestandlich wie nach der Rechtsfolge unterschiedlich gefaßt[25]. Dies entspricht auch der unterschiedlichen Zielsetzung. Während die Abwehr von Gefahren dazu dient, Beeinträchtigungen von Rechtsgütern zu verhindern, soll die Strafverfolgung den staatlichen Strafanspruch durchsetzen. Dieser wiederum ist nur eine Reaktion auf bereits eingetretene Beeinträchtigungen eines Rechtsguts[26]. Auch bei doppelfunktionalen Maßnahmen läßt sich diese klare Trennung aufrechterhalten. Zwar geben in diesen Fällen überwiegend sowohl die StPO als auch die Polizeigesetze die gleichen Befugnisse, doch darf man nicht, weil gleiche Mittel eingesetzt werden, auch auf gleiche Aufgaben schließen. Strafverfolgung setzt nicht ein, weil eine Gefahr geschaffen wurde, sondern, weil eine Straftat begangen wurde. Dagegen setzt Gefahrenabwehr nicht ein, weil das Schaffen von Gefahren auch strafbar sein kann, sondern weil Gefahren von der Bevölkerung abzuhalten sind. Daß sich Strafverfolgung und Gefahrenabwehr gelegentlich überschneiden, liegt einfach daran, daß Straftatbestände gerade an solche Handlungen anknüpfen, die auch Gefahren für ein Rechtsgut schaffen. Die Zielrichtung ist jedoch jeweils eine völlig andere, selbst wenn beide Ziele durch dieselbe Handlung verfolgt werden[27].

Für eine strikte Trennung von Gefahrenabwehr und Strafverfolgung spricht auch, daß im Polizeirecht das Opportunitätsprinzip gilt, während das Strafverfahrensrecht vom strengen Legalitätsprinzip bestimmt ist. "Die Polizei trifft ihre Maßnahmen nach pflichtgemäßem Ermessen"[28]. Dabei bezieht sich die Ermessensentscheidung nicht nur auf die Art der Maßnahme, sondern auch darauf, ob überhaupt eine Maßnahme ergriffen werden soll. Das Ob und Wie polizeirechtlicher Maßnahmen hängt somit von Zweckmäßigkeitserwägungen ab. Im Gegensatz dazu verpflichtet das Legalitätsprinzip die Strafverfolgungsbehörden grundsätzlich zum Einschreiten, wenn für eine "verfolgbare Straftat" auch "zureichende tatsächliche" Anhaltspunkte vorhanden sind[29]. Es ist grundsätzlich nicht gestattet, nach Zweckmäßigkeitserwägungen darüber zu entscheiden,

---

24 *Weichert*, S. 58 m.w.N.

25 Beispiele bei *Tegtmeyer*, KritV 1989, 220.

26 *Ringwald*, ZRP 1988, 181 ff.

27 Vgl. *Ringwald*, a.a.O.

28 Vgl. § 5 Abs. 1 NdsGefAG.

29 Vgl. §§ 152 Abs. 2, 160 Abs. 1 StPO.

ob ein Fall strafrechtlich verfolgt werden soll oder nicht. Vielmehr müssen die Strafverfolgungsbehörden von den in der StPO vorgesehenen Ermittlungsmaßnahmen Gebrauch machen, wenn ein Anfangsverdacht für das Vorliegen einer Straftat besteht[30]. So verlangt schon die unverzichtbare Differenzierung zwischen Legalitäts- und Opportunitätsprinzip die Möglichkeit der Zuordnung einer Maßnahme zum Gefahrenabwehr- oder Strafverfolgungsrecht.

Eine solche Zuordnung und damit Differenzierungsnotwendigkeit ist auch im Hinblick auf die Rechtsschutzgarantie in Art. 19 Abs. 4 GG relevant. Der Rechtsweg ist in beiden Fällen verschieden. Während bei polizeirechtlichen Maßnahmen gemäß § 40 VwGO die Verwaltungsgerichte zuständig sind, sind bei Strafverfolgungsmaßnahmen als Justizverwaltungsakten gemäß § 23 EGGVG die ordentlichen Gerichte zuständig[31].

Eine strikte Trennung von Strafverfolgung und Gefahrenabwehr ist auch zur Vermeidung von Kompetenzkonflikten geboten. Die Zuständigkeit für das Strafverfahren liegt bei der Justizverwaltung. Die Staatsanwaltschaft ist die sogenannte "Herrin des Ermittlungsverfahrens" (Strafverfahrens). Dagegen sind im Bereich der Gefahrenabwehr die jeweiligen Innenministerien die Dienstherren der Polizei.

Schließlich sprechen noch unterschiedliche Gesetzgebungszuständigkeiten für eine Trennung beider Rechtsgebiete. Im Bereich der Gefahrenabwehr haben die Länder nach Art. 70 Abs. 1 GG die Gesetzgebungskompetenz. Das "Strafrecht" und das dazugehörige "gerichtliche Verfahren", also der Bereich Strafverfolgung, gehört gemäß Art. 74 Abs. 1 GG zur konkurrierenden Gesetzgebung. Insoweit steht den Ländern nur dann eine Gesetzgebungskompetenz zu, soweit der Bund keine Regelung getroffen hat. Es wird aber weitgehend davon ausgegangen, daß das Strafverfahrensrecht umfassend und abschließend durch den Bund geregelt wurde[32].

Damit wird deutlich, daß die Unterscheidung von Strafverfolgung und Gefahrenabwehr sogar verfassungsrechtlich vorgegeben ist. Die praktischen Schwierigkeiten, beide Bereiche im polizeilichen Alltag durchweg sauber zu

---

30 *Dölling*, S. 266 f.

31 KK-*Kissel*, § 23 EGGVG Rn. 18.

32 *Maunz/Dürig*, Art. 74 Rn. 41; *Sydow*, ZRP 1977, 120.

trennen, ändern daran nichts. Gefahrenabwehr und Strafverfolgung sind unterschiedliche Staatsaufgaben und schon deshalb zwei voneinander verschiedene Zwecke. Diese Verschiedenheit darf auch nicht durch den Rückgriff auf einen gemeinsamen "Grundzweck" konterkariert werden. Damit würde die Unterscheidung jegliche praktische Bedeutung verlieren. Wenn der gemeinsame "Grundzweck" ausreichen würde, liefe die vom Bundesverfassungsgericht geforderte Zweckbindung leer[33]. Letztlich zielt jedes hoheitliche Handeln im Ergebnis auf das Wohl des Staates und seiner Bürger, so daß als gemeinsamer Zweck immer auf das Allgemeinwohl zurückgegriffen werden könnte. Derart unbestimmte Verwaltungszwecke hat das Bundesverfassungsgericht aber sicher nicht gemeint, als es bereichsspezifische und präzise Zweckbestimmung beziehungsweise -bindung gefordert hat.

Gegen einen ausufernden Zweckbegriff spricht auch das vom Bundesverfassungsgericht proklamierte Prinzip der informationellen Gewaltenteilung, wonach der Gesetzgeber für organisatorische Vorkehrungen sorgen muß, welche die vorgesehene Zweckbindung garantieren[34]. Wenn der Grundsatz der Gewaltenteilung gemäß Art. 20 Abs. 2 GG ein tragendes Organisationsprinzip des Grundgesetzes ist, dessen Bedeutung in der Mäßigung der einzelnen Machtträger liegt, dann ist informationelle Gewaltenteilung nicht nur ein organisatorisches Prinzip, das Trennung der einzelnen Zuständigkeitsbereiche von Behörden gebietet, sondern auch die Umgehung dieses Gebotes verhindern soll, wenn durch Ausweitung des Zweckbegriffs eine Trennung der Sache nach aufgehoben wird. Dem Prinzip der informationellen Gewaltenteilung dürfte deshalb der unkontrollierte Abgleich von Strafverfolgungsdaten mit Gefahrenabwehrdaten ebenfalls widersprechen.

III. Ergebnis

Strafverfolgung (inklusive Strafvollstreckung) und Gefahrenabwehr verfolgen voneinander verschiedene Zwecke. Zwar treffen sich beide im gemeinsamen Grundzweck, die Gesellschaft vor den Folgen unerwünschter Verhaltensweisen

---

[33] Vgl. *Simitis*, NJW 1986, 2799 ff.

[34] BVerfGE 65, 69.

zu bewahren, doch reicht diese Gemeinsamkeit nicht aus, um eine Zweckeinheit anzunehmen. Würde eine so allgemein gefaßte Aufgabe den Erhebungs- und Verarbeitungszweck darstellen, wäre das Recht auf informationelle Selbstbestimmung in Frage gestellt. Dann wäre genau jener Zustand erreicht, den das Bundesverfassungsgericht als mit dem Grundgesetz unvereinbar bezeichnet hat: "Mit dem Recht auf informationelle Selbstbestimmung wären eine Gesellschaftsordnung und eine diese ermöglichende Rechtsordnung nicht vereinbar, in der Bürger nicht mehr wissen können, wer was wann und bei welcher Gelegenheit über sie weiß"[35]. Der Grundgedanke des informationellen Selbstbestimmungsrechts basiert somit auf der Differenzierung unterschiedlicher Zwecke im Staat, nicht auf der Herstellung der Einheit eines Staatszweckes. Auch würde die Forderung des Bundesverfassungsgerichts nach "bereichsspezifischer und präziser Zweckbindung" leerlaufen, ließe man derart abstrakte Zwecke wie "Sicherheit" ausreichen. Das Zweckbindungsprinzip und das damit korrespondierende Prinzip der informationellen Gewaltenteilung spiegeln, bezogen auf die Probleme der Datenverarbeitung, das verfassungsrechtlich tragende Organisationsprinzip der Gewaltenteilung wider, welches zur Mäßigung und Verteilung der Macht im Staat verpflichtet[36]. Wollte man eine Zweckeinheit zwischen Strafverfolgungs- und Gefahrenabwehrdaten annehmen, so würden gesetzgeberische Zuständigkeits- und Befugnisregelungen nivelliert[37]. Letztlich würde ein System der "Gesamtüberwachung" etabliert, welches das Grundgesetz nach den Erfahrungen während des Nationalsozialismus gerade zu verhindern sucht.

Da zwischen Strafverfolgung und Gefahrenabwehr bei teleologischer Auslegung des Zweckbindungsprinzips kein gemeinsamer Datenzweck anzunehmen ist, stellt der Abgleich von Strafverfolgungsdaten mit Gefahrenabwehrdaten eine Zweckentfremdung dar. § 98c StPO genügt jedoch in keiner Weise den Anforderungen, die das Bundesverfassungsgericht an eine Norm stellt, die zur

---

[35] BVerfGE 65, 43.

[36] Vgl. BVerfGE 3, 247.

[37] Fände keine informationelle Trennung zwischen Strafverfolgung und Gefahrenabwehr statt, so könnte die Polizei zur Umgehung strafprozessualer Erfordernisse (z. B: des Richtervorbehalts) auf das Polizeirecht ausweichen. In der StPO sind engere und wirksamere Verwertungsbeschränkungen vorgesehen, die nicht durch ein Ausweichen auf parallele "Befugnisse im präventiven Bereich umgangen werden dürfen" (*Weichert*, S. 58).

Zweckentfremdung von Daten ermächtigt. Wegen der fehlenden verfahrensrechtlichen Schutzvorkehrungen ist § 98c StPO, soweit der Abgleich mit Präventivdateien für zulässig erklärt wird, daher verfassungswidrig.

D. Rechtliche und tatsächliche Auswirkungen einer Trennung von Strafverfolgungs- und Gefahrenabwehrdaten

Sinn und Zweck des § 98c StPO ist es, die Strafverfolgungsbehörden im Hinblick auf Daten, die dem unmittelbaren Zugriff der Polizei unterstehen, von den einengenden Verfahrensvoraussetzungen der §§ 98a und 98b StPO zu befreien. Begründet wird dies mit der Unverzichtbarkeit solcher Daten für die Strafverfolgung[38]. Es handelt sich zum Großteil um sicherheitsrelevante Daten, die für eine effektive Verbrechensbekämpfung besonders häufig benötigt werden und schnell zur Verfügung stehen müssen. Hinzu kommt, daß Schutzpolizei und Kriminalpolizei, wenn auch nicht funktional, so doch organisatorisch vereint sind. Dies hat dazu geführt, daß polizeiliche Informationen präventiver wie repressiver Art in dem polizeilichen Informationssystem INPOL zusammengefügt sind[39], so daß es informationsschutzrechtlich weniger um eine zweckentfremdende Übermittlung von Erkenntnissen, als um die unmittelbare Verwendung für einen anderen staatlichen Zweck geht. Nach der hier vertretenen Auffassung sind aber präventive und repressive Daten strikt voneinander zu trennen, und die Verbindung beider Daten zum Zweck eines Abgleichs bedarf einengender Verfahrensschutzvorkehrungen. Damit wird die bisherige Handhabung des INPOL-Systems in Frage gestellt.

Die hier vertretene Auffassung setzt sich so dem praktisch motivierten Vorwurf aus, einen schnellen Zugriff auf fahndungsrelevante Daten zu versagen und eine effektive Verbrechensbekämpfung zu verhindern. Dieser Einwand muß sich jedoch zum einen am Recht auf informationelle Selbstbestimmung messen lassen und würde sich zum anderen relativieren, wenn sich nachweisen ließe, daß bei der repressiven Rasterfahndung mit polizei-internen Dateien nor-

---

[38] Vgl. BT-Dr. 12/989, S. 38.

[39] *Wolter*, GA 1988, 55.

malerweise keine echten Gefahrenabwehrdaten herangezogen werden, sondern daß dies nur Strafverfolgungsdaten sind. Würden aber nur Strafverfolgungsdaten untereinander abgeglichen, so könnte insoweit eine Nutzung innerhalb derselben Zweckbindung vorliegen, die nicht grundrechtsrelevant ist und daher keiner besonderen Ermächtigungsgrundlage bedarf. Es ist daher genauer zu untersuchen, welche polizei-internen Dateien für Rasterfahndungszwecke in Betracht kommen und ob die dort gespeicherten Daten dem Bereich Gefahrenabwehr oder Strafverfolgung zuzuordnen sind.

I. Die polizeiliche Datenverarbeitung - INPOL

1. Die verschiedenen Datenbanken

Die polizeiliche Datenverarbeitung besteht im wesentlichen aus den im INPOL-System (Informationssystem der Polizei) zusammengefaßten EDV-Verfahren und Datenbanken[40]. Zu den Datenbanken im INPOL-System gehören unter anderem ein Kriminalaktennachweissystem (KAN), das dem Nachweis vorhandener Kriminalakten im Fall schwerer oder überregional bedeutsamer Straftaten dient; Dateien zur Personen- und Sachfahndung, eine Haftdatei für den Nachweis von Personen, die sich aufgrund richterlich angeordneter Freiheitsentziehung in behördlichem Gewahrsam befinden oder befanden; eine personenbezogene Erkennungsdienstdatei, die Falldatei PIOS[41], die der Zuordnung von bisher nicht aufgeklärten Straftaten zu bekannten und unbekannten Straftätern dienen soll, sowie die Datei SPUDOK[42] zur zeitweisen Dokumentation von Hinweisen, Spuren, polizeilichen Ermittlungsergebnissen und Maßnahmen zur Aufklärung komplexer Straftaten[43]. Entsprechende Datenbanken sind auch auf Landesebene bei den Landeskriminalämtern eingerichtet[44]. Mit

---

40 Umfass. Darstellung bei *Gerster* DVR 1983, 19 ff.; *Merten*, Datenschutz, S. 3 ff.; *Riegel*, Bundespolizeirecht, S. 28 ff.

41 = Personen, Informationen, Objekte, Sachen.

42 = Spurendokumentationssysteme.

43 Vgl. zum ganzen KK-*Nack*, § 98c Rn. 2.

44 Vgl. *Ringwald*, Inpol und StA, S. 37 ff.

den genannten Datenbanken wird das Ziel verfolgt, bei der Strafverfolgung gewonnene Informationen für Zwecke außerhalb des konkreten Strafverfahrens aufzubereiten und festzuhalten. Bei der Nutzung dieser Daten kann es darum gehen 1. Beziehungen zu anderen noch nicht abgeschlossenen Strafverfahren aufzudecken, um ihre sachgerechte Erledigung zu ermöglichen, 2. Straftaten aufzudecken, hinsichtlich derer noch nicht einmal ein Anfangsverdacht besteht, 3. Erkenntnisse zu sammeln, die für die Aufklärung erst künftig zu erwartender Straftaten von Bedeutung sind und 4. Erkenntnisse für die allgemeine Gefahrenabwehr nutzbar zu machen[45]. Damit dient das INPOL-System mehreren Zwecken, nämlich der konkreten Straftatenaufklärung, der sogenannten vorbeugenden Verbrechensbekämpfung und der allgemeinen Gefahrenabwehr.

2. Die Datenhoheit

Obwohl das INPOL-System in erheblichem Umfang der Strafverfolgung dient, haben die Staatsanwaltschaften dazu keinen Zugang[46]. Vielmehr liegt die Datenhoheit durch die Organisationsgewalt der Polizei allein bei dieser[47]. Zwar hat die Polizei eine Doppelzuständigkeit für repressive und präventive Aufgaben. Sofern die Polizei aber repressiv tätig wird, tut sie dies in ihrer Funktion als Hilfsbeamte der Staatsanwaltschaft, da diese als "Herrin des Ermittlungsverfahrens" gilt. Das Handeln der Polizei ist bei der Strafverfolgung demnach Handeln im Auftrag und im Namen der Justiz. Zwischen der Staatsanwaltschaft und der Polizei besteht insoweit ein Mandatsverhältnis[48]. Hinsichtlich der Nutzung des INPOL-Systems hat die Staatsanwaltschaft aber keine hoheitlichen Befugnisse gegenüber den Polizeibehörden, den Umgang mit den Daten zu überwachen[49]. Wenn die Staatsanwaltschaft als "Herrin des Ermittlungsverfahrens" keinen eigenen Einfluß auf das INPOL-System hat, sondern die Polizei alleinige "Herrin" der dort gespeicherten Daten ist, so betreibt die Polizei das INPOL-System nicht in ihrer Eigenschaft als Hilfsbeamte der Staatsanwalt-

---

[45] Vgl. *Ringwald*, Inpol und StA, S. 137.

[46] KK-*Schoreit*, § 152 GVG, Rn. 3 a.

[47] *Himmelreich*, S. 161.

[48] *Nelles*, S. 62; *Ringwald*, Inpol und StA, S. 174.

[49] *Merten*, NStZ 1987, 10.

schaft, sondern ausschließlich in originärer Zuständigkeit als Gefahrenabwehrbehörde.

3. Zweckänderung durch Einspeisung von Daten

Daten, die aus Strafverfahren stammen, werden mit ihrer Einspeisung in das INPOL-System mit Präventivdaten vermischt. Das bedeutet, daß jede Einspeisung repressiver Daten in das INPOL-System den Zugriff für präventive Aufgaben ermöglicht[50]. Da es für diejenigen Stellen, denen ein Direktabrufrecht eingeräumt ist, keinen Unterschied bedeutet, ob sie die Daten selbst gespeichert haben oder nur durch automatischen Abruf daran gelangen, wird das Bereitstellen zum automatischen Abruf der Übermittlung von Daten gleichgestellt[51]. Es handelt sich dabei nicht etwa um eine Datenverarbeitung im Auftrag der Staatsanwaltschaft, sondern durch die Einspeisung der repressiven Daten in das INPOL-System übernimmt die Polizei die Datenherrschaft, um die gesammelten Informationen auch für präventive Zwecke zu nutzen. Damit wird bereits durch das gemeinsame Einspeichern von repressiven und präventiven Daten gegen das Zweckbindungsgebot verstoßen. Repressive Daten werden zu präventiven Daten umfunktioniert[52]. Für diese Zweckänderung wäre eine Ermächtigungsgrundlage notwendig. Da eine solche Ermächtigungsgrundlage nicht existiert, ist die Einspeisung von repressiven Daten in das INPOL-System rechtswidrig. Werden die Daten später wieder zur Strafverfolgung benötigt, liegt in der Verwendung eine erneute Zweckänderung, die ebenfalls einer gesetzlichen Grundlage bedarf. Für die letztgenannte Zweckänderung wurde § 98c StPO geschaffen. Damit orientiert sich die Regelung des § 98c StPO letztlich an der rechtswidrigen praktischen Handhabung des INPOL-Systems.

---

[50] Dies ist aus polizeilicher Sicht auch zweckmäßig und wird von dieser Seite auch durchaus als erstrebenswert im Hinblick auf eine effektive Verbrechensbekämpfung angesehen.

[51] *Ringwald*, JZ 1983, 297.

[52] SK-StPO-*Wolter*, vor § 151 Rn. 155.

Das INPOL-System sollte deshalb in der Weise geändert werden, daß dort zwischen repressiven und präventiven Daten streng getrennt wird[53]. Sofern dann noch die Staatsanwaltschaft die Datenherrschaft über die von den übrigen Daten getrennten Repressivdaten übernimmt, läge zumindest keine Zweckänderung in der Weise vor, daß ursprüngliche Repressivdaten zu Präventivdaten umqualifiziert werden müßten. Vielmehr würden sämtliche Repressivdaten unter der Datenhoheit der Staatsanwaltschaft bleiben.

II. Systematische Einordnung der INPOL-Daten (Vorsorge für die künftige Strafverfolgung)

Teilweise ist es umstritten, welche der zur Zeit ins INPOL-System eingespeisten Daten dem Bereich Strafverfolgung und welche dem Bereich Gefahrenabwehr zuzuordnen sind. Die Gefahrenabwehr ist traditionellerweise an die Abwehr konkreter Gefahren gebunden, die Strafverfolgung an einen Tatverdacht. Problematisch ist die ressortmäßige Erfassung von Sachverhalten, die weder der einen noch der anderen Konstellation unterfallen. Hierbei handelt es sich um sogenannte "vorbeugende Verbrechensbekämpfung", also um Tätigkeiten im Vorfeldbereich von Gefahren- und Tatverdacht. Künftige Straftaten sollen frühzeitig verhindert werden, und es soll vor Begehung der Tat Vorsorge für eine effektive Verfolgung des Täters getroffen werden[54]. Demnach untergliedert sich der Begriff "vorbeugende Verbrechensbekämpfung" in die Aspekte Verbrechensverhinderung und Vorsorge für die Verfolgung künftiger Straftaten[55]. Bei dem Aspekt Verbrechensverhinderung ist es unbestritten, daß es sich insoweit um Gefahrenabwehr handelt[56]. Dagegen ist die Zuordnung des Aspekts der Vorsorge für die Verfolgung künftiger Straftaten sehr umstritten[57].

---

[53] Daß die technische Möglichkeit besteht, die Daten innerhalb des Systems zu trennen, hat *Ringwald*, Inpol und StA, S. 190, nachgewiesen.

[54] *Merten/Merten*, ZRP 1991, 217 ff.

[55] SK-StPO-*Wolter*, vor § 151 Rn. 156; *Paeffgen*, JZ 1991, 441.

[56] *Denninger*, CR 1988, 54; *Paeffgen*, a.a.O. m.w.N.

[57] Für Strafverfolgung: *v. Sydow*, ZRP 1977, 124 ff.; *Ringwald*, INPOL und StA, S. 145; *Schoreit*, CR 1986, 230; *Dreier*, JZ 1987, 1010; *Merten*, NStZ 1987, 13; *Denninger*, CR 1988, 54; *Schweckendieck*, ZRP 1989, 12; *Ernst*, S. 86; *Lilie*, ZStW

Gerade die Daten, die zur Aufklärung in der Zukunft liegender Straftaten abgespeichert worden sind, werden in späteren Ermittlungsverfahren und damit auch zu Rasterfahndungszwecken in besonderer Weise benötigt. Dementsprechend steht im Vordergrund nahezu aller INPOL-Daten eben dieses Ziel der späteren Verwendung zur Strafverfolgung[58], also die Vorsorge für die künftige Strafverfolgung. Diese zur Strafverfolgungsvorsorge im INPOL-System abgespeicherten Daten dürfte auch der Gesetzgeber in der Begründung zu § 98c StPO gemeint haben, als von der Unverzichtbarkeit "einer Nutzung und Auswertung von zur Gefahrenabwehr gespeicherten Daten für Zwecke der Strafverfolgung" die Rede war[59].

Mit dem Begriff "Vorsorge für die künftige Strafverfolgung" ist das Sammeln von kriminalpolizeilichen Informationen aus abgeschlossenen Ermittlungsverfahren auf Vorrat zur Bekämpfung von Straftaten, die in der Zukunft begangen werden könnten, gemeint[60]. Es geht also um die Erleichterung der Auffindung von künftigen Straftätern, um ein Reservoir für die Aufklärung von zukünftigen Straftaten. Eine eindeutige Einordnung dessen als Strafverfolgung im Sinne der StPO scheitert an § 152 Abs. 2 StPO, der für Maßnahmen der Strafverfolgung den Verdacht einer bestimmten Straftat voraussetzt. Ein solcher liegt mangels bereits begangener Straftat aber regelmäßig nicht vor. Andererseits hat sich die Wahrscheinlichkeit, daß die Begehung einer Straftat kurz bevorsteht, noch nicht so verdichtet, daß von der konkreten Gefahr einer Rechtsgutverletzung ausgegangen werden könnte. Eine eindeutige Charakterisierung als Gefahrenabwehr ist somit auch nicht möglich.

Es sind daher Kriterien zu entwickeln, die eine Zuordnung der Strafverfolgungsvorsorge ermöglichen.

1994, 636. Für Gefahrenabwehr: *Kniesel/Tegtmeyer*, DRiZ 1986, 253; *Ahlf*, KritV 1988, 146 ff; *Paeffgen*, JZ 1991, 443; *Gusy*, StV 1993, 272; u.a. So auch die Rspr. und wohl hM zum Parallelproblem der Einordnung des § 81b 2. Alt. StPO. Auch die novellierten Polizeigesetze gehen von Gefahrenabwehr aus, z.B. § 1 Abs. 1 S. 3 Nds GefAG.

58 *Lilie*, ZStW 106 (1994), 637.

59 BT-Dr. 12/989, S. 38

60 *Weichert*, S. 75; Beispielsweise sog. modus-operandi-Dateien, die es erlauben, Straftaten einem Täter zuzuordnen und diesen schnell ausfindig zu machen.

1. Einordnung nach formellen Kriterien

Teilweise wird der Bereich Gefahrenabwehr einfach negativ vom Bereich Strafverfolgung abgegrenzt: Alles, was momentan nicht Strafverfolgung sei, was nicht der Durchführung eines auf eine bestimmte Straftat ausgerichteten Ermittlungsverfahrens diene, dies müsse ganz zwangsläufig Gefahrenabwehr sein[61]. Das Abgrenzungskriterium lautet danach einfach: Liegen tatsächliche Anhaltspunkte dafür vor, daß in der Vergangenheit eine strafbare Handlung begangen worden sein könnte, liegt Strafverfolgung vor. Liegen dagegen keine tatsächlichen Anhaltspunkte dafür vor, daß in der Vergangenheit eine strafbare Handlung begangen worden ist, so kommt nur Gefahrenabwehr in Betracht. Systematisch begründet wird dies damit, daß Strafprozeßrecht das Recht der Aufklärung und Aburteilung begangener Straftaten sei. Es knüpfe somit notwendig an Taten an, die in der Vergangenheit begangen wurden. Dafür spreche auch Art. 103 Abs. 2 GG, der davon ausgehe, daß Gegenstand von Strafe lediglich "Taten" sein können, die schon vor der Bestrafung begangen worden seien. Daher dürfe sich das Strafverfahrensrecht als zentrales Mittel zur Durchsetzung des staatlichen Strafanspruches auch nur auf bereits begangene Straftaten beziehen[62].

Stellt man auf formelle Kriterien ab, ist also allein der Zeitpunkt des polizeilichen Handelns maßgeblich. Liegt es vor einer strafbaren Handlung, wird von Gefahrenabwehr ausgegangen, liegt es dagegen nach einer strafbaren Handlung, wird von Strafverfolgung ausgegangen. Da die Sammlung von Informationen zur Vorsorge für künftige Strafverfolgung regelmäßig vor der erneuten Begehung von Straftaten stattfindet, wäre die Strafverfolgungsvorsorge bei der Einordnung nach formellen Kriterien als Gefahrenabwehr einzustufen.

---

61 *Ahlf*, KritV 1988, 147; *Kniesel*, ZRP 1989, 331; sogenannte "Subtraktionsmethode".

62 *Gusy*, StV 1993, 271.

2. Einordnung nach materiellen Kriterien

Bei der Einordnung nach materiellen Kriterien wird nicht an den Zeitpunkt polizeilicher Maßnahmen angeknüpft, sondern es wird auf deren Zweck abgestellt. Ist der Zweck einer polizeilichen Maßnahme auf Aufklärung oder Verfolgung von Straftaten gerichtet, so liegt danach Strafverfolgung vor. Sonstige Maßnahmen wären als Gefahrenabwehr einzustufen.

Gelegentlich wird vorgebracht, das Sammeln von Informationen aus abgeschlossenen Strafverfahren entfalte aus sich heraus eine präventive Wirkung, weil potentielle Wiederholungstäter das durch die Sammlung erhöhte Risiko einer rascheren Identifizierung kalkulieren und sich deshalb möglicherweise von der Begehung weiterer Straftaten abschrecken ließen[63]. Zwar ist zuzugeben, daß das höhere Entdeckungsrisiko des registrierten Täters eine präventive Qualität haben kann, diese steht aber nicht im Vordergrund. Es kann allenfalls ein willkommener präventiver Nebeneffekt sein, daß der Betroffene mit dem - ohnehin nicht durchweg gegebenen - Wissen um die gesammelten Informationen von künftigen Straftaten abläßt[64]. Jedenfalls ist eine abschreckende Wirkung bei der Informationssammlung nicht bezweckt. Es geht vielmehr darum, eine möglichst wirksame polizeiliche Ermittlungstätigkeit zur Aufklärung von Straftaten und ihrer gerichtlichen Aburteilung zu leisten[65]. Soweit die Speicherung von Strafverfolgungsdaten wegen des höheren Entdeckungsrisikos abschreckend wirken sollte, ist dies über die Strafdrohung nur ein Nebeneffekt der Repression[66]. Demnach kann der Speicherung von Daten aus früheren Strafverfahren kein unmittelbarer präventiver Zweck entnommen werden, denn sie dient nicht der Verhütung von unmittelbar bevorstehenden Straftaten. Das bloße Sammeln von Daten bringt demnach noch keine unmittelbare Gefahrenabwehr, vielmehr liegt der Zweck solcher Datensammlungen in deren späterer Auswertung zur besseren Aufklärung von Straftaten. Es geht in erster Linie also um künftige Strafverfolgung, um Vorsorge für die Repression, und weniger um die Verhinderung künftiger Straftaten, das heißt, nicht um Vorsorge für die Gefahrenabwehr.

---

63 *Sternberg-Lieben*, NJW 1987, 1246; VGH München, NJW 1984, 2235.

64 *Ringwald*, ZRP 1988, 180.

65 *Schoreit*, CR 1986, 227; *Schweckendieck*, ZRP 1989, 127; *Wolter*, GA 1988, 64.

66 *Ringwald*, ZRP 1988, 180; ders., INPOL und StA, S. 142 f.

Es besteht danach ein Sachzusammenhang zwischen der "Vorsorge für die künftige Strafverfolgung" und der Strafverfolgung selbst. Nach materiellen Kriterien wäre die "Vorsorge für die künftige Strafverfolgung" also eher als der Strafverfolgung zugehörig anzusehen.

3. Stellungnahme

Bei der Sammlung von Daten zur Vorsorge für die künftige Strafverfolgung handelt es sich um ein Vorfeld der Aufklärung von Straftaten, welches letztlich weder streng strafprozeßrechtlich (dazu fehlt es am Anfangsverdacht nach § 152 Abs. 2 StPO) noch strikt polizeirechtlich (insoweit mangelt es an der Notwendigkeit von konkreter Gefahrenabwehr) zu fassen ist. Jedoch steht die Strafverfolgungsvorsorge der Strafverfolgung näher als der Gefahrenabwehr[67], da der beabsichtigte Verwendungszweck aller zur Strafverfolgungsvorsorge gespeicherter Daten, der Einsatz bei der Aufklärung zukünftiger Straftaten ist, während ein spezifisch gefahrenabwehrender Charakter der Maßnahme nicht zu erkennen ist.

a) Die Bedeutung des Zweckbindungsprinzips für die Einordnung

Auch die Herkunft der Daten spricht für eine Einordnung als Strafverfolgung, denn bei der Vorsorge für die künftige Strafverfolgung geht es ausnahmslos um Informationen aus einem staatsanwaltschaftlichen Ermittlungsverfahren[68]. Da die aus einem staatsanwaltschaftlichen Ermittlungsverfahren stammenden Informationen mit dem Ziel der späteren Verwendung zur Strafverfolgung gesammelt werden, erscheint auch die Speicherung der Daten zu diesem Zweck als Teil der Strafverfolgung. Allein diese Auffassung dürfte dem Zweckbindungsgrundsatz des Volkszählungsurteils gerecht werden. Danach dürfen Daten, die im Zuge der Aufgabenerfüllung bei einer Behörde angefallen sind,

---

[67] Vgl. auch *Wolter*, StV 1989, 366.

[68] SK-StPO-*Wolter*, vor § 151 Rn. 160a.

nicht einfach zur Erfüllung einer anderen Aufgabe genutzt werden[69]. Das heißt, diejenige Behörde, bei der die Daten anfallen, ist auch für deren Verwaltung zuständig und verantwortlich. Da sämtliche Daten, die der Strafverfolgungsvorsorge dienen sollen, aus staatsanwaltschaftlichen Ermittlungsverfahren stammen, sind nach dem Zweckbindungsgrundsatz die Strafverfolgungsbehörden für die Verwaltung der angefallenen Daten zuständig. Würde die Vorsorge für die künftige Strafverfolgung als Gefahrenabwehr eingeordnet, bedeutet dies, daß Strafverfolgungsdaten zu Gefahrenabwehrdaten umqualifiziert werden, keine konkreten gefahrenabwehrrechtlichen Zwecke erfüllen und zur erstmaligen Verwendung wiederum in Strafverfolgungsdaten zurückqualifiziert werden[70]. Als wichtigstes Prinzip wohnt dem informationellen Selbstbestimmungsrecht aber der Gedanke inne, daß Daten nicht zweckentfremdet werden dürfen. Bei der Einordnung der Strafverfolgungsvorsorge als Gefahrenabwehr kommt es jedoch gleich zu zwei Zweckentfremdungen: Strafverfolgungsdaten werden zu Gefahrenabwehrdaten zweckentfremdet und diese dann noch einmal zurück zu Strafverfolgungsdaten erneut zweckentfremdet. Richtiger erscheint es daher, schon die Vorsorge für die künftige Strafverfolgung dem Bereich Strafverfolgung zuzuordnen. Damit wird dann zwar die Schwelle des § 152 Abs. 2 StPO überschritten, doch ist dies der StPO nicht völlig fremd, wie sich aus dem rein vorbeugenden Charakter des Haftgrundes der Wiederholungsgefahr ergibt, welcher durch das Verbrechensbekämpfungsgesetz von 1994 noch erweitert worden ist[71].

b) Die Bedeutung der Gesetzgebungskompetenz für die Einordnung

Aber auch wenn die Strafverfolgungsvorsorge dem Bereich Strafverfolgung zugeordnet wird, kommt es zu einer Zweckentfremdung, weil es bei Verfahrensabschluß zu einem Funktionswandel innerhalb des Bereichs der Strafverfolgung kommt. Strafverfolgungsdaten werden nach Verfahrensabschluß zu Daten der Vorsorge für die künftige Strafverfolgung. Während die Daten zunächst der Durchführung eines konkreten Strafverfahrens dienen, verlieren sie

---

69 BVerfGE 65, 45 f.

70 *Lilie*, ZStW 106 (1994), 636.

71 *Lilie*, a.a.O.

mit Verfahrensabschluß ihren unmittelbaren Zusammenhang mit dem konkreten Verfahren. Die Ermächtigungsnorm zur Erhebung von Daten in einem konkreten Verfahren rechtfertigt nicht, die erhobenen Daten auch über lange Zeit zur Verfolgung einer zum Zeitpunkt der Erhebung noch nicht absehbaren Straftat zu speichern. Eine derartige Speicherung ist nicht als von der Erhebungsnorm und dem Erhebungszweck umfaßt anzusehen und bedarf deshalb einer besonderen gesetzlichen Grundlage. Dieses Erfordernis ist auch deshalb unabdingbar, weil die Speicherung der gegenüber der Erhebung schwerere Eingriff ist. Mit Blick auf die Nähe zur eigentlichen Strafverfolgung bietet sich eine Ergänzung der StPO an. Für das Strafprozeßrecht liegt die Gesetzgebungskompetenz gemäß Art. 74 Nr. 1 GG beim Bund. Die Vorsorge für die künftige Strafverfolgung könnte aber nur dann innerhalb der StPO geregelt werden, wenn dem Bund auch insoweit eine Gesetzgebungskompetenz zusteht. Eine Gesetzgebungskompetenz für den Bund besteht nur bei spezieller Zuweisung[72], während die Länder berechtigt sind, Gesetze zu erlassen, soweit die Gesetzgebungskompetenz des Bundes nicht besteht (Art. 70 GG), beziehungsweise soweit der Bund von bestimmten Kompetenzen keinen Gebrauch gemacht hat (Art. 72 Abs. 1 GG). Daraus folgt: Wenn der Bund die Zuständigkeit zur Regelung der Aufklärung zukünftiger Straftaten nicht besitzt, so unterfällt dieser Bereich notwendig der Kompetenz der Länder. Da die Länder für den Bereich Strafverfolgung aber keine Zuständigkeit besitzen, stünde dies einer Einordnung der "Vorsorge für die künftige Strafverfolgung" als der Strafverfolgung zugehörig entscheidend entgegen. Es ist daher zu prüfen, ob insoweit eine spezielle Zuweisung an den Bund besteht, denn nur dann käme eine Zuordnung der "Vorsorge für die künftige Strafverfolgung" zum Bereich Strafverfolgung letztlich in Betracht.

Art. 74 Nr. 1 GG weist dem Bund die konkurrierende Gesetzgebungszuständigkeit für das "Strafrecht und den Strafvollzug" sowie das "gerichtliche Verfahren" zu. Da die Strafvollstreckung neben dem Strafrecht gesondert genannt wird, ist davon auszugehen, daß mit Strafrecht nicht das materielle und

---

72 *Paeffgen*, JZ 1991, 442 f.

das formelle Strafrecht gemeinsam gemeint ist, sondern allein das materielle Strafrecht[73].

Die Strafverfolgungsvorsorge könnte aber unter "das gerichtliche Verfahren" zu subsumieren sein. Hierunter fällt sowohl das eigentliche strafgerichtliche Verfahren (insbesondere die Hauptverhandlung) als auch dessen unmittelbares Vorfeld, nämlich das Ermittlungsverfahren[74]. In der verfassungsrechtlichen Literatur wurde die Grenze dessen, was noch dem Vorfeld des gerichtlichen Verfahrens zugerechnet werden kann, bisher dort angesiedelt, wo zureichende tatsächliche Anhaltspunkte festgestellt werden konnten, die den Verdacht einer Straftat begründen[75]. Da ein solcher Verdacht bei der Strafverfolgungsvorsorge gerade noch nicht besteht, läßt sich diese auch nicht mit dem traditionellen Verständnis dieses Begriffes in Einklang bringen[76].

Es ist aber zu berücksichtigen, daß der Verfassungsgesetzgeber sich noch keine Gedanken über die Gesetzgebungskompetenzen für die Strafverfolgungsvorsorge gemacht hat[77]. Aus der fehlenden ausdrücklichen Nennung der Strafverfolgungsvorsorge in Art. 74 Nr. 1 GG läßt sich jedenfalls noch nicht schließen, daß eine Bundeszuständigkeit nicht besteht. Würde man das annehmen, so müßte man auch an der Bundeskompetenz für das Ermittlungsverfahren zweifeln, weil dies kein eigentlich "gerichtliches" Verfahren ist. Doch hat bereits der Reichsgesetzgeber, als er die RStPO erstmals verabschiedete, das

---

[73] *Maunz/Dürig*, Art. 74 Rn. 63: Strafrecht i.S.v. Art. 74 Nr. 1 GG ist "die Gesamtheit aller Rechtsnormen, die für eine rechtswidrige und schuldhafte Tat als Rechtsfolge Strafe, Buße oder eine Maßnahme der Sicherung oder Besserung festsetzen"; *Paeffgen*, JZ 1991, 442: Die Sammlung von Daten zur Strafverfolgungsvorsorge hat aber nichts mit der Schaffung von Straftatbeständen zu tun, so daß eine Subsumtion unter den Begriff "Strafrecht" in Art. 74 Nr. 1 GG nicht erfolgen kann.

[74] *v. Münch*, Art. 74 Rn. 11; AK-GG-*Bothe*, Art. 74 Rn. 6; *Maunz-Dürig*, Art. 74 Rn. 79.

[75] *Maunz/Dürig*, Art. 74 Rn. 82; *Paeffgen*, JZ 1991, 442.

[76] Mit dieser Begründung wird eine Bundeskompetenz teilweise abgelehnt: *Paeffgen*, JZ 1991, 442; *Gusy*, StV 1993, 272; *Ahlf*, KritV 1989, 148 f.; *Kniesel*, ZRP 1989, 331; *Tegtmeyer*, KritV 1989, 217 ff. Von einer Landeszuständigkeit gehen offenbar auch zahlreiche Länderpolizeigesetze aus, die explizit die Aufgabe der vorsorgenden Strafverfolgung regeln, z.B. § 1 Abs. 1 S. 2 NdsGefAG.

[77] Die verfassungsrechtliche Literatur hat sich ebenfalls noch nicht speziell mit dem Problem der Maßnahmen zur Strafverfolgungsvorsorge beschäftigt.

Ermittlungsverfahren wegen dessen unlösbaren Zusammenhangs mit der richterlichen Tätigkeit mitgeregelt, obwohl die Reichsverfassung vom 16.4.1871 in Art. 4 Nr. 13 der Zentralgewalt eine Gesetzgebungskompetenz nur für das "gerichtliche" Verfahren eingeräumt hat. Als die Weimarer Verfassung vom 11.8.1919 in Art. 7 Nr. 3 und später das Grundgesetz in Art. 74 Nr. 1 wiederum der Zentralgewalt die Kompetenz für das "gerichtliche" Verfahren übertrugen, geschah dies in Kenntnis dessen, was unter Ausschöpfung der gleichlautenden Befugnis der Reichsverfassung geschaffen worden war, nämlich die RStPO mit ihren Regelungen zum Ermittlungsverfahren. Die späteren Verfassungen haben somit die Einbeziehung des Ermittlungsverfahrens zum "gerichtlichen" Verfahren akzeptiert[78].

Die Gesetzgebungszuständigkeit des Bundes für Regelungen auf dem Gebiet des Ermittlungsverfahrens beschränkt sich nun nicht etwa nur auf den historisch gegebenen Rahmen. Vielmehr müssen Tätigkeiten, die mit dem klassischen Ermittlungsverfahren innerlich zusammengehören, auch zusammen geregelt werden, wenn sie dem gleichen Ziel dienen. Werden also die traditionellen Regelungen zum Ermittlungsverfahren unter das gerichtliche Verfahren nach Art. 74 Nr. 1 GG subsumiert, so muß dies auch für alle anderen Regelungen gelten, die Strafverfolgungszwecken dienen[79]. Die gleichen materiellen Erwägungen, die zur Einbeziehung des traditionellen Ermittlungsverfahrens zum gerichtlichen Verfahren im Sinne des Art. 74 Nr. 1 GG geführt haben, treffen auch auf die Strafverfolgungsvorsorge als dem unmittelbaren Vorfeld des Ermittlungsverfahrens zu. Wollte man die Strafverfolgungsvorsorge mit der rein formalen Erwägung ausklammern, es liege noch kein Anfangsverdacht vor, so müßte man konsequenterweise auch das Ermittlungsverfahren ausklammern, da dies bei rein formeller Betrachtung eben auch kein gerichtliches Verfahren darstellt. Die historisch vorgegebene materielle Betrachtungsweise gebietet vielmehr, Ermittlungsverfahren und Strafverfolgungsvorsorge gleich zu behandeln und gemeinsam dem gerichtlichen Verfahren zuzuordnen.

Neue Regelungsmaterien müssen dort ihren Standort haben, wo die im direkten Sachzusammenhang stehenden Fragen geregelt sind. Dies ist für die Straf-

---

[78] *Sydow*, ZRP 1977, 121.

[79] *Schenke*, JR 1970, 51.

verfolgungsvorsorge das Strafverfahrensrecht, was zum Kompetenzbereich des Bundesgesetzgebers gehört[80].

Demnach steht die Kompetenzverteilung des Grundgesetzes einer Zuordnung der Strafverfolgungsvorsorge zum Bereich Strafverfolgung nicht entgegen. Macht der Bund hinsichtlich der Strafverfolgungsvorsorge von seiner Gesetzgebungskompetenz nach Art 74 Nr. 1 GG Gebrauch, so bliebe nach Art. 72 Abs. 1 GG für Regelungen auf Landesebene insoweit kein Raum.

Als Ergebnis ist festzuhalten, daß der Bereich der Vorsorge für die künftige Strafverfolgung systematisch zur Strafverfolgung und nicht zur Gefahrenabwehr gehört.

III. Folgerungen

Es hat sich herausgestellt, daß bei einer Rasterfahndung mit polizei-internen Dateien (INPOL) zumeist auf Daten zurückgegriffen wird, die als Strafverfolgungsdaten zu qualifizieren sind. Bei einer materiellen Bewertung sind nämlich Herkunft und Zweck der Daten entscheidend und im Vordergrund nahezu aller INPOL-Daten steht das Ziel der späteren Verwendung zur Strafverfolgung[81]. Bei Rasterfahndungen mit polizei-internen Dateien werden Daten aus einem konkreten Strafverfahren mit Daten abgeglichen, die zur Strafverfolgungsvorsorge abgespeichert worden sind. Die Daten, die zur Strafverfolgungsvorsorge abgespeichert worden sind, stammen aus abgeschlossenen Strafverfahren und haben einen grundrechtsrelevanten Funktionswandel erfahren, als sie aus konkreten Strafverfahren in Daten zur abstrakten Vorsorge für künftige Strafverfolgung überführt wurden. Diese Überführung stellt eine Zweckentfremdung dar, die einer gesetzlichen Grundlage bedarf. Sofern Daten aufgrund einer verfas-

---

[80] Im Ergebnis ebenso, doch wird zumeist die Bundeskompetenz erst mittels der ungeschriebenen Kompetenzerweiterungen "kraft Sachzusammenhang" beziehungsweise "kraft Annexzuständigkeit" angenommen: *Denninger*, CR 1988, 54; *Schweckendieck*, ZRP 1989, 127; *Schoreit*, KritV 1988, 171 f.; ders., KritV 1989, 203; *Ernst*, S. 82 ff.; *Wolter*, GA 1988, 66; ders. in SK-StPO, vor § 151 Rn. 160a m.w.N.

[81] *Lilie*, ZStW 106 (1994), 637; *Himmelreich*, S. 160; *Ernesti*, NStZ 1983, 57; *Ernst*, S. 24; *Ringwald*, ZRP 1988, 180.

sungsgemäßen Ermächtigungsgrundlage in Daten zur Strafverfolgungsvorsorge überführt worden sind, stellt ihre spätere Nutzung bei einer Rasterfahndung im Rahmen eines konkreten Strafverfahrens dagegen keine erneute Zweckentfremdung dar. Die Nutzung im Rahmen einer Rasterfahndung entspricht vielmehr gerade der Zwecksetzung der als Vorsorge für die künftige Strafverfolgung gespeicherten Daten.

Insofern bedarf es bei richtiger Einordnung der Vorsorge für die künftige Strafverfolgung als repressive Tätigkeit keiner Ermächtigungsnorm für eine Rasterfahndung mit solchen Daten, sondern stattdessen ist eine Ermächtigungsnorm für die Strafverfolgungsvorsorge in die StPO einzufügen. Nicht erst die Rasterfahndung greift in das informationelle Selbstbestimmungsrecht ein, sondern bereits die Speicherung zum Zweck der späteren Strafverfolgung[82]. Die Weitergabe von zur künftigen Strafverfolgung gespeicherten Daten an die konkret strafverfolgende Behörde bewegt sich dann innerhalb des Speicherzwecks. Angesichts des Grundrechts auf informationelle Selbstbestimmung und des Verhältnismäßigkeitsprinzips sind bei der Speicherung daher strenge Maßstäbe hinsichtlich Tatverdacht, Wiederholungsgefahr und Schwere der Tat anzulegen. Der Gesetzgeber hat also bereits bei der Legitimation der Strafverfolgungsvorsorge und der dabei erforderlichen Abwägung zwischen dem informationellen Selbstbestimmungsrecht des einzelnen und dem staatlichen Interesse an der Vorsorge für die künftige Strafverfolgung die Grundrechtsrelevanz der Strafverfolgungsmaßnahmen, für deren Durchführung die Daten abgespeichert werden, zu berücksichtigen.

Eine Norm, die Vorsorge für künftige Strafverfolgung legitimiert, würde somit gleichzeitig die Funktion übernehmen, die der Gesetzgeber § 98c StPO zugedacht hat. Sinn und Zweck des § 98c StPO sollte es sein, den Strafverfolgungsbehörden Daten, die für die Strafverfolgung unverzichtbar sind, schnell zugänglich zu machen[83]. Aus diesem Grund sollten nach dem Willen des Gesetzgebers vor allem INPOL-Daten ohne Einschränkung zur Verfügung stehen. Im Vordergrund der weitaus meisten INPOL-Daten steht das Ziel der späteren Verwendung zur Strafverfolgung, so daß diese Daten als Vorsorgedaten für die künftige Strafverfolgung und damit bei der gebotenen materiellen Betrach-

---

[82] Zu dieser Strafverfolgung gehört dann natürlich auch die Rasterfahndung als eine unter mehreren Fahndungsmethoden.

[83] Vgl. BT-Dr. 12/989, S. 38.

tungsweise als Justizdaten zu qualifizieren sind[84]. Diese "vorsorglichen Justizdaten" bilden, sofern sie aufgrund einer verfassungsgemäßen Ermächtigungsgrundlage gesammelt werden, mit den in einem konkreten Ermittlungsverfahren anfallenden Justizdaten datenschutzrechtlich eine Einheit und stehen deshalb den Strafverfolgungsbehörden auch jederzeit zur Verfügung.

"Vorsorgliche Justizdaten" sind aus dem polizeilichen INPOL-System zu löschen beziehungsweise zu trennen. In das schutzpolizeiliche INPOL-System gehören nur die herkömmlichen konkreten Gefahrenabwehrdaten sowie potentielle Gefahrenabwehrdaten zur vorbeugenden Verhinderung von Straftaten. Diese präventiven Polizeidaten sind strikt zu trennen von den repressiven Justizdaten, also den in einem konkreten Ermittlungsverfahren anfallenden Daten und den zur künftigen Strafverfolgung vorgehaltenen Strafverfolgungsdaten. Da Strafverfolgung und Vorsorge für die Strafverfolgung datenschutzrechtlich eine Einheit bilden, können die anfallenden Daten als Justizdaten zusammengefaßt werden. Es stehen dann Staatsanwaltschaft und Kriminalpolizei als Strafverfolgungsbehörden trotz organisatorischer Selbständigkeit funktional der Schutzpolizei als Einheit gegenüber. So würde sich das Problem der Übermittlung von Daten von der Schutzpolizei (Herrin über das INPOL-System) an die Strafverfolgungsbehörden nicht stellen, weil es gar keine Befugnis der Schutzpolizei zur Erhebung oder Sammlung von Daten zur Vorsorge für die künftige Strafverfolgung gibt[85].

---

84 *Lilie*, ZStW 106 (1994), 637.

85 Im Ergebnis ebenso: *Wolter*, GA 1988, 70.

Siebtes Kapitel

Ergebnisse und Thesen

I.

Bei der Rasterfahndung wird von den Strafverfolgungsbehörden zum Auffinden vor allem von Tatverdächtigen auf öffentliche und private Dateien zurückgegriffen, die nach vorher festgelegten kriminalistischen Merkmalen (Rastern) überprüft werden. Dabei wird unterschieden zwischen positivem und negativem Datenabgleich. Während beim negativen Datenabgleich Daten aus Ausgangsdatenbeständen gelöscht werden, wenn eine Konvergenz mit Vergleichsdaten besteht, führt der positive Datenabgleich zur Produktion einer neuen Datei aller übereinstimmenden Daten. Es geht jeweils darum, mögliche Verdächtige aus einem Kreis unverdächtiger Personen aufgrund verhaltensspezifischer oder sachbezogener Auffälligkeiten herauszufiltern. Bei Rasterfahndungen wird also auf die Daten einer Vielzahl von Staatsbürgern zurückgegriffen, die aus ihrer Sicht mehr oder weniger zufällig Träger von Merkmalen sind, die möglicherweise fahndungsrelevant sein könnten. Dies alles geschieht ohne Wissen geschweige denn mit Einverständnis der Betroffenen.

II.

Rasterfahndungen verkürzen den Schutzbereich des Rechts auf informationelle Selbstbestimmung, da mit ihnen automatisiert massenhaft Lebenssachverhalte offengelegt werden, ohne daß die Betroffenen davon etwas merken oder die Offenlegung gar autorisiert hätten. Ratio des informationellen Selbstbestimmungsrechts ist, daß der einzelne über die Offenbarung seiner Lebensverhältnisse grundsätzlich selbst zu entscheiden hat[1]. Diese Entscheidungsbefugnis ist durch die Entwicklung der automatischen Datenverarbeitung in besonderer Weise schutzwürdig geworden[2]. Der Schutz des Rechts auf informationelle Selbstbestimmung greift dabei bereits in einem Gefährdungsvorfeld. Informationsverarbeitungsmaßnahmen, die die Offenlegung von Lebensverhältnissen erlauben, sind bereits wegen dieser abstrakten Möglichkeit dem Schutzbereich des Rechts auf informationelle Selbstbestimmung zu unterstellen. Ob im Einzelfall tatsächlich eine Beschränkung der allgemeinen Handlungsfreiheit oder spezieller Freiheitsrechte mittelbar durch psychischen Druck bewirkt wird, bleibt irrelevant.

Die Eingriffsintensität der verschiedenen Rasterfahndungsmethoden ist unterschiedlich. Kriterien für die Bestimmung der Eingriffsintensität sind die Sensibilität und Menge der herangezogenen Daten, die Informationsverarbeitungstechnologie, die Zweckentfremdung, der Grad des Betroffenseins, die Heimlichkeit der Datenverarbeitung, denkbare Verwendungszwecke sowie konkrete Mißbrauchsgefahren. Bei Zugrundelegung dieser Kriterien ergibt sich bei einer abstrakten Betrachtungsweise folgende Eingriffsintensitätshierarchie:

1. Positive Rasterfahndung,
2. negative Rasterfahndung mit einer Fremddatei als Ausgangsdatei,
3. negative Rasterfahndung mit einer Ausgangsdatei, die zu Strafverfolgungszwecken angelegt worden ist.

III.

Das Grundrecht auf informationelle Selbstbestimmung kann aus einem überwiegenden Allgemeininteresse eingeschränkt werden. Bezogen auf die Rasterfahndung ist die Effektivierung der Strafverfolgung das Allgemeininteresse, welches dem informationellen Selbstbestimmungsrecht widerstreitet. Beide Interessen sind als grundsätzlich gleichwertig einzustufen. Das Spannungsverhältnis zwischen den gegenläufigen Interessen ist durch Abwägung zu lösen.

[1] BVerfGE 65, 42.

[2] BVerfGE 65, 42.

Dabei ist der abwägungsfeste Kernbereich des Grundrechts auf informationelle Selbstbestimmung zu beachten. Hierzu gehören unzumutbare intime Angaben, Selbstbezichtigungen sowie die Zusammenfügung personenbezogener Daten zu einem totalen oder partiellen Persönlichkeitsbild.

IV.

Rasterfahndungen beinhalten Grundrechtseingriffe gegen Unverdächtige. Die Inanspruchnahme Unverdächtiger an sich stellt aber weder eine Menschenwürdeverletzung noch einen Verstoß gegen die Unschuldsvermutung dar und sie widerspricht auch nicht dem Rechtsstaatsprinzip. Es läßt sich aber aus dem Verhältnismäßigkeitsprinzip, konkretisiert durch die StPO, nicht nur eine Abstufungsrelation zwischen der Intensität eines Verdachts und der Zulässigkeit und Schwere von Grundrechtsbeeinträchtigungen entnehmen, sondern diese Abstufungsrelation nimmt zu, wenn Unverdächtige in Anspruch genommen werden und verdichtet sich noch einmal, wenn die Unverdächtigen wie bei der Rasterfahndung in keiner konkreten Beziehung zur aufzuklärenden Tat stehen.

Der aus dem Rechtsstaatsprinzip fließende Grundsatz des offenen staatlichen Verhaltens steht Rasterfahndungen nicht prinzipiell entgegen, da beim Vorliegen sachlicher Gründe für die verdeckte Vorgehensweise Ausnahmen von diesem Grundsatz zulässig sind.

Rasterfahndungen verstoßen nicht gegen das Verbot des Selbstbelastungszwanges, da mit ihnen kein Zwang zu einer aktiven Selbstbelastung verbunden ist.

Angesichts der Grundrechtsrelevanz und der massenhaften Einbeziehung von Nichtverdächtigen, was letztlich zur Gefahr von Ausforschungsermittlungen führt, bedürfen Rasterfahndungen einer engen Zweckbindung auf das Strafverfahren, dessentwegen die Rasterfahndung angeordnet worden ist. Die Befugnis zur Verwendung in anderen Verfahren, die auch die Verfolgung von Katalogtaten betreffen, stellt eine Zweckentfremdungsermächtigung dar, welche im Hinblick auf das Legalitätsprinzip aber zulässig ist.

Soweit der Gesetzgeber bestimmte Daten durch Geheimnisschutzvorkehrungen besonders geschützt hat, handelt es sich um sensible Daten, die nicht zu Rasterfahndungen herangezogen werden dürfen.

Mit den Abwägungskriterien Verdachtsgrad, Tatschwere und Ergiebigkeit der Maßnahme, welche üblicherweise zur Überprüfung der Verhältnismäßigkeit eines strafprozessualen Grundrechtseingriffs herangezogen werden, läßt sich die Verhältnismäßigkeit von Rasterfahndungen nicht feststellen. Entscheidende Bedeutung kommt dem organisatorischen und verfahrensrechtlichen Grundrechtsschutz zu. Neben der Beschränkung auf bestimmte schwere Katalogtaten, die typischerweise in organisierter Form begangen werden, darf Rasterfahndung stets nur ultima ratio sein. Notwendige Verfahrenssicherung kann durch Beschränkung auf reine Identitätsdaten, Löschungspflichten, der Beachtung informationeller Gewaltenteilung, Normierung von Zweckbindungsklauseln, eingeschränkter Verwertung von Zufallsfunden, Benachrichtigungspflichten, sowie einem Richtervorbehalt und dem Einsatz von Datenschutzbeauftragten erreicht werden.

V.

Die Normierung der Rasterfahndung in den §§ 98a und 98b StPO weist Unzulänglichkeiten in der Ausgestaltung des Verfahrens auf:

- Der die Rasterfahndung auslösende Verdachtsgrad ist zu niedrig.
- Der Katalog der Anlaßtaten ist unübersichtlich und unpräzise.
- Die verwendete Subsidiaritätsklausel ist zu "weich".
- Die heranzuziehenden personenbezogenen Daten werden nicht näher beschrieben.
- Die Anordnungskompetenz der Staatsanwaltschaft ist überflüssig.
- Es fehlt eine Löschungsvorschrift für den Fall, daß Zufallsfunde in einem anderen Strafverfahren nicht mehr benötigt werden.
- Die Benachrichtigungspflichten sind zu restriktiv ausgestaltet.
- Datenschutzbeauftragte werden nicht ausreichend beteiligt.

Mit der Rasterfahndung wird den Strafverfolgungsbehörden ein Instrument zur Verfügung gestellt, das verbotene Ausforschungsermittlungen zumindest möglich macht. Hinzu kommt, daß die praktische Durchführung der Rasterfahndung allein der Polizei zufällt, da diese im Gegensatz zur Staatsanwaltschaft über die notwendigen Datenverarbeitungsanlagen verfügt. Daher kann die Staatsanwaltschaft die ihr zugeschriebene Sachleitungs- und Kontrollfunktion kaum ausüben.

Neben den aufgezeigten praktischen Bedenken ist die Normierung in den genannten Punkten wegen Verstoßes gegen den Grundsatz der Normenklarheit, den Bestimmtheitsgrundsatz und das Verhältnismäßigkeitsprinzip verfassungswidrig. Aus der Vielzahl der Verfassungsverstöße muß die Verfassungswidrigkeit der §§ 98a und 98b StPO im Ganzen folgen. Um den vom Bundesverfassungsgericht gestellten Anforderungen zu genügen, wären wesentliche Änderungen notwendig. Ob jedoch eine verfassungskonform veränderte Normierung der §§ 98a und 98b StPO noch die erwünschten Fahndungserfolge erzielen kann, erscheint zweifelhaft. Dies gilt umso mehr, als die bisherigen Rasterfahndungsbemühungen - ohne die erforderlichen Restriktionen - nur von geringer Effizienz waren. Letztlich dürfen auch nicht die betroffenen Bürger vergessen werden, die zufällig in eine Rasterfahndung geraten, herausgerastert werden und deren soziales Umfeld anschließend mit konventionellen Mitteln abgeklärt wird. Bürger, die solche Erlebnisse hatten, werden mißtrauisch gegenüber dem Staat und verweigern sich. Dies würde einen viel höheren Verlust an innerer Sicherheit mit sich bringen als die Rasterfahndung je aufwiegen könnte. Aus rechtspolitischer Sicht sollte daher gänzlich auf Rasterfahndungen verzichtet werden.

VI.

§ 98c StPO legalisiert den Abgleich von Strafverfolgungs-, Strafvollstreckungs- und Gefahrenabwehrdaten. Während zwischen Strafverfolgung und Strafvollstreckung ein gemeinsamer Datenzweck anzunehmen ist, besteht zwischen Strafverfolgung und Gefahrenabwehr bei teleologischer Auslegung des Zweckbindungsprinzips kein gemeinsamer Datenzweck. Der Abgleich von Strafverfolgungsdaten mit Gefahrenabwehrdaten stellt daher eine Zweckentfremdung dar. § 98c StPO genügt jedoch nicht den Anforderungen, die das Bundesverfassungsgericht an eine Norm stellt, die zur Zweckentfremdung von Daten ermächtigt. Wegen der vollständig fehlenden verfahrensrechtlichen Schutzvorkehrungen ist § 98c StPO, soweit der Abgleich mit Präventivdateien für zulässig erklärt wird, verfassungswidrig.

Bei den für eine Rasterfahndung nach § 98c StPO in Betracht kommenden Daten, handelt es sich regelmäßig um solche, die zur "Vorsorge für die künftige Strafverfolgung" im INPOL-System abgespeichert worden sind. Bei der gebotenen materiellen Betrachtungsweise sind die Vorsorgedaten für die künftige Strafverfolgung als Justizdaten zu qualifizieren und von den Gefahrenabwehrdaten im INPOL-System zu trennen.

Die Speicherung von Daten zur Vorsorge für die künftige Strafverfolgung stellt eine Zweckentfremdung dar, die einer gesetzlichen Grundlage bedarf. Die spätere Nutzung solcher Daten bei einer Rasterfahndung begründet dagegen keine erneute Zweckentfremdung, sondern bewegt sich innerhalb der Zwecksetzung der zur Strafverfolgungsvorsorge gespeicherten Daten. Es bedarf daher keiner Verbesserung des § 98c StPO, vielmehr ist statt dessen eine Ermächtigungsnorm für die Speicherung von Daten zur Strafverfolgungsvorsorge in die StPO einzufügen.

Literaturverzeichnis

Achenbach, Hans u.a.: Alternativ-Kommentar zur Strafprozeßordnung, Bd. 1, Neuwied 1992, zit.: AK-StPO-Bearbeiter.

Ahlf, Erst-Heinrich: Rechtsprobleme der polizeilichen Kriminalaktenführung, in: KritV 1988, 136 ff.

Alberts, Hans W.: Der Nicht-Störer im bereichsspezifischen Datenschutz, in: ZRP 1990, 147 ff.

Amelung, Knut: Der Grundrechtsschutz der Gewissenserforschung und die strafprozessuale Erforschung von Tagebüchern, in: NJW 1988, 1002 ff.

Amelung, Knut: Probleme des Rechtsschutzes gegen strafprozessuale Grundrechtseingriffe, in: NJW 1979, 1687 ff.

Amelung, Knut: Zur Frage der Vereinbarkeit vollstreckungsrechtlicher Durchsuchungen mit dem Richtervorbehalt des Art. 13 Abs. 2 GG, in: ZZP 88 (1975), 74 ff.

Amelung, Knut / *Schall*, Hero: Zum Einsatz von Polizeispitzeln: Hausfriedensbruch und Notstandsrechtfertigung, Wohnungsgrundrecht und Durchsuchungsbefugnis, in: JuS 1975, 565 ff.

Backes, Otto: Kriminalpolitik ohne Legitimität, in: KritV 1986, 315 ff.

Bäumlein, Richard u.a.: AlternativKommentar zum Grundgesetz, Bd. 1, 2. Aufl., Neuwied 1989, zit.: AK-GG-Bearbeiter.

Bäumler, Helmut: Normenklarheit als Instrument der Transparenz - Einige Folgerungen aus dem Urteil des Bundesverfassungsgerichts zum Volkszählungsgesetz 1983 vom 15.12.1983, in: JR 1984, 361 ff.

Bäumler, Helmut: Anmerkung zu BVerwG, DÖV 1984, 510 ff., in: DÖV 1984, 513 ff.

Baumann, Jürgen: Einige Gedanken zu § 163d StPO und seinem Umfeld, in: StV 1986, 494 ff.

Baumann, Reinhold: Stellungnahme zu den Auswirkungen des Urteils des Bundesverfassungsgerichts vom 15.12.1983 zum Volkszählungsgesetz 1983, in: DVBl 1984, 612 ff.

Beling, Ernst: Die Beweisverbote als Grenzen der Wahrheitserforschung im Strafprozeß, Breslau 1903.

Benda, Ernst: Privatsphäre und "Persönlichkeitsprofil" - ein Beitrag zur Datenschutzdiskussion, in: Festschrift für Willi *Geiger*, Hrsg.: Gerhard *Leibholz*, Tübingen 1974, S. 23 ff.

Benda, Ernst: Das Recht auf informationelle Selbstbestimmung und die Rechtsprechung des Bundesverfassungsgerichts zum Datenschutz, in: DuD 1984, 86 ff.

Benda, Ernst Sozialrechtliche Eigentumspositionen im Arbeitskampf, Baden-Baden 1986.

Benda, Ernst / *Maihofer*, Werner / *Vogel*, Hans-Jochen (Hrsg.): Handbuch des Verfassungsrechts der Bundesrepublik Deutschland, Berlin, New York, 1983.

Benfer, Jost: Grundrechtseingriffe im Ermittlungsverfahren, 2. Aufl., Köln, Berlin, Bonn, München 1990.

Beulke, Werner: Strafprozeßrecht, Heidelberg 1994.

Blum, Joseph: Die verfassungsrechtlichen und strafprozessualen Probleme im Bereich verdeckter Ermittlung im amerikanischen Recht, in: DRiZ 1987, 87 ff.

Bottke, Wilfried: Polizeiliche Ermittlungsarbeit und Legalitätsprinzip, in: Gedächtnisschrift für Karlheinz *Meyer*, Hrsg.: Klaus *Geppert*, S. 37 ff., Berlin 1990.

Bull, Hans-Peter (Hrsg.): Sicherheit durch Gesetz?, Baden-Baden 1987.

Bull, Hans Peter: Datenschutz contra Amtshilfe, in: DÖV 1979, 689 ff.

Caesar, Peter: Das Gesetz gegen die Organisierte Kriminalität - eine unendliche Geschichte?, in: ZRP 1991, 241 ff.

Dästner, Christian: Das troianische Pferd, Zum bereichsspezifischen Datenschutz im strafrechtlichen Ermittlungsverfahren, in: RuP 1988, 31 ff.

Degener, Wilhelm: Grundsatz der Verhältnismäßigkeit und strafprozessuale Zwangsmaßnahmen, Berlin 1985.

Dencker, Friedrich: Zur Zulässigkeit staatlich gesteuerter Deliktsbeteiligung, in: Festschrift für Hanns *Dünnebier*, Hrsg.: Ernst-Walter *Hanack*, S. 447 ff., Berlin 1982.

Denninger, Erhard: Das Recht auf informationelle Selbstbestimmung und innere Sicherheit, in: KJ 1985, 215 ff.

Denninger, Erhard: Einführung in die Probleme des Amtshilferechts, insbesondere im Sicherheitsbereich, in: JA 1980, 280 ff.

Denninger, Erhard: Verfassungsrechtliche Grenzen polizeilicher Datenverarbeitung insbesondere durch das Bundeskriminalamt, in: CuR 1988, 51 ff.

Dingeldey, Thomas: Das Prinzip der Aussagefreiheit im Strafprozeßrecht, in: JA 1984, 407 ff.

Dölling, Dieter: Polizeiliche Ermittlungstätigkeit und Legalitätsprinzip, Band 1, Wiesbaden 1987.

Dreier, Horst: Erkennungsdienstliche Maßnahmen im Spannungsfeld von Gefahrenabwehr und Strafverfolgung, in: JZ 1987, 1009 ff.

Eisenberg, Ulrich / *Ohder*, Claudius: Über organisiertes Verbrechen, in: JZ 1990, 574 ff.

Ermisch, Günter: Fahndung und Datenschutz - aus der Sicht der Polizei, in: *Bundeskriminalamt* (Hrsg.), Möglichkeiten und Grenzen der Fahndung, BKA-Vortragsreihe Band 25, Wiesbaden 1980.

Ernesti, Günter: EDV bei der Staatsanwaltschaft, in: DRiZ 1982, 253 ff.

Ernst, Marcus A.: Verarbeitung und Zweckbindung von Informationen im Strafprozeß, Berlin 1993.

Feltes, Thomas: Polizeiliches Alltagshandeln, in: Günther *Kaiser* / Helmut *Kury* / Hans-Jörg *Albrecht* (Hrsg.), Kriminologische Forschung in den 80er Jahren, Kriminologische Forschungsberichte aus dem Max-Planck-Institut für ausländisches und internationales Strafrecht, Freiburg i.Br., Bd. 35/1, Freiburg 1988, S. 125 ff.

Fezer, Gerhard: Strafprozeßrecht, Bd. 2, München 1986.

Fincke, Martin: Zum Begriff des Beschuldigten und den Verdachtsgraden, in: ZStW 95 (1983), 918 ff.

Gerster, Helmut: Informationssystem der Polizei (INPOL), in: DVR 1983, 19 ff.

Geppert, Klaus: Anmerkung zu BGH, JR 1988, 469 ff., in: JR 1988, 471 ff.

Gössel, Karl-Heinz: Kritische Bemerkungen zum gegenwärtigen Stand der Lehre von den Beweisverboten im Strafverfahren, in: NJW 1981, 649 ff.

Grimm, Dieter: Das Grundgesetz nach 40 Jahren, in: NJW 1989, 1305 ff.

Grimm, Dieter: Verfassungsrechtliche Anmerkungen zum Thema Prävention, in: KritV 1986, 38 ff.

Grünwald, Gerald: Anmerkung zu BGH, JZ 1976, 766 f., in: JZ 1976, 767 ff.

Gusy, Christoph: Polizeiarbeit zwischen Gefahrenabwehr und Strafverfolgung, in: StV 1993, 269 ff.

Häberle, Peter: Die Menschenwürde als Grundlage der staatlichen Gemeinschaft, in: Handbuch des Staatsrechts der Bundesrepublik Deutschland, Hrsg.: Josef *Isensee*, Bd. 1, S. 815 ff., Heidelberg 1987.

Hamacher, H.W.: Tatort Bundesrepublik. Organisierte Kriminalität, Hilden / Rheinland 1986.

Hartleb, Uwe: Das Urteil des Bundesverfassungsgerichts zum Volkszählungsgesetz und das Sozialrecht, in: DVR 1984, 99 ff.

Hassemer, Winfried: Die "Funktionstüchtigkeit der Strafrechtspflege" - ein neuer Rechtsbegriff?, in: StV 1982, 275 ff.

Hassemer, Winfried: Das Schicksal der Bürgerrechte im "effizienten" Strafrecht, in: StV 1990, 328 ff.

Hassemer, Winfried: Unverfügbares im Strafverfahren, in: Festschrift für Werner *Maihofer*, Hrsg.: Arthur *Kaufmann*, Frankfurt 1988, S. 183 ff.

Hassemer, Winfried: Stellungnahme zum Entwurf eines Gesetzes zur Bekämpfung des illegalen Rauschgifthandels und anderer Erscheinungsformen der organisierten Kriminalität (OrgKG), in: KJ 1992, 64 ff.

Hege, Hans: Die Funktion des Tatverdachts im Strafverfahren, in: JA 1976, 379 ff.

Heinitz, Ernst: Die Verwertung von Tagebüchern als Beweismittel im Strafprozeß, in: JR 1964, 441 ff.

Hermanski, Ulrich: "Unbehagen", in: DRiZ 1990, 192.

Herold, Horst: Polizeiliche Datenverarbeitung und Menschenrechte, in: RuP 1980, 79 ff.

Herold, Horst: "Rasterfahndung" - eine computergestützte Fahndungsform der Polizei, in: RuP 1985, 84 ff.

Herold, Horst: Technische und rechtliche Entwicklungstendenzen der Verarbeitung personenbezogener Daten durch die Behörden der Vollzugspolizei, in: Andreas *v. Schöler* (Hrsg.), Informationsgesellschaft oder Überwachungsstaat? Opladen 1986, S. 65 ff.

Hertlein, Heinz: Kriminalisten im Tarngewand, in: Kriminalistik 1987, 3 f. .

Hesse, Konrad: Grundzüge des Verfassungsrechts der Bundesrepublik Deutschland, 17. Aufl., Heidelberg 1990.

Heußner, Hermann: Das informationelle Selbstbestimmungsrecht des Grundgesetzes als Schutz des Menschen vor totaler Erfassung, in: BB 1990, 128 ff.

Hilger, Hans: Neues Strafverfahrensrecht durch das OrgKG - 1. Teil -, in: NStZ 1992, 457 ff.

Himmelreich, Manfred: Die Schranken der Wahrheitsermittlung bei der Strafverfolgung und neue Ermittlungsmethoden der Polizei, Frankfurt / Main 1993.

Hund, Horst: Polizeiliches Effektivitätsdenken contra Rechtsstaat, in: ZRP 1991, 463 ff.

Isensee, Joseph: Das Grundrecht auf Sicherheit, Berlin 1983.

Jescheck, Hans-Heinrich: Lehrbuch des Strafrechts, Allgemeiner Teil, 4. Aufl., Berlin 1988.

Joecks, Wolfgang: Die strafprozessuale Telefonüberwachung, in: JA 1983, 59 ff.

Jorzig, Manuela / *Kunze*, Wolfgang: Rechtsschutz gegen Maßnahmen der Ermittlungsbehörden, in: Jura 1990, 294 ff.

Kaiser, Günther: Kriminologie, 9. Aufl., Heidelberg 1993.

Kaiser, Günther u. a., (Hrsg.): Kleines Kriminologisches Wörterbuch, Heidelberg 1993, zit.: KKW-Bearbeiter.

Karl, Wolfram / *Miehsler*, Herbert, (Red.): Internationaler Kommentar zur Europäischen Menschenrechtskonvention Köln, Berlin, Bonn, München 1986 ff., zit.: Int. Komm. EMRK-Bearbeiter.

Karpen, Hans-Ulrich: Die Verweisung als Mittel der Gesetzgebungstechnik, Berlin 1978.

Keller, Rolf / *Griesbaum*, Rainer: Das Phänomen der vorbeugenden Bekämpfung von Straftaten, in: NStZ 1990, 416 ff.

Kleinknecht, Theodor / *Meyer-Goßner*, Lutz: Strafprozeßordnung, 41. Aufl., München 1993.

Klöhn, Wolfhard: Der Schutz der Intimsphäre im Strafprozeß, Göttingen 1984.

Knauth, Alfons: Beweisrechtliche Probleme bei der Verwertung von Abhörmaterial im Strafverfahren, in: NJW 1978, 741 ff.

Knauth, Alfons: Zufallserkenntnisse bei der Telefonüberwachung im Strafprozeß, in: NJW 1977, 1510 ff.

Kniesel, Michael: Vorbeugende Bekämpfung von Straftaten im neuen Polizeirecht - Gefahrenabwehr oder Strafverfolgung?, in: ZRP 1989, 329 ff.

Kniesel, Michael / *Tegtmeyer*, Henning: Weiterer Ausbau der zentralistischen polizeilichen EDV-Systeme zum Nachteil der Justiz?, in: DRiZ 1986, 251 ff.

Kniesel, Michael / *Tegtmeyer*, Henning / *Vahle*, Jürgen: Handbuch des Datenschutzes für Sicherheitsbehörden, 1986.

Krause, Peter: Das Recht auf informationelle Selbstbestimmung - BVerfGE 65, 1, in: JuS 1984, 268 ff.

Krauß, Detlef: Der Grundsatz der Unschuldsvermutung im Strafverfahren, in: Heinz *Müller-Dietz* (Hrsg.), Strafrechtsdogmatik und Kriminalpolitik, Köln, Berlin, Bonn, München 1971, S. 153 ff.

Krekeler, Wilhelm: Beeinträchtigungen der Rechte des Mandanten durch Strafverfolgungsmaßnahmen gegen den Rechtsanwalt, in: NJW 1977, 1417 ff.

Krekeler, Wilhelm: Darf der Staat im Rahmen der Verbrechensbekämpfung Straftaten begehen?, in: AnwBl. 1987, 443 ff.

Krey, Volker / *Haubrich*, Edgar: Zeugenschutz, Rasterfahndung, Lauschangriff, verdeckte Ermittler, in: JR 1992, S. 309 ff.

Kruse, Gesine: Bundesrepublik Deutschland, in: Walter *Gropp* (Hrsg.), Besondere Ermittlungsmaßnahmen zur Bekämpfung der Organisierten Kriminalität, S. 105 ff., Freiburg 1993.

Kühl, Kristian: Freie Beweiswürdigung des Schweigens des Angeklagten - Anmerkung zu BGHSt 32, 140, in: JuS 1986, 115 ff.

Kühl, Kristian: Anmerkung zu BGHSt 33, 217 ff., in: StV 1986, 187 ff.

Kühl, Kristian: Neue Gesetze gegen terroristische Straftaten, in: NJW 1987, 737 ff.

Kühne, Hans-Heiner: Die Definition des Verdachts als Voraussetzung strafprozessualer Zwangsmaßnahmen, in: NJW 1979, 617 ff.

Kühne, Hans-Heiner: Strafprozeßlehre, 4. Aufl., Heidelberg 1993.

Lammer, Dirk: Verdeckte Ermittlungen im Strafprozeß, Berlin 1992.

Leibholz, Gerhard / *Rinck*, Hans-Justus: Grundgesetz für die Bundesrepublik Deutschland, Kommentar anhand der Rechtsprechung des Bundesverfassungsgerichts, 6. Aufl. Köln 1990.

Lilie, Hans: Das Verhältnis von Polizei und Staatsanwaltschaft im Ermittlungsverfahren, in: ZStW 106 (1994), S. 625 ff.

Lisken, Hans: Neue polizeiliche Ermittlungsmethoden im Rechtsstaat des Grundgesetzes, in: DRiZ 1987, 184 ff.

Lisken, Hans: Über Aufgaben und Befugnisse der Polizei im Staat des Grundgesetzes, in: ZRP 1990, 15 ff.

Löwe, Ewald / *Rosenberg*, Werner: Die Strafprozeßordnung und das Gerichtsverfassungsgesetz, 24. Aufl., Hrsg.: Peter *Rieß*, München 1988.

Mallmann, Otto: Volkszählung und Grundgesetz, in: JZ 1983, 651 ff.

v. *Mangoldt*, Herrmann / *Klein*, Friedrich / *Starck*, Christian: Das Bonner Grundgesetz (bearb. v. Christian *Starck*), Bd. 1, 3. Aufl., München 1985.

Maunz, Theodor / *Schmidt-Bleibtreu*, Bruno / *Klein*, Franz / *Ulsamer*, Gerhard: Bundesverfassungsgerichtsgesetz, München 1987, zit.: Maunz, BVerfGG.

Maunz, Theodor / *Dürig*, Günter / *Herzog*, Roman / *Scholz*, Rupert: Kommentar zum Grundgesetz, München 1973 ff.

Meertens, Christoph Das Gesetz gegen die Organisierte Kriminalität, eine unerträgliche Geschichte, in: ZRP 1992, 205 ff.

Meier, Bernd-Dieter: Die Kostenlast des Verurteilten, Köln 1991.

Merten, Karlheinz: Das Abrufrecht der Staatsanwaltschaft aus polizeilichen Dateien, in: NStZ 1987, 10 ff.

Merten, Karlheinz: Datenschutz und Datenverarbeitungsprobleme bei den Sicherheitsbehörden, Heidelberg 1985, zit.: Merten, Datenschutz.

Merten, Karlheinz: Volkszählungsurteil des BVerfG und Eingriffsbefugnis, in: DÖV 1985, 518 ff.

Merten, Karlheinz / *Merten*, Heike: Vorbeugende Verbrechensbekämpfung, Rechtsweg- und Standortfragen, in: ZRP 1991, 213 ff.

Möhrenschlager, Manfred: Das OrgKG - eine Übersicht nach amtlichen Materialien (Teil 2), in: wistra 1992, 326 ff.

Müller, Hermann / *Sax*, Walter: Kommentar zur StPO, 7. Aufl., Darmstadt 1981 ff., zit.: KMR-Bearbeiter.

v. *Münch*, Ingo (Hrsg.): Grundgesetz, Kommentar, 4. Aufl., München 1992.

Nelles, Ursula: Kompetenzen und Ausnahmekompetenzen in der Strafprozeßordnung, Berlin 1980.

Otto, Harro: Die strafprozessuale Verwertbarkeit von Beweismitteln, die durch Eingriffe in Rechte anderer von Privaten erlangt werden, in: Festschrift für Theodor *Kleinknecht*, Hrsg.: Heinz *Gossel*, S. 319 ff., München 1985.

Paeffgen, Hans-Ulrich: Art. 30, 70, 101 Abs. 1 GG - vernachlässigbare Normen? - Revisibilität von Landesrecht durch das BVerwG und "vorbeugende Verbrechensbekämpfung", in: JZ 1991, 437 ff.

Peters, Karl: Strafprozeß, 4. Aufl., Heidelberg 1985.

Peiffer, Gerd, (Hrsg.): Karlsruher Kommentar zur Strafprozeßordnung und zum Gerichtsverfassungsgesetz, 3. Aufl., München 1993, zit.: KK-Bearbeiter.

Pfeiffer, Gerd: Die Bedeutung des Volkszählungsurteils für das Strafverfahren, in: DuD 1986, 281 ff.

Pieroth, Bodo / *Schlinck*, Bernhard: Grundrechte, Staatsrecht II, 7. Aufl., Heidelberg 1991.

Podlech, Adalbert: Aufgaben und Problematik des Datenschutzes, in: DVR 1976, 26 ff.

Podlech, Adalbert: Verfassung und Datenschutz, in: H. *Krauch* (Hrsg.), Erfassungsschutz. Der Bürger in der Datenbank: zwischen Planung und Manipulation, Stuttgart 1975, S. 72 ff.

Podlech, Adalbert: Verfassungsrechtliche Probleme öffentlicher Informationssysteme, in: DVR 1972/73, 149 ff.

Prantl, Heribert: Bekämpfung der organisierten Kriminalität: Polizei und Tarnkappe, in: DRiZ 1991, 69.

Prittwitz, Cornelius: Die Grenzen der Verwertbarkeit von Erkenntnissen aus der Telefonüberwachung gemäß Paragraph 100a StPO, in: StV 1984, 302 ff.

Ranft, Otfried: Strafprozeßrecht, Stuttgart u.a., 1991.

Rebmann, Kurt: Der Einsatz verdeckt ermittelnder Polizeibeamter im Bereich der Strafverfolgung, in: NJW 1985, 1 ff.

Rebmann, Kurt / *Schoreit*, Armin: Elektronische Datenverarbeitung (EDV) in Strafverfolgungsangelegenheiten und Datenschutz, in: NStZ 1984, 1 ff.

Riegel, Reinhard: Auswirkungen des Volkszählungsgesetzurteils des Bundesverfassungsgerichts auf die informationelle Tätigkeit der Sicherheitsbehörden, in: RiA 1984, 121 ff.

Riegel, Reinhard: Bundespolizeirecht, München 1985.

Riegel, Reinhard: Das Gesetz zu Art. 10 GG: Grundfragen und rechtspolitische Forderungen, in: RiA 1988, 141 ff.

Riegel, Reinhard: Einführung der Schleppnetzfahndung - behutsame Fortentwicklung des Rechts?, in: CR 1986, 138 ff.

Riehle, Eckhard: Funktionstüchtige Strafrechtspflege contra strafprozessuale Garantien, in: KJ 1980, 316 ff.

Rieß, Peter: Anmerkung zu BGHSt 28, 122, in: JR 1979, 167 ff.

Rieß, Peter: Anmerkung zu BGH, JR 1983, 124 f., in: JR 1983, 125 ff.

Rieß, Peter: Über Subsidiaritätsverhältnisse und Subsidiaritätsklauseln im Strafverfahren, in: Gedächtnisschrift für Karlheinz *Meyer*, Hrsg.: Klaus *Geppert*, Berlin 1990, S. 367 ff.

Rieß, Peter / *Thym*, Jörg: Rechtsschutz gegen Zwangsmaßnahmen, in: GA 1981, 189 ff.

Ringwald, Gerhard: Der Datenabruf und das Bundesdatenschutzgesetz, in: JZ 1983, 291 ff.

Ringwald, Gerhard: Gegenpol zu Inpol? Computer bei der Justiz, in: ZRP 1988, 178 ff.

Ringwald, Gerhard: Inpol und StA, München 1984.

Rogall, Klaus: Der Beschuldigte als Beweismittel gegen sich selbst, Berlin 1977.

Rogall, Klaus: Frontalangriff auf die Bürgerrechte oder notwendige Strafverfolgungsmaßnahme?, in: NStZ 1986, 385 ff.

Rogall, Klaus: Informationseingriff und Gesetzesvorbehalt im Strafprozeßrecht, Tübingen 1992.

Rogall, Klaus: Moderne Fahndungsmethoden im Lichte eines gewandelten Grundrechtsverständnisses, in: GA 1985, 1 ff.

Rosenbaum, Christian: Der grundrechtliche Schutz vor Informationseingriffen, in: Jura 1988, 178 ff.

Roxin, Claus: Strafverfahrensrecht, 24. Aufl., München 1995.

Rudolphi, Hans-Joachim u. a.: Systematischer Kommentar zur StPO und zum GVG (bearb. von *Rudolphi*, *Frisch*, *Paeffgen*, *Rogall*, *Schlüchter*, *Wolter*), Frankfurt 1986 ff., zit: SK-StPO-Bearbeiter.

Rudolphi, Hans-Joachim: Grenzen der Überwachung des Fernmeldeverkehrs nach den §§ 100a, 100b StPO, in: Festschrift für Friedrich *Schaffstein*, Hrsg. Gerald *Grünwald*, S. 433 ff., Göttingen 1975.

Rüping, Hinrich: Der Schutz der Menschenrechte im Strafverfahren - Wesentliche Erfordernisse eines gerechten Strafverfahrens, in: ZStW 91 (1979), 351 ff.

Rüping, Hinrich: Das Strafverfahren, 2. Aufl., München 1983.

Rüping, Hinrich: Das Verhältnis von Staatsanwaltschaft und Polizei, in: ZStW 95 (1983), 894 ff.

Ruwe, Heinz: Stand und Entwicklung der elektronischen Datenverarbeitung bei der Polizei, in: Die Polizei 1968, 373 ff.

Schenke, Wolf-Rüdiger: Kompetenz des Landesgesetzgebers zur Regelung polizeilicher Befugnisse auf dem Gebiet der Strafverfolgung?, in: JR 1970, 48 ff.

Schenke, Wolf-Rüdiger: Rechtsschutz bei strafprozessualen Eingriffen von Staatsanwaltschaft und Polizei, in: NJW 1976, 1816 ff.

Schlink, Bernhard: Das Recht auf informationelle Selbstbestimmung, in: Der Staat 1986, 233 ff.

Schlink, Bernhard: Datenschutz und Amtshilfe, in: NVwZ 1986, 249-256.

Schmidt, Eberhard: Die Verletzung der Belehrungspflicht gem. § 55 StPO als Revisionsgrund, in: JZ 1958, S. 596 ff.

Schmidt, Walter: Die bedrohte Entscheidungsfreiheit, in: JZ 1974, S. 241 ff.

Schmidt-Bleibtreu, Bruno / *Klein*, Franz: Kommentar zum Grundgesetz, 7. Aufl., Neuwied 1990.

Schmitt-Glaeser, Walter: Schutz der Privatsphäre, in: *Isensee* / *Kirchhoff* (Hrsg.), Handbuch des Staatsrechts, Bd. VI, Heidelberg 1989, S. 41 ff.

Schnarr, Karl-Heinz: Zur Verknüpfung von Richtervorbehalt, staatsanwaltschaftlicher Eilanordnung und richterlicher Bestätigung, in: NStZ 1991, 209 ff.

Scholz, Rupert / *Pitschas*, Rainer: Informationelle Selbstbestimmung und staatliche Informationsverarbeitung, Berlin 1984.

Schoreit, Armin: Datenverarbeitung, Datenschutz und Strafrecht, in: DRiZ 1987, 82 ff.

Schoreit, Armin: Datenverarbeitung im Strafverfahren, in: CR 1989, 161 ff.

Schoreit, Armin: Gefahrenabwehr durch Datensammlung? Zur Änderung des Polizeirechts in Nordrhein-Westfalen, in: KritV 1989, 201 ff.

Schoreit, Armin: Keine Rechtsgrundlagen der zentralen Datenverarbeitung des Bundeskriminalamtes, in: CuR 1986, 224 ff.

Schoreit, Armin: Polizeiliche Kriminalakten als Grundlagen der Informationsverarbeitung, in: KritV 1988, 157 ff.

Schoreit, Armin: Verpolizeilichung des Ermittlungsverfahrens, in: StV 1989, 449 ff.

Schreiber, Hans Ludwig / *Wassermann*, Rudolf (Hrsg.): Gesamtreform des Strafverfahrens, Internationales Symposion, Bad Homburg v.d.H. 1986.

Schroeder, Friedrich-Christian: Strafprozeßrecht, München 1993.

Schünemann, Bernd: Der strafrechtliche Schutz von Privatgeheimnissen, in: ZStW 90 (1978), 11 ff.

Schuster, Leo: Die Unterwelt des Freihandels, in: Kriminalistik 1987, 163 f.

Schwan, Eggert: Datenschutz, Vorbehalt des Gesetzes und Freiheitsgrundrechte, in: VerwArch 1975, 120 ff.

Schwan, Eggert: Gehorsam gegenüber dem Bundesverfassungsgericht ?, in: DVR 1985, 255 ff.

Schweckendieck, Helmut: Dateien zur "vorbeugenden Verbrechensbekämpfung" im Lichte der Rechtsprechung zu § 81b 2. Alt. StPO, in: ZRP 1989, 125 ff.

Simitis, Spiros: Die informationelle Selbstbestimmung: Grundbedingung einer verfassungskonformen Informationsordnung, in: NJW 1984, 398 ff.

Simitis, Spiros: Von der Amtshilfe zur Informationshilfe, Informationsaustausch und Datenschutzanforderungen in der öffentlichen Verwaltung, in: NJW 1986, 2795 ff.

Simon, Jürgen / *Taeger*, Jürgen: Grenzen kriminalpolizeilicher Rasterfahndung, in: JZ 1982, 140 ff.

Simon, Jürgen / *Taeger*, Jürgen: Rasterfahndung, Baden-Baden 1981.

Sternberg-Lieben, Detlev: "Genetischer Fingerabdruck" und § 81a StPO, in: NJW 1987, 1242 ff.

Straßer, Hans-Jörg: Probleme im Grenzbereich Staatsanwaltschaft und Polizei, Berlin 1979.

Strate, Gerhard: Stellungnahme des Strafrechtsausschusses des DAV zum StVÄG 1988, StV 1989, 406 ff.

Stürner, Rolf: Strafrechtliche Selbtbelastung und verfahrensförmige Wahrheitsermittlung, in: NJW 1981, 1757 ff.

Sydow, Fritz: Verbrechensbekämpfung nach neuem Recht, in: ZRP 1977, 119 ff.

Tegtmeyer, Henning: Erwiderung auf Schoreit "Gefahrenabwehr durch Datenschutz", in: KritV 1989, 214 ff.

Graf Vitzthum, Wolfgang: Die Menschenwürde als Verfassungsbegriff, in: JZ 1985, 201 ff.

Vogel, Hans-Joachim: Strafverfahrensrecht und Terrorismus - eine Bilanz, in: NJW 1978, 1225 ff.

Vogelsang, Klaus: Grundrecht auf informationelle Selbstbestimmung? Baden-Baden 1987.

Walder, Hans: Grenzen der Ermittlungstätigkeit, in: ZStW 95 (1983), 862 ff.

Wanner, Stephan: Die negative Rasterfahndung, München 1985.

Wanner, Stephan: Die negative Rasterfahndung, in: CR 1986, 216 ff.; 274 ff.; 403 ff.

Weber, Victor: Strafverfolgung um jeden Preis?, in: DRiZ 1990, 306.

Weichert, Thilo: Informationelle Selbstbestimmung und strafrechtliche Ermittlung, Pfaffenweiler 1990.

Weiland, Bernd: Einführung in die Praxis des Strafverfahrens, München 1988.

Welp, Jürgen: Die strafprozessuale Überwachung des Fernmeldeverkehrs, Heidelberg 1974.

Welp, Jürgen: Zufallsfunde bei der Telefonüberwachung, in: Jura 1981, 472 ff.

Weßlau, Edda: Vorfeldermittlungen, Berlin 1989.

Woertge, Hans-Georg: Die Prinzipien des Datenschutzrechts und ihre Realisierung im geltenden Recht, Heidelberg 1984.

Wolter, Jürgen: Freiheitlicher Strafprozeß, vorbeugende Verbrechensbekämpfung und Verfassungsschutz zugleich Besprechung des Entwurfs eines StVÄG 1988, in: StV 1989, 358 ff.

Wolter, Jürgen: Heimliche und automatisierte Informationseingriffe wider Datengrundrechtsschutz, in: GA 1988, 49 ff.; 129 ff.

FSC
www.fsc.org
MIX
Papier | Fördert gute Waldnutzung
FSC® C083411

Kolibri 360 GmbH
Ferdinand-Jühlke-Straße 7
99095 Erfurt, Deutschland
produktsicherheit@kolibri360.de

Druck:
CPI Druckdienstleistungen GmbH
im Auftrag der
Kolibri 360 GmbH
Ferdinand-Jühlke-Str. 7
99095 Erfurt